今注本二十四史

宋書

梁　沈約　撰

朱紹侯　主持校注

中國社會科學出版社

七

志〔六〕

宋書　卷三五

志第二十五

州郡一

　　揚州　南徐州　徐州　南兗州　兗州

　　唐堯之世，置十有二牧，及禹平水土，更制九州，冀州堯都，土界廣遠，濟、河爲兗州，[1]海、岱爲青州，[2]海、岱及淮爲徐州，[3]淮、海爲揚州，[4]荆及衡陽爲荆州，[5]荆、河爲豫州，華陽、黑水爲梁州，[6]黑水、西河爲雍州。[7]自虞至殷無所改變。周氏既有天下，以徐并青，以梁并雍，分冀州之地以爲幽、并。漢初又立徐、梁二州。武帝攘却胡、越，開地斥境，南置交趾，北置朔方，改雍曰凉，改梁曰益，凡爲十三州，[8]而司隸部三輔、三河諸郡。[9]東京無復朔方，[10]改交趾曰交州，凡十二州；司隸所部如故。及三國鼎時，吳得揚、荆、交三州，蜀得益州，魏氏猶得九焉。吳又分交爲廣。魏末平蜀，又分益爲梁。晋武帝太康元年，天下一統，凡十有六州。[11]後又分凉、雍爲秦，分荆、揚爲江，分益爲寧，分幽爲平，而爲二十矣。[12]

[1]濟：指濟水。古代四瀆之一，包括黃河南北兩部分。河北部分源出今河南濟源市西王屋山；河南部分本爲從黃河分出的一條支脉，因分流處與河北濟口隔岸相對，古人遂目爲濟水的下游。濟水南北兩部分都屢經變遷。此謂河南部分，顧頡剛《中國古代地理名著選讀·禹貢》述之云：“蓋濟水流至古菏澤，今山東定陶縣；又東北至鉅野澤，今鉅野縣境；又東北至壽張安山湖納汶水，其入海處今名小清河。這就是古濟水故道，也是《禹貢》濟水與兗州和豫、徐、青三州分界處。” 河：指黃河。古代四瀆之一，本單稱“河”。後世因河水多泥沙而色黃，故稱“黃河”。

[2]海：指今渤海。 岱：指今泰山。因居五嶽之首，又被尊爲岱宗。

[3]海：指今黃海。 淮：指淮河。古稱“淮水”，源出今河南桐柏山。

[4]海：指今東海。

[5]荊：指荊山。在今湖北南漳縣西。 衡陽：即衡山之南。衡山在今湖南衡山縣西。

[6]華陽：即華山之南。華山爲五嶽之一，世稱西嶽，在今陝西華陰市南。 黑水：河名。所指則歷來聚訟紛紜，有怒江、瀾滄江、金沙江等説，《中國古代地理名著選讀·禹貢》則主張“今陝西城固縣北有黑水，即《禹貢》梁州的黑水”。

[7]西河：指今山西、陝西間黃河。此段黃河爲北南流向，又正在冀州之西，故稱西河。按：以上即所謂《禹貢》九州，其特點在於以山川定經界。又一般認爲，《禹貢》九州乃是戰國時代學者就其所知大陸劃分的九個地理區域，並不具有實際的行政意義。

[8]十三州：漢武帝十三州，指豫州、兗州、青州、徐州、冀州、幽州、并州、涼州、益州、荊州、揚州、交趾、朔方，爲監察

區，也稱十三部。每部置一刺史，巡察境內官吏和强宗豪右。

[9]部：古代區域單位，此處引申爲統治、管轄之義。　三輔、三河諸郡：三輔謂京兆尹、左馮翊、右扶風，三河謂河内、河南、河東三郡。三輔、三河、弘農七郡同爲畿輔之地，置司隸校尉部，性質略同刺史部。

[10]東京：指東漢。東漢建都洛陽，時人稱爲東京，而稱西漢故都長安爲西京。後來也稱東漢爲東京，西漢爲西京。

[11]晋武帝太康元年，天下一統，凡十有六州：《晋書・地理志上》云“晋武帝太康元年，既平孫氏……凡十九州”，即司、冀、兖、豫、荆、徐、揚、青、幽、平、并、雍、涼、秦、梁、益、寧、交、廣。又《通典・州郡典・序目》曰“晋武帝太康元年平吴，分爲十九州部”，所舉十九州名同《晋書・地理志上》；又《通鑑》卷八一稱太康元年“以司隸所統郡置司州，凡州十九”，《通鑑考異》引本志“凡十六州”語，又云：“《通典》平吴，分十九州：司、兖、豫、冀、并、青、徐、荆、揚、涼、雍、秦、益、梁、寧、幽、平、交、廣。今從之。”可見司馬光並不認同本志太康元年十六州説。又譚其驤《簡明中國歷史地圖集》（中國地圖出版社1982年版）“西晋時期圖説”謂：泰始元年（265）司馬炎代魏，是爲西晋，有十四州；五年（269）分雍、涼、梁三州置秦州；七年（271）分益州置寧州；咸寧二年（276）分幽州置平州，共得十七州。太康元年（280）平吴，得其揚、荆、交、廣四州，併南北二荆二揚皆爲一州，以十九州爲一統。按：曹魏、孫吴南北分治，各有荆州、揚州，北方西晋承魏而後平吴，故譚其驤簡説“併二荆二揚皆爲一州”，即荆、揚二州已在十七州内，再加新得之交、廣二州，共得十九州。如此，本志“晋武帝太康元年，天下一統，凡十有六州”不確，當爲“凡十有九州”。

[12]“後又分涼、雍爲秦”至“而爲二十矣”：按此段上承“太康元年”，下接“自夷狄亂華”，應爲晋室統一以後、南渡以前政制。秦、寧、平三州，平吴以前置，已見上條注，另見《晋書》

卷三《武帝紀》泰始五年、七年、十年及《通鑑》相應年份。江州,《晋書》卷四《惠帝紀》云元康元年（291）置;《晋書》卷五《懷帝紀》云永嘉元年（307）置湘州。江、湘二州,置於太康元年後,南渡前,是西晉末當爲十九州加二州,即爲二十一州。《簡明中國歷史地圖集》"西晉時期圖説"列舉西晉十九州後説:"太康三年罷秦、寧二州,惠帝時復置,又分揚州、荆州十郡爲江州,治豫章;懷帝永嘉元年又分荆州、江州八郡爲湘州,治長沙;故西晉末年共有二十一州。"即司、兖、豫、冀、幽、平、并、雍、涼、秦、梁、益、寧、青、徐、荆、揚、交、廣、江、湘。本志既將平吴前已置的秦、寧、平三州計入西晉統一後,故此前祇有十六州,而其後至西晉末,又祇計江州、不計湘州,所以僅有二十州。要之,本志所記西晉南渡前之州數,時序倒錯,與史實不合。

自夷狄亂華,司、冀、雍、涼、青、并、兖、豫、幽、平諸州一時淪没,遺民南渡,並僑置牧司,[1]非舊土也。江左又分荆爲湘,[2]或離或合,凡有揚、荆、湘、江、梁、益、交、廣,其徐州則有過半,豫州唯得譙城而已。及至宋世,分揚州爲南徐,徐州爲南兖,揚州之江西悉屬豫州,分荆爲雍,分荆、湘爲郢,分荆爲司,分廣爲越,分青爲冀,分梁爲南北秦。太宗初,索虜南侵,[3]青、冀、徐、兖及豫州淮西,並皆不守,自淮以北,化成虜庭。於是於鍾離置徐州,淮陰爲北兖,而青、冀二州治贛榆之縣。今志大較以大明八年爲正,[4]其後分派,隨事記列。内史、侯、相,則以昇明末爲定焉。[5]

[1]並僑置牧司:按文意,謂上舉"諸州"皆有僑置,而遍檢

史傳之文，東晉南朝時雖有原屬實土涼州的僑郡僑縣，但無僑置涼州。志蓋統言之，非盡實也。

[2]江左：指東晉。按長江在安徽蕪湖市、江蘇南京市間作西南南至東北北流向，此段長江以東地區，古稱江東或江左，而東晉建都建康（今江蘇南京市），於是東晉遂有江左的代稱。　分荊爲湘：前注已提及西晉懷帝永嘉元年（307）分荊州、江州八郡爲湘州，治長沙，此在南渡以前；又據本書《州郡志三》"湘州刺史"條，懷帝永嘉元年分立湘州後，東晉咸和三年（328）即省，後東晉、宋間幾度立、省，至宋孝武帝時又立。本志總序既概略言之，不及江左以前已置湘州一事，而又云"江左又分荊爲湘"，顯然欠妥，且與本書《州郡志三》"湘州刺史條"所叙沿革存在矛盾。

[3]索虜：南北朝時，南朝對北朝的辱稱。《通鑑》卷六九："宋、魏以降，南、北分治，各有國史，互相排黜，南謂北爲索虜，北謂南爲島夷。"胡三省注："索虜者，以北人辮髮，謂之索頭也。"

[4]今志大較以大明八年爲正：地理志當有年代斷限，此亦《漢書·地理志》《續漢書·郡國志》以來的傳統。本書《州郡志》雖云"大較以大明八年爲正"，其實斷代頗是不嚴。如所載二十二州即非大明八年（464）制度。其司州，泰始六年（470）置；越州，泰始七年置；大明八年有東揚州，志亦未列爲州目。又各州所領郡縣，也多非大明八年制度。如徐州"今領郡三"，"今"指元徽元年（473）。南豫州刺史"今領郡十九"，謂泰始末年南豫州、豫州計領十九郡。荊州刺史"今領郡十二"，"今"爲泰始三年。郢州刺史"領郡六"，其中無隨郡、安陸郡，此二郡元徽四年方由郢州度屬司州。湘州刺史"領郡十，縣六十二"，數之則六十六縣，多出的四縣，爲元徽二年所立之湘陰、宋末立之撫寧、樂化左縣，宋末度之建陵，故湘州之郡縣領屬實以宋末爲斷。雍州刺史"今領郡十七，縣六十"，數之爲郡十七，縣六十八，其中晚於大明八年者，有泰始末所立之北河南郡，領縣八，宋明帝末立之弘農郡，領縣三，是雍州實以宋明帝泰始末年爲斷限。又廣州所領郡、縣之標

準年代大略是宋末。如大明八年時廣州領有臨漳郡，而志中臨漳太守屬越州；蒼梧太守領思安、封興、蕩康、僑寧四縣，此四縣本屬晉康郡，"疑是宋末度此也"，而建陵縣大明八年時屬蒼梧郡，志中屬湘州始建國，"宋末度"；新寧郡領縣中無永城，"永城當是大明八年以後省"；永平太守領縣中無盧平、逋寧、開城三縣，此三縣"當是大明八年以後省"，等等皆是。交州的標準年代，也非大明八年。如所領義昌郡便是"宋末立"，而大明八年時屬交州的合浦郡、宋壽郡，本志却屬泰始七年始立的越州。要之，可以説本書《州郡志》並無某一特定的標準年代。

[5]内史、侯、相，則以昇明末爲定焉：王鳴盛《十七史商榷》卷五七《宋志據大明昇明》："内史、侯、相必以昇明爲定者，分封王侯國，昇明方備也。"

　　地理參差，其詳難舉，實由名號驟易，境土屢分，或一郡一縣，割成四五，四五之中，亟有離合，千回百改，巧曆不算，尋校推求，未易精悉。[1]今以班固馬彪二志、太康元康定户、王隱《地道》、晉世《起居》、《永初郡國》、何徐《州郡》及地理雜書，[2]互相考覆。且三國無志，[3]事出帝紀，雖立郡時見，而置縣不書。今唯以《續漢郡國》校《太康地志》，參伍異同，用相徵驗。[4]自漢至宋，郡縣無移改者，則注云"漢舊"。其有回徙，隨源甄別。若唯云"某無"者，則此前皆有也。若不注置立，史闕也。[5]

　　[1]尋校推求，未易精悉：王鳴盛《十七史商榷》卷五七《南北地理得其大概不必細求》："晉武帝天下一統，爲二十州，司、冀、雝、涼、秦、青、并、兗、豫、幽、平、徐、揚、荆、江、

梁、益、寧、交、廣也。後南北分裂，新置之州更多，展轉改易，迷其本來，況又有每州各自析爲南北，再加以僑置、寄治之名，糾纏舛錯，不可爬梳，其勢然也……約身居齊、梁猶如此，況去之又千餘年乎？得之大概可耳，不必細求。"

［2］何徐《州郡》：錢大昕《考異》卷二三《宋書·州郡志一》"何徐州郡"條："何承天、徐爰皆撰《宋書》，並有《州郡志》。承天撰史在元嘉之世，所撰志惟《天文》《律曆》，餘皆奉朝請山謙之作也。爰書起自義熙之初，訖於孝武之末。休文志州郡，大較以孝武大明八年爲正，蓋因徐氏之舊，而亦兼載宋末事。" 地理雜書：《十七史商榷》卷五七《宋州郡所據諸書》："志中所引有董覽《吳地志》，有《永寧地志》，有賀循《會稽記》，有《吳記》，有'張勃云'，又有《晉地記》，又有《廣州記》，即所云'地理雜書'也。"

［3］三國無志：謂陳壽所撰《三國志》無記載典章制度方面的志，而僅有紀、傳。

［4］"今唯以《續漢郡國》"至"用相徵驗"：《續漢郡國》謂西晉司馬彪《續漢書·郡國志》，是志大致以東漢永和五年（140）爲斷限，《太康地志》則爲西晉統一之初的太康年間記錄，兩相比照，則可稍明三國時代情況，冀補所謂"三國無志"的缺憾。

［5］若不注置立，史闕也：此語及本段、上段數語爲凡例之屬，而以上三段即本書《州郡志》之"序"，此"序"又與本書卷一一《志序》之"地理參差"云云呼應。按：對於《州郡志》的評價，古人褒貶參半，今人則持肯定意見者居多，詳見胡阿祥《宋書州郡志彙釋·代序》（安徽教育出版社 2006 年版）。

揚州刺史，[1]前漢刺史未有所治，它州同。[2]後漢治歷陽，魏、晉治壽春，晉平吳治建業。[3]成帝咸康四年，僑立魏郡，別見。[4]領肥鄉、別見。元城漢舊縣，晉屬陽平。

二縣，[5]後省元城。又僑立廣川郡，別見。領廣川一縣，宋初省爲縣，隸魏郡。江左又立高陽、別見。堂邑二郡，別見。高陽領北新城、別見。博陸博陸縣霍光所封，而二漢無，晉屬高陽。二縣，堂邑，領堂邑一縣，後省堂邑并高陽，又省高陽并魏郡，並隸揚州，寄治京邑。[6]文帝元嘉十一年省，以其民併建康。孝建元年，分揚州之會稽、東陽、新安、永嘉、臨海五郡爲東揚州。[7]大明三年罷州，以其地爲王畿，以南臺侍御史部諸郡，如從事之部傳焉，[8]而東揚州直云揚州。八年，罷王畿，復立揚州，揚州還爲東揚州。前廢帝永光元年，省東揚州併揚州。順帝昇明三年，改揚州刺史曰牧。[9]領郡十，領縣八十。戶一十四萬三千二百九十六，口一百四十五萬五千六百八十五。[10]

[1]揚州：治建康縣，今江蘇南京市。中華本校勘記云：“‘揚州’之‘揚’，有從手，有從木者。下‘丹陽尹’之‘陽’，亦‘陽’‘揚’錯見。據王念孫《讀書雜志》，‘揚州’之‘揚’，古寫從木，至唐以後，乃多從手。今求全書一致，除丹楊縣之‘楊’字，仍舊不改，以存古義外，其他悉從殿本作‘揚州’‘丹陽尹’。通書準此，不復別出校記。”今從。

[2]前漢刺史未有所治：漢武帝置刺史部，爲監察區。刺史每年八月巡行所部，歲終至京師向丞相奏事，由丞相處置，故無固定駐地，所謂“未有所治”是也。及至後漢，加重刺史職權，如歲終刺史本人不必赴京師奏事，而由屬下替代，於是有了固定駐地。

[3]後漢治歷陽，魏、晉治壽春，晉平吳治建業：王鳴盛《十七史商榷》卷五七《揚州刺史治所》云“沈約所舉揚州刺史治所，尚未備”。略言之，後漢治歷陽（今安徽和縣），末年移治壽春

（今安徽壽縣）、合肥（今安徽合肥市西北）；三國魏、吳各置揚州，魏治壽春，吳治建業（今江蘇南京市）；西晉平吳後復合，治建鄴（建業改名，後又改建康）。按：本書《州郡志》叙述沿革而有疏漏者，其例甚多，下不一一出注。

[4]僑立魏郡，別見：意謂魏郡爲僑郡，有關魏郡本郡的建置沿革，另見本志他處的相關記載。按：《州郡志》凡於某某州、郡、縣下注“別見”者，此州、郡、縣多係僑州、僑郡、僑縣。所謂僑州郡縣，是中國傳統沿革地理學中特定時代的特定名詞。完全意義上的僑州郡縣，即某州某郡某縣的實有領地陷没，而政府仍保留其政區名稱，寄寓他州他郡他縣，並且設官施政，統轄民户。大凡僑州郡縣設立之初，和當地州郡縣無涉，不過借土寄寓。然而僑置既久，部分僑州郡縣因僑得實，擁有了實土，其名稱却仍舊沿用僑名，遂致實土也類僑置，僑置又多實土。僑州郡縣的普遍設置乃至成爲一種制度，是東晉十六國南北朝時代，尤其是東晉南朝地方行政設置的特殊現象。本書《州郡志》多記僑州郡縣，並具多方面的史料價值與學術意義。詳見胡阿祥《東晉南朝僑州郡縣與僑流人口研究》（江蘇教育出版社 2008 年版）。

[5]領肥鄉、元城二縣：各本並脱“領”字，“二縣”作“三縣”。成孺《宋州郡志校勘記》：“案魏是郡名，肥鄉、元城是屬縣，不得統稱三縣。《晉書·地理志》：咸康四年，僑置魏郡、廣川、高陽、堂邑諸郡。本志下文廣川郡領廣川，高陽領北新城、博陸，堂邑領堂邑，並有‘領’字。以此例之，肥鄉、元城上亦當有‘領’字，‘三縣’當作‘二縣’。”楊守敬《補校宋書州郡志札記》：“脱領字，誤二爲三。”孫彪《考論》卷二：“按魏郡下有脱文，當是領字，三縣當是二縣。”今據改。

[6]京邑：地名。即建康。在今江蘇南京市。當時京口稱爲京城、京、北京，兩者極易相混。

[7]“分揚州之會稽”至“東揚州”：此東揚州所領五郡之地，南朝多徑稱爲“東”，或稱“東郡”“浙東五郡”“内地”。

[8]大明三年罷州，以其地爲王畿，以南臺侍御史部諸郡，如從事之部傳焉：意謂大明三年罷廢揚州，將揚州地區作爲直轄的王畿區，以南臺侍御史監察原揚州所屬諸郡之行政，如同以前州從事巡察各郡一樣。南臺，官署別稱。指御史臺，因位於宮廷之南而別稱南臺。從事，官名。西漢以後三公及州郡長官自辟僚屬，多以從事爲稱。

[9]順帝昇明三年，改揚州刺史曰牧：成孺《宋州郡志校勘記》："《本紀》昇明二年九月丙午，加太尉齊王黃鉞、都督中外諸軍事、太傅、領揚州牧，中軍將軍、揚州刺史晉熙王燮爲司徒。改揚州刺史曰牧，正在此時。此稱三年，字誤。"

[10]户一十四萬三千二百九十六，口一百四十五萬五千六百八十五：此揚州所領户口數。按：本書《州郡志》於州、郡下多記户數、口數，但州户口數與所領郡户口數的合計，往往不能吻合。何德章《讀〈宋書·州郡志〉札記二則》（《魏晉南北朝隋唐史資料》第十五輯，武漢大學出版社 1997 年版）之《〈宋書·州郡志〉所記户口數發疑》略謂：此所列户口數乃沈約照抄徐爰大明八年完成的《宋書》數字，並不是今本沈約《宋書》揚州下屬十郡户口數相加的結果。揚州十郡户口數相加的結果，户二十四萬七千一百八，口一百六十萬五千六百九十四，與此所列户口數存在很大的差異。進之，本書各州小序中所列該州户口數與該州各郡分列的户口數之和基本不合，衹有郢州完全相合，這説明各郡户口與各州小序中所列户口反映的是不同時期的户口數。考本志徐州、南兗州、南豫州等州小序中之"舊領""徐志"，可知本志給出了兩組户口數字，此兩組數字有不同的淵源，代表著不同時期的户口數狀況。具體來説，本志各州所列户口總數反映的是大明八年的狀況，這源於"徐志"的"舊"記録。"徐志"者，本書《自序》所説由徐爰編定，"起自義熙之初，訖於大明之末"的《宋書》的志。沈約《宋書》以之爲底本，故《州郡志》"大較以大明八年爲正"，於各州兼記徐志所列户口數。又各郡户口數及其總計數是"宋末"的數

字，具體是"宋末"的哪一年，則尚難確定。

丹陽尹，[1]秦鄣郡，治今吳興之故鄣縣。漢初屬吳國，吳王濞反敗，屬江都國。武帝元封二年，爲丹陽郡，治今宣城之宛陵縣。晉武帝太康二年，分丹陽爲宣城郡，治宛陵，而丹陽移治建業。元帝太興元年，[2]改爲尹。領縣八。戶四萬一千一十，口二十三萬七千三百四十一。

[1]丹陽尹：官名。丹陽尹治建康縣。掌京師地區行政，地位次於九卿而高於一般郡守。南朝沿之。按：東晉仿西漢置京兆尹、東漢置河南尹之制，以丹陽爲京師所在之郡，出於加崇目的，故長官稱丹陽尹。王鳴盛《十七史商榷》卷五七《丹陽尹》："太守而改爲尹者，欲以比漢京兆尹也，晉人稱爲揚都目此，宋因晉稱尹，齊、梁、陳則復爲丹陽郡矣。"

[2]太興：晉元帝司馬睿年號（318—321）。

建康令，[1]本秣陵縣。漢獻帝建安十六年置縣，孫權改秣陵爲建業。晉武帝平吳，還爲秣陵。太康三年，分秣陵之水北爲建業。[2]愍帝即位，避帝諱，改爲建康。[3]

秣陵令，其地本名金陵，秦始皇改。本治去京邑六十里，今故治邨是也。[4]晉安帝義熙九年，移治京邑，在鬭場。恭帝元熙元年，省揚州府禁防參軍，[5]縣移治其處。

丹楊令，[6]漢舊縣。

　　江寧令，[7]晋武帝太康元年，分秣陵立臨江縣。二年，更名。

　　永世令，[8]吴分溧陽爲永平縣，晋武帝太康元年更名。惠帝世，度屬義興，[9]尋復舊。義興又有平陵縣，董覽《吴地志》云：“晋分永世。”[10]《太康》《永寧地志》並無，[11]疑是江左立。文帝元嘉九年，以併永世、溧陽二縣。

　　溧陽令，[12]漢舊縣。吴省爲屯田。[13]晋武帝太康元年復立。

　　湖熟令，[14]漢舊縣。吴省爲典農都尉。晋武帝太康元年復立。

　　句容令，[15]漢舊縣。

　　[1]建康令：官名。建康縣治今江蘇南京市，建康爲京都首縣，置建康令爲行政長官。按：本書《州郡志》於縣區別令、長，王鳴盛《十七史商榷》卷五七《宋州郡令多長少》：“漢制，大縣爲令，小縣爲長。《宋書·州郡志》純是令，而長僅十百中一見。其上卷中所載近地，惟東莞之莒令、濟陰之定陶令，皆孝武大明五年改爲長，其餘並是令。”嚴耕望稱：“《宋書·州郡志》，縣皆注明‘令’‘長’。而絶大多數爲‘令’，惟寧州‘令’‘長’參半，交州五十三縣中亦有十七縣爲‘長’，其餘諸州少則一、二，多僅三、五而已。是則領户日少，而名義日侈崇，蓋至於盡爲令，無縣長之制也。”又略謂，《宋書·州郡志》記諸縣爲令、爲長、爲相者甚詳明，統計之，全宋境域一千數百縣中，爲長者七十八，爲相者一百六十，餘皆爲令。論其分布，全域東境幾皆爲令，長之過半數在寧、交二州，其在中部者類多爲左縣。相則分布於中部江、湘、郢、荆等州。再就人口比例觀之，其全爲令之州，唯揚、南徐二

州，平均每縣一千户以上。其餘兗州九百餘，青州八百餘，冀州七百餘，南兗不滿七百，豫州五百餘，而秦州僅二百有零。其令占什九以上之州，則徐州不及七百，南豫五百有零，益州四百餘，廣州三百餘。由此論之，若以州爲單位平均每縣之户數，五百户以上之縣，通常皆可置令，情形特殊者，此項標準可降至二百餘户。但若以郡爲單位而平均其每縣之户數，則每縣平均領户三百左右而皆爲令之郡甚多，即二百左右以下者亦不少，又數十户百餘户之縣而置令者甚多。如此，則以户數爲令、長差別之傳統標準似已不存在。然以户數論郡縣地位，不但宋以上爲然，即宋以下歷代，莫不皆然，故若欲據此統計以推翻此一標準，似尚有待。按漢世，雖以户數爲縣令長差別之最大標準，但南方有大縣户至數萬者，仍置長，北邊户少而多置令，是固ախ以政治地理情勢而有例外也。意者，宋時既仍兼置令長，疑户數標準之制仍存在，但或較晋以千户爲標準者又降低甚多耳。至於縣數十户或百數十户而置令者，蓋或緣邊國防，捍衛爲重，或西南蠻區，時賴鎮攝，故特崇其制歟？不則各有舊俗，相承未改歟？（嚴耕望《中國地方行政制度史·魏晋南北朝地方行政制度》，上海古籍出版社 2007 年版，第 22 頁，第 319—324 頁）按：檢本卷又有徐州東安郡之蓋令，亦孝武大明五年改爲長，上引《十七史商榷》遺漏。

[2]太康三年，分秣陵之水北爲建業：《晋書·地理志下》“揚州丹楊郡建鄴”條注：“太康三年，分秣陵北爲建鄴，改‘業’爲‘鄴’。”按：“建業”有僭越色彩，故改“建鄴”。此處作“建業”，疑誤。

[3]愍帝即位，避帝諱，改爲建康：建興元年（313），愍帝司馬鄴即位，“建鄴”以避諱而改爲“建康”。

[4]邨：同“村”。

[5]揚州府：謂揚州軍府。凡刺史加將軍者及加將軍且加督者均置軍府。　禁防參軍：官名。爲府佐諸曹參軍之一。

[6]丹楊：縣名。治今安徽當塗縣東北丹陽鎮。

[7]江寧：縣名。治今江蘇南京市江寧區西南江寧鎮。

[8]永世：縣名。治今江蘇溧陽市南。

[9]度：王鳴盛《十七史商榷》卷五七《宋志以度爲改》："《宋州郡志》以度字代改字用，亦見沈攸之、王景文傳。《南史·恩倖·茹法亮傳》亦有此訓，他書則無之。"

[10]晋分永世：《十七史商榷》卷五七《晋分永世》："義興又有平陵縣，晋分永世，下脱'置'字。"

[11]《永寧地志》：洪頤煊《諸史考異》卷四《宋書·永平》："案《太平寰宇記》：'《輿地志》云，元帝割丹陽永平縣爲平陵縣。''永寧'當是'永平'之訛。"按：《永寧地志》爲全國性總志，"永寧"爲晋惠帝年號，本書《州郡志三》"荆州刺史宜都太守宜昌令"條亦有"《太康》《永寧地志》並無"語。據此，《諸史考異》"永寧當是永平之訛"，是認"永寧"爲地名，認《永寧地志》爲方志，實誤。

[12]溧陽：縣名。治今江蘇溧陽市。

[13]吳省爲屯田：孫虨《考論》卷二："'屯田'下疑脱'都尉'二字。"按：本志"揚州刺史丹陽尹"條："湖熟令，漢舊縣。吳省爲典農都尉。晋武帝太康元年復立。"又"南徐州刺史南琅邪太守"條："江乘令，漢舊縣。本屬丹陽，吳省爲典農都尉。晋武帝太康元年復立。"孫吳又有"屯田都尉"，《三國志》卷五八《吳書·陸遜傳》："孫權爲將軍，遜年二十一，始仕幕府，歷東西曹令史，出爲海昌屯田都尉。"屯田都尉與典農都尉一樣，比於縣級，即管理屯田户與原縣編户，既理屯田，又治民事（詳見胡阿祥《孫吳特殊政區制度考論》，《贛南師院學報》1994年第1期）。及晋司馬氏滅吳之太康元年（280），省溧陽屯田都尉，復立溧陽縣，同時省湖熟典農都尉、江乘典農都尉，復立湖熟、江乘二縣。是本志"溧陽令"條當與"湖熟令"條、"江乘令"條一致，有"都尉"二字。

[14]湖熟：縣名。治今江蘇南京市江寧區東南湖熟鎮。

[15]句容：縣名。治今江蘇句容市。

會稽太守，[1]秦立，治吳。漢順帝永建四年，分會稽爲吳郡，會稽移治山陰。領縣十。户五萬二千二百二十八，口三十四萬八千一十四。去京都水一千三百五十五，陸同。[2]

[1]會稽：郡名。治山陰縣，今浙江紹興市。

[2]去京都水一千三百五十五，陸同：關於本書《州郡志》所記水陸里數的體例，王鳴盛《十七史商榷》卷五七《去州去京都若干》："司馬彪各郡國有去雒陽里數，雒陽是京都。此'京都'，建康也；省'里'字，不言可知。各郡同，亦一例。此是丹陽尹所領，獨言去京都。其餘自南徐州以下各州，先列去京都里數，其所領之郡，則先列去州里數，後言去京都里數。其南東海郡無去州若干者，此郡即刺史治也，無去京都若干者，上文州下已見也。下凡郡爲刺史治者放此。南蘭陵以下十三郡，陽平以下三郡，南沛以下六郡，皆無去州、去京都里數，他郡如此尚多，不可枚舉，又有有水無陸者，未暇詳考。"錢大昕《考異》卷二三《宋書·州郡志一》云："休文志州郡，於諸州書去京都水陸若干，於諸郡則書去州水陸若干、去京都水陸若干，唯州所治郡不云去京都水陸若干者，已見於州也……有户口而無水陸里數者，僑寓無實土也。諸州皆放此。"對於以上王、錢二説，周振鶴《繼承科學考據的傳統》（胡阿祥《東晉南朝僑州郡縣與僑流人口研究》，"序一"）評價道：王鳴盛"如此尚多，不可枚舉，又有有水無陸者，未暇詳考"云云，旨在批評本書《州郡志》的不嚴謹；錢大昕比王鳴盛深刻，他指出了不注去州去京都里數的郡有兩種情況，一是州治所在的郡，該里數已記在州下，二是無實土的僑郡，自然没有里數。因此，本書《州郡志》在這點上不但不是不嚴謹，相反，卻可據其記載，來

判斷僑郡之是否有實土。又何德章《六朝建康的水陸交通——讀〈宋書·州郡志〉札記之二》（《魏晉南北朝隋唐史資料》第十九輯，武漢大學文科學報編輯部 2002 年版）略云：本書《州郡志》列有各州到建康的水陸路程以及各州下屬郡縣至州治、至京城建康的水陸路程，應是當時官方驛道里程的記錄（東晉南朝“乘驛”“馳驛”的事例甚多，應有相當完整的驛路系統），大致反映了宋後期統治下的各州內部的交通狀況，以及以建康爲中心的南方水陸交通網絡情況。同時，本書《州郡志》所列水陸路程，由於傳寫錯謬，有的肯定不準確，但這些記錄還是反映了六朝交通發展的一些特徵。按：本書《州郡志》所記水陸道里體例，另詳“南徐州刺史南蘭陵太守”條注。

山陰令，[1] 漢舊縣。

永興令，[2] 漢舊餘暨縣，吳更名。

上虞令，[3] 漢舊縣。

餘姚令，[4] 漢舊縣。

剡令，[5] 漢舊縣。

諸暨令，[6] 漢舊縣。

始寧令，[7] 何承天志，[8] 漢末分上虞立。賀循《會稽記》云：[9] “順帝永建四年，分上虞南鄉立。”《續漢志》無。《晉太康三年地志》有。

句章令，[10] 漢舊縣。

鄞令，[11] 漢舊縣。

鄮令，[12] 漢舊縣。

[1]山陰令：中華本校勘記云：“‘山陰’下，各本並有‘縣’字，王鳴盛《十七史商榷》謂‘縣’字衍。按本志體例，雙字縣

名不加縣字，單字縣名或加縣字，或不加縣字。此'縣'字當删去，王説是。"今從。山陰，縣名。治今浙江紹興市。

[2]永興：縣名。治今浙江杭州市蕭山區西錢塘江畔。

[3]上虞：縣名。治今浙江上虞市。

[4]餘姚：縣名。治今浙江餘姚市姚江北岸。

[5]剡：縣名。治今浙江嵊州市。

[6]諸暨：縣名。治今浙江諸暨市。

[7]始寧：縣名。治今浙江上虞市西南曹娥江東岸。

[8]何承天志：沈約《宋書》卷一〇〇《自序》云："宋故著作郎何承天始撰《宋書》，草立紀傳，止於武帝功臣，篇牘未廣。其所撰志，唯《天文》《律曆》，自此外，悉委奉朝請山謙之。"又沈約《宋書》卷一一《志序》云："元嘉中，東海何承天受詔纂《宋書》，其志十五篇，以續馬彪《漢志》。"是何承天自撰《天文》《律曆》兩志，其他志實出山謙之之手，而仍稱"何承天志"或"何志"，如沈約《宋書》諸志中，常見"何承天志""何承天曰""何承天云""何志"一類用語，這既説明何承天《宋書》有《律曆》《禮》《樂》《天文》《州郡》《百官》等志，也表明沈約《宋書》志對何承天以及山謙之《宋書》志的承襲。沈約《宋書》《志序》也説："其（何承天）證引該博者，即而因之……其有漏闕，及何氏後事，備加搜采，隨就補綴焉。"

[9]賀續《會稽記》：中華本作"賀《續會稽記》"，句讀疑誤。按：《隋書·經籍志》有《會稽記》一卷，賀循撰；清人姚振宗《隋書經籍志考證》卷二一云："《宋書·州郡志》會稽始寧令下引賀續會稽記，或循之後別有修纂者。又疑'續'爲'循'字之誤，又或'續'上有'循'字，'循'蓋續朱育之書也。"檢《隋書·經籍志》："《會稽土地記》一卷，朱育撰。"朱育，三國吳人。又按語法，"賀《續會稽記》"不通。如此，則"賀《續會稽記》"當讀作"賀續《會稽記》"，也或爲"賀循《會稽記》"，又或爲"賀循《續會稽記》"。

[10]句章：縣名。治今浙江寧波市鄞州區西南鄞江鎮。

[11]鄮：縣名。治今浙江寧波市鄞州區東鄮山之北。

[12]鄞：縣名。治今浙江奉化市東北白杜村。

吴郡太守，[1]分會稽立。孝武大明七年，度屬南徐，八年，復舊。領縣十二。户五萬四百八十八，口四十二萬四千八百一十二。去京都水六百七十，陸五百二十。

[1]吴郡：治吴縣，今江蘇蘇州市。

吴令，[1]漢舊縣。

婁令，[2]漢舊縣。

嘉興令，[3]此地本名長水，秦改曰由拳。吴孫權黃龍四年，[4]由拳縣生嘉禾，改曰禾興。孫晧父名和，又改名曰嘉興。[5]

海虞令，[6]晋武帝太康四年，分吴縣之虞鄉立。

海鹽令，[7]漢舊縣。《吴記》云：“本名武原鄉，秦以爲海鹽縣。”

鹽官令，[8]漢舊縣。[9]《吴記》云：“鹽官本屬嘉興，吴立爲海昌都尉治，此後改爲縣。”非也。[10]

錢唐令，[11]漢舊縣。

富陽令，[12]漢舊縣。本曰富春。孫權黃武四年，以爲東安郡，[13]七年，省。晋簡文鄭太后諱“春”，孝武改曰富陽。

新城令，[14]浙江西南名爲桐溪，吴立爲新城

縣，後并桐廬。《晋太康地志》無。張勃云：[15]
“晋末立。”疑是太康末立，尋復省也。晋成帝咸和
九年又立。

　　建德令，[16]吳分富春立。

　　桐廬令，[17]吳分富春立。

　　壽昌令，[18]吳分富春立新昌縣，晋武帝太康元
年更名。

　[1]吳：縣名。治今江蘇蘇州市。

　[2]婁：縣名。治今江蘇昆山市東北。

　[3]嘉興：縣名。治今浙江嘉興市東南。

　[4]四年：中華本校勘記云：“《三國志・吳志・吳主權傳》繫
三年。”按：黃龍無四年，當作三年。

　[5]由拳縣生嘉禾，改曰禾興。孫晧父名和，又改名曰嘉興：
“禾”“和”同音，故改“禾興”爲“嘉興”。此屬避嫌名諱。

　[6]海虞：縣名。治今江蘇常熟市。

　[7]海鹽：縣名。治今浙江海鹽縣。

　[8]鹽官：縣名。治今浙江海寧市西南鹽官鎮南。

　[9]漢舊縣：孫彭《考論》卷二：“《前漢志》海鹽云有鹽官，
非縣也。西河有鹽官縣，又非此地。”中華本校勘記云：“按《漢
書・地理志》會稽郡海鹽縣下有鹽官，無鹽官縣。”

　[10]《吳記》云：“鹽官本屬嘉興，吳立爲海昌都尉治，此後
改爲縣。”非也：譚其驤《海鹽縣的建置沿革、縣治遷移和轄境變
遷》（《歷史地理研究》第二輯，復旦大學出版社1990年版）略
云：《漢書・地理志上》會稽郡、《續漢書・郡國志四》吳郡屬縣
中明明祇有海鹽而無鹽官，沈約誤以鹽官爲漢縣，故以《吳記》鹽
官本吳海昌都尉後乃改縣之語爲非。實則沈約自誤，《吳記》所言
可信。據《三國志》卷五八《吳書・陸遜傳》，遜爲海昌都尉並領

縣事在東漢建安初年，其時孫氏已據有江東，故《吳記》以爲吳事。

[11]錢唐：縣名。治今浙江杭州市清波門南雲居山一帶。

[12]富陽：縣名。治今浙江富陽市。

[13]孫權黃武四年，以爲東安郡：《水經·漸江水注》亦作黃武四年（225），而《三國志》卷四七《吳書·吳主傳》作黃武五年"分三郡惡地十縣置東安郡，以全琮爲太守，平討山越"。按：成孺《宋州郡志校勘記》據《吳主傳》以爲本志作"四年"誤，楊守敬《補校宋書州郡志札記》與《水經注疏》分別主"五年"與"四年"説，錢大昕《考異》卷一七《三國志·吳主傳》則稱："蓋分郡之議在四年，而全琮爲守在五年也。"

[14]新城：縣名。治今浙江富陽市西南新登鎮。

[15]張勃云：當謂張勃所撰之《吳地記》。

[16]建德：縣名。治今浙江建德市東北梅城鎮。

[17]桐廬：縣名。治今浙江桐廬縣西分水江西岸。

[18]壽昌：縣名。治今浙江建德市西南大同鎮西。

吳興太守，[1]孫晧寶鼎元年，分吳、丹陽立。領縣十。户四萬九千六百九，口三十一萬六千一百七十三。去京都水九百五十，陸五百七十。

[1]吳興：郡名。治烏程縣，今浙江湖州市吳興區。

烏程令，[1]漢舊縣，先屬吳。

東遷令，[2]晋武帝太康三年，分烏程立。後廢帝元徽四年，更名東安。順帝昇明元年復舊。

武康令，[3]吳分烏程、餘杭立永安縣，晋武帝太康元年更名。[4]

　　長城令，[5]晋武帝太康三年，分烏程立。

　　原鄉令，[6]漢靈帝中平二年，分故鄣立。

　　故鄣令，[7]漢舊縣，先屬丹陽。

　　安吉令，[8]漢靈帝中平二年，分故鄣立。

　　餘杭令，[9]漢舊縣，先屬吳。

　　臨安令，[10]吳分餘杭爲臨水縣，晋武帝太康元年更名。

　　於潛令，[11]漢舊縣，先屬丹陽。

[1]烏程：縣名。治今浙江湖州市。

[2]東遷：縣名。治今浙江湖州市東東遷鎮。

[3]武康：縣名。治今浙江德清縣。

[4]晋武帝太康元年更名：丁福林《校議》云："本書《自序傳》云：'晋武帝平吳後，太康二年，改永安爲武康縣。'與此所記太康元年更名相差一年。"

[5]長城：縣名。治今浙江長興縣東。

[6]原鄉：縣名。治今浙江安吉縣北安城鎮東。

[7]故鄣：縣名。治今浙江安吉縣北安城鎮西北。

[8]安吉：縣名。治今浙江安吉縣西南孝豐鎮。

[9]餘杭：縣名。治今浙江杭州市餘杭區西南餘杭鎮南之苕溪南岸。

[10]臨安：縣名。治今浙江臨安市北。

[11]於潛：縣名。治今浙江臨安市西於潛鎮。

　　淮南太守，[1]秦立爲九江郡，兼得廬江豫章。漢高帝四年，更名淮南國，分立豫章郡，文帝又分爲廬江郡。武帝元狩元年，復爲九江郡，治壽春縣。後漢徙治陰陵縣。魏復曰淮南，徙治壽春。晋武帝太康元年，復立歷陽、別見。當塗、逡道諸縣，二年，復立鍾離縣，別見。並二漢舊縣也。三國時，江淮爲戰爭之地，其間不居者各數百里，此諸縣並在江北淮南，虛其地，無復民户。吳平，民各還本，故復立焉。其後中原亂，胡寇屢南侵，淮南民多南度。成帝初，蘇峻、祖約爲亂於江淮，胡寇又大至，民南度江者轉多，乃於江南僑立淮南郡及諸縣，晋末遂割丹陽之于湖縣爲淮南境。[2]宋孝武大明六年，以淮南郡併宣城，宣城郡徙治于湖。八年，復立淮南郡，屬南豫州。明帝泰始三年，還屬揚州。領縣六。户五千三百六十二，口二萬五千八百四十。去京都水一百七十，陸一百四十。

[1]淮南：郡名。治于湖縣，今安徽當塗縣。

[2]晋末遂割丹陽之于湖縣爲淮南境：錢大昕《潛研堂文集》卷三五《答洪稚存書》云：義熙八年（412）土斷揚、豫，其時割丹陽之于湖縣爲淮南郡境。《志》稱晋末，即義熙八年也。

于湖令，[1]晋武帝太康二年，分丹楊縣立，本吳督農校尉治。[2]

當塗令，[3]晋成帝世，與逡道俱立爲僑縣，[4]晋末分于湖爲境。

繁昌令，漢舊名，本屬潁川。[5]魏分潁川爲襄城，又屬焉。晋亂，省襄城郡，[6]以此縣屬淮南，割于湖爲境。

襄垣令，[7]其地本蕪湖，蕪湖縣，漢舊縣。至于晉末，立襄垣縣，屬上黨。上黨民南過江，立僑郡縣，寄治蕪湖，後省上黨郡爲縣，屬淮南。文帝元嘉九年，省上黨縣併襄垣。

定陵令，[8]漢舊名，本屬襄城，後割蕪湖爲境。

逡道令，[9]漢作逡遒，晉作逡道，[10]後分蕪湖爲境。

[1]于湖：縣名。治今安徽當塗縣南。

[2]督農校尉：官名。陳連慶懷疑"是傳寫有誤，却又無善本可校"，（陳連慶《孫吳的屯田制》，《社會科學輯刊》1982年第6期）應作典農校尉。

[3]當塗：縣名。治今安徽南陵縣東南。

[4]僑縣：謂此當塗乃是僑縣。按：原當塗縣西漢置，治今安徽懷遠縣東南馬頭城。

[5]繁昌：縣名。治今安徽繁昌縣東北。　漢舊名：《漢書·地理志》《續漢書·郡國志》無繁昌縣。據《三國志》卷二《魏書·文帝紀》，黃初元年（220）十一月，"以潁陰之繁陽亭爲繁昌縣"，潁陰爲西漢初置，治今河南許昌市，故繁昌實爲魏置，此作"漢舊名"，非。

[6]省襄城郡：原脫"省"字，成孺《宋州郡志校勘記》："《晉志》：'罷襄城郡爲繁昌縣，並以屬淮南。'疑'晉亂'下脫'省'字。"楊守敬《補校宋書州郡志札記》："晉亂廢襄城郡，脫廢字。"孫虨《考論》卷二："襄城郡上疑脫'省'字，當考。"中華本校勘記云："各本並脫'省'字，句不可通。成孺《宋書州郡志校勘記》云：'疑"晉亂"下奪"省"字。'按成校是，今補。"

[7]襄垣：縣名。治今安徽蕪湖市。

[8]定陵：縣名。治今安徽銅陵縣東順安鎮。

[9]逡道：縣名。當作逡道縣，治今安徽宣城市北。

[10]晋作逡道：洪頤煊《諸史考異》卷四《逡道》：“《晋書·地理志》亦作‘逡遒’。《左氏》哀十二年杜預注：橐皋，在淮南逡道縣東南。陸德明《音義》：遒音囚。”《宋州郡志校勘記》略同，並云：“此晋世作逡道之顯證。沈約所據《晋志》誤作‘道’，遂有此説耳。”又中華本校勘記云：“‘逡道’《漢書·地理志》、《續漢書·郡國志》、《南齊書·州郡志》、唐初修新《晋書·地理志》並作‘逡遒’。杜預《左傳》哀公十二年“會吳于橐皋”注云：‘在淮南逡遒縣東南。’則晋世亦作逡遒。沈約所見，不知何本。”按：中華本《漢書·地理志上》《續漢書·郡國志四》《南齊書·州郡志上》並作“浚遒”，《晋書·地理志下》作“逡遒”。兩漢三國西晋時，浚遒（逡遒）治今安徽肥東縣東。

宣城太守，[1]晋武帝太康元年，分丹陽立。[2]領縣十。户一萬一百二十，口四萬七千九百九十二。去京都水五百八十，陸五百。

[1]宣城：郡名。治宛陵縣，今安徽宣城市。

[2]晋武帝太康元年，分丹陽立：《晋書·地理志下》“揚州宣城郡”條作“太康二年置”。又本志上文“丹陽尹”條云：“晋武帝太康二年，分丹陽爲宣城郡，治宛陵，而丹陽移治建業。”據此，“太康元年”疑是“太康二年”之誤。

宛陵令，[1]漢舊縣。

廣德令，[2]何志云：“漢舊縣。”《二漢志》並無，疑是吳所立。[3]

懷安令，[4]吳立。

寧國令，[5]吳立。

宣城令，[6]漢舊縣。

安吳令，[7]吳立。

涇令，[8]漢舊縣。

臨城令，[9]吳立。

廣陽令，[10]漢舊縣曰陵陽，子明得仙於此縣山，[11]故以爲名。晉成帝杜皇后諱"陵"，咸康四年更名。

石城令，[12]漢舊縣。

[1]宛陵：縣名。治今安徽宣城市。

[2]廣德：縣名。治今安徽廣德縣西南。

[3]疑是吳所立：《三國志》卷五四《吳書·吕蒙傳》："從討丹楊，所向有功，拜平北都尉，領廣德長。"按：時在東漢建安十二年（207）孫權征黃祖前，而廣德已爲縣。又《元和郡縣圖志》《方輿勝覽》亦云漢末立。唯本志所謂"吳所立"亦可通，蓋"建安"雖爲東漢獻帝年號，而獻帝興平二年（195）孫策已渡江，至建安四年底，孫策已據有江東六郡（吳、會稽、丹陽、廬江、豫章、廬陵），次年孫權繼位。

[4]懷安：縣名。治今安徽寧國市東南。

[5]寧國：縣名。治今安徽寧國市南。

[6]宣城：縣名。治今安徽南陵縣東弋江鎮。

[7]安吳：縣名。治今安徽涇縣西南。

[8]涇：縣名。治今安徽涇縣西北。

[9]臨城：縣名。治今安徽青陽縣南。

[10]廣陽：縣名。治今安徽黃山市廣陽鎮。

[11]子明得仙於此縣山：《史記》卷一一七《司馬相如傳》

云："反太一而後陵陽。"《集解》引《漢書音義》云："仙人陵陽子明也。"《正義》引《列仙傳》："子明於沛銍縣旋溪釣得白龍，放之，後白龍來迎子明去，止陵陽山上百餘年，遂得仙也。"

[12]石城：縣名。治今安徽東至縣北。

東陽太守，[1]本會稽西部都尉，[2]吳孫晧寶鼎元年立。領縣九。戶一萬六千二十二，口一十萬七千九百六十五。[3]去京都水一千七百，陸同。

[1]東陽：郡名。治長山縣，今浙江金華市。

[2]會稽西部都尉：《續漢書·百官志五》：郡尉"典兵禁，備盜賊。景帝更名都尉……中興建武六年，省諸郡都尉，并職太守……唯邊郡往往置都尉及屬國都尉，稍有分縣，治民比郡"。又本書《百官志下》云："秦滅諸侯，隨以其地爲郡，置守、丞、尉各一人。守治民，丞佐之……尉典兵，備盜賊。漢景帝中二年，更名守曰太守，尉爲都尉。光武省都尉，後又往往置東部、西部都尉……漢末及三國，多以諸部都尉爲郡。"按：其一，都尉職主武裝，光武雖罷，其實不能全罷。《續漢書·百官志五》注引應劭說：建安六年（201）後，"每有劇賊，郡臨時置都尉，事訖罷之"。又邊郡或以郡境太廣、難於控制，或以有失安寧，設都尉也仍屬必要。內地每郡都尉一人，邊郡則都尉可多至三、四人。孫氏割據江東以後，都尉的設置更趨普遍，腹心之地如丹陽郡、吳郡、會稽郡均置都尉，而且往往不止一人，如會稽郡就有東部都尉、南部都尉、西部都尉之設。其二，都尉可以分縣治民，有治所，有轄區。從原則上講，都尉佐助太守，郡置一名都尉時，都尉轄區即爲郡區；郡置兩名或兩名以上都尉時，各轄郡區一部，而諸部都尉轄區的總和當爲郡區。原則如此，實際卻不盡然。當分部設立都尉時，諸尉轄區不一定包括郡內所有各縣，某些縣可能祇屬太守，而不屬

任何都尉；又都尉也可以領縣，成爲行政區最高長官。其三，改諸部都尉爲郡，是漢末尤其是三國分置新郡的主要方式，這在孫吳又表現得最爲突出。在孫吳增置的新郡中，改諸部都尉爲郡的比例可謂頗大。（詳見胡阿祥《六朝疆域與政區研究》，西安地圖出版社2000年版，第169—171頁。）

[3] 户一萬六千二十二，口一十萬七千九百六十五：中華本校勘記云："張森楷《校勘記》云：'案户口數，一户皆得十口有餘，必無是理。疑一萬當作二萬。'"按：張森楷《校勘記》"疑一萬當作二萬"無依據。檢本書《州郡志》户口數，一户十口以上者，有揚州，南兖州之南沛郡，豫州之陳留郡，荆州之宜都郡、建平郡，湘州之桂陽郡、零陵郡、營陽郡、湘東郡、邵陵郡，廣州之永平郡、東官郡；又有一户兩口以下者，如雍州之始平郡，秦州之安固郡，益州之南晉壽郡，廣州之蒼梧郡。此應別有可以解釋之緣由，而不可武斷爲"必無是理"也。

　　長山令，[1] 漢獻帝初平二年，分烏傷立。

　　太末令，[2] 漢舊縣。

　　烏傷令。[3]

　　永康令，[4] 赤烏八年分烏傷上浦立。

　　信安令，[5] 漢獻帝初平三年，分太末立曰新安。晉武帝太康元年更名。

　　吳寧令，[6] 漢獻帝興平二年，孫氏分諸暨立。

　　豐安令，漢獻帝興平二年，孫氏分諸暨立。[7]

　　定陽令，[8] 漢獻帝建安二十三年，孫氏分信安立。[9]

　　遂昌令，[10] 孫權赤烏二年，分太末立曰平昌。晉武帝太康元年更名。

[1]長山：縣名。治今浙江金華市。

[2]太末：縣名。治今浙江龍游縣。

[3]烏傷令：中華本校勘記云："殿本《考證》：'此下當有"漢舊縣"三字。'按烏傷，前漢縣，後漢、三國吳因。"烏傷，縣名。治今浙江義烏市。

[4]永康：縣名。治今浙江永康市。

[5]信安：縣名。治今浙江衢州市。

[6]吳寧：縣名。治今浙江東陽市東。

[7]豐安令，漢獻帝興平二年，孫氏分諸暨立：中華本校勘記云："《續漢書·郡國志》劉昭注：'太末，建安四年，孫氏分立豐安縣。'按孫策以興平二年渡江，建安五年死。疑作建安四年是。"按：本志云豐安分諸暨立，《續漢書·郡國志四》劉昭注云豐安分太末立，是兩書分地互異。考諸地志，豐安縣當東分自諸暨，西分自太末，兩書各據一方而言也。豐安，縣名。治今浙江浦江縣西南。

[8]定陽：縣名。治今浙江常山縣東南。

[9]信安：據本志，信安，晉武帝太康元年改新安置；又《續漢書·郡國志四》"揚州會稽郡太末"條劉昭注："初平三年，分立新安縣。"則漢獻帝建安二十三年（218）時，祇有新安而無信安，此云"分信安立"誤，當云"分新安立"。

[10]遂昌：縣名。治今浙江遂昌縣。

　　臨海太守，[1]本會稽東部都尉。前漢都尉治鄞，後漢分會稽爲吳郡，疑是都尉徙治章安也。孫亮太平二年立。領縣五。戶三千九百六十一，口二萬四千二百二十六。去京都水二千一十九，陸同。

[1]臨海：郡名。治章安縣，今浙江台州市椒江區北章安鎮。

章安令，[1]《續漢志》："故冶，[2]閩中地，光武更名。"《晉太康記》："本鄞縣南之回浦鄉，漢章帝章和中立。"未詳孰是。[3]

臨海令，[4]吳分章安立。

始豐令，[5]吳立曰始平，晉武帝太康元年更名。

寧海令，[6]何志，漢舊縣。按《二漢志》《晉太康地志》無。[7]

樂安令，[8]晉康帝分始豐立。

[1]章安：縣名。治今浙江台州市椒江區北章安鎮。

[2]故冶："冶"各本並作"治"。成孺《宋州郡志校勘記》："據江州建安郡下引司馬彪云'章（"章"下脱"安"字）是故冶'，則此'治'字蓋'冶'之誤文。今本《續志》亦訛作'治'。"又孫彪《考論》卷二："治當爲冶。"今據此改正。

[3]未詳孰是：考諸地理形勢，《晉太康記》之説近是，然亦不盡正確。按：《漢書·地理志上》會稽郡有回浦縣，則回浦縣爲西漢置，蓋東漢章和中改爲章安縣也。又《續漢志》云云，吳松弟《冶即東部候官辨——〈續漢書·郡國志〉會稽郡下一條錯簡》（《歷史地理》第四輯，上海人民出版社1986年版）認爲：《續漢志》會稽郡下"章安，故冶，閩越地，光武更名。永寧，永和三年以章安縣東甌鄉爲縣。東部候國"，應訂正爲"章安。永寧，永和三年以章安縣東甌鄉爲縣。東部候官，故冶，閩越地，光武更名"，所以如此，乃因"東部候國爲東部候官之訛，章安與冶無涉，而'故冶，閩越地，光武更名'與東部候官的歷史沿革相符合"。參考本書《州郡志二》"江州刺史建安太守"條、"晉安太守"條及

其注釋。

［4］臨海：縣名。治今浙江臨海市。

［5］始豐：縣名。治今浙江天台縣。

［6］寧海：縣名。治今浙江寧海縣東北。

［7］按《二漢志》《晉太康地志》無：中華本校勘記云：“各本並脱‘志無’二字。成孺《宋書州郡志校勘記》：‘據志例，“二漢志”下當脱“無”字，晉志有寧海，知“晉太康地”下，當脱“志有”二字。’楊守敬亦云：‘“二漢志”下脱“無”字，“晉太康地”下脱“志有”二字。’按成、楊二家之説並誤。據《寰宇記》引《臨海記》，‘晉永和三年，分會稽郡八百户，於臨海郡章安地立寧海縣’。則寧海縣創置於東晉穆帝之世，晉武帝太康世尚無此縣，不當見於《太康地志》。今於‘太康地’下補‘志無’二字。”今從。

［8］樂安：縣名。治今浙江仙居縣。

永嘉太守，[1]晉明帝太寧元年，分臨海立。領縣五。户六千二百五十，口三萬六千六百八十。去京都水二千八百，陸二千六百四十。

［1］永嘉：郡名。治永寧縣，今浙江温州市。

永寧令，[1]漢順帝永建四年，分章安東甌鄉立，或云順帝永和三年立。[2]

安固令，[3]吳立曰羅陽，孫晧改曰安陽。晋武帝太康元年更名。

松陽令，[4]吳立。

樂成令，[5]晋孝武寧康三年，分永寧立。

横陽令，[6]晋武帝太康四年，以横嶼船屯爲始陽，[7]仍復更名。

[1]永寧：縣名。治今浙江温州市。

[2]漢順帝永建四年，分章安東甌鄉立，或云順帝永和三年立：關於永寧縣的設置時間，孫彭《考論》卷二："按後漢永和三年，以章安縣地置永寧，寧而海（當作'而寧海'）則晋穆帝之永和三年所置，亦分章安縣地，何志誤蓋由此。又案《晋志》有海寧（'海寧'當作'寧海'。海寧，《晋書·地理志下》新安郡屬縣，與分臨海郡所立之永嘉郡無涉），則非穆帝永和三年置，今方志説殆以永寧後漢永和三年而淆，未足據。"按：參諸《考論》，永寧縣漢順帝永建四年分立之説較勝。

[3]安固：縣名。治今浙江瑞安市。

[4]松陽：縣名。治今浙江松陽縣西北古市鎮。

[5]樂成：縣名。治今浙江樂清市。

[6]横陽：縣名。治今浙江平陽縣。

[7]横嶼船屯：地名。在今浙江平陽縣東。

新安太守，[1]漢獻帝建安十三年，孫權分丹陽立曰新都，晋武帝太康元年更名。領縣五。户一萬二千五十八，口三萬六千六百五十一。去京都水一千八百六十，陸一千八百。

[1]新安：郡名。治始新縣，今浙江淳安縣西北新安江北岸。

始新令，[1]孫權分歙立。

遂安令，[2]孫權分歙爲新定縣，晋武帝太康元年更名。

歙令，[3]漢舊縣。

海寧令，[4]孫權分歙爲休陽縣，晉武帝太康元年更名。[5]分歙置諸縣之始，又分置黎陽縣，[6]大明八年，省併海寧。

黟令，[7]漢舊縣。

[1]始新：縣名。治今浙江淳安縣西縣城故址，今已没入新安江水庫（千島湖）。

[2]遂安：縣名。治今浙江淳安縣西南汾口鎮仙居村附近。

[3]歙：縣名。治今安徽歙縣。

[4]海寧：縣名。治今安徽休寧縣東萬安鎮。

[5]孫權分歙爲休陽縣，晉武帝太康元年更名：錢大昕《考異》卷二三《宋書·州郡志一》：“案《太平寰宇記》引《吳圖》云：‘吳避孫休之名，改爲海陽縣，晉平吳之後，改爲海寧縣。’《志》失書吳改名一節。”

[6]黎陽：縣名。治今安徽黄山市屯溪區西黎陽鎮。

[7]黟：縣名。治今安徽黟縣東。

南徐州刺史，[1]晉永嘉大亂，幽、冀、青、并、兗州及徐州之淮北流民，相率過淮，亦有過江在晉陵郡界者。晉成帝咸和四年，司空郗鑒又徙流民之在淮南者於晉陵諸縣，其徙過江南及留在江北者，並立僑郡縣以司牧之。[2]徐、兗二州或治江北，江北又僑立幽、冀、青、并四州。安帝義熙七年，始分淮北爲北徐，淮南猶爲徐州。後又以幽、冀合徐，青、并合兗。武帝永初二年，加徐州曰南徐，而淮北但曰徐。[3]文帝元嘉八年，更以江北爲南兗州，江南爲南徐州，治京口，割揚州之晋陵、兗州之九郡僑在江南者屬焉，[4]故南徐州備有徐、兗、幽、冀、青、并、揚七州郡邑。[5]《永初二年郡國志》又有南沛、南下邳、廣平、廣陵、盱眙、鍾離、海陵、山陽八郡。[6]南沛、廣陵、海陵、山陽、盱眙、鍾離割屬南兗，南下邳併南彭城，廣平併南泰山。今領郡十七，縣六十三。户七萬二千四百七十二，口四十二萬六百四十。去京都水二百四十，陸二百。[7]

[1]南徐州：治所在今江蘇鎮江市。

[2]司牧：管理，統治。

[3]武帝永初二年，加徐州曰南徐，而淮北但曰徐：錢大昕《十駕齋養新餘録》卷中《晋書地理志之誤》：《宋書·州郡志》南徐州篇述晋僑立徐州事最分明。首云南徐州刺史者，據宋制而言，而晋時初置並無南徐之名。按：東晋南朝僑置政區名稱加“南”字，絶大多數在宋永初元年（420）以後。晋末劉裕北伐，青、兗、徐、豫、司、雍等州一度收復，僑置州郡又保留不廢，於是在收復諸州郡名稱上加“北”字，以資區別。宋永初元年，又詔令“諸舊郡縣以北爲名者，悉除；寓立於南者，聽以南爲號”（本書卷三《武帝紀下》）。不獨郡縣，即州名也從而改易，於是有南青、南徐、南兗、南豫等州及南琅邪、南蘭陵、南東莞、南彭城、南清河、南高平、南濟陰、南濮陽、南泰山、南魯、南河東等郡。其後中原、關西、淮北等再度淪陷，諸州郡南僑則冠以“北”字，如北徐、北兗等州及北濟陰、北淮陽、北下邳、北京兆等郡即是。（詳見胡阿祥《東晋南朝僑州郡縣與僑流人口研究》相關討論。）

[4]兗州之九郡：孫彪《考論》卷二：“九郡見南兗州，止七郡，蓋當併東燕、高密二郡。”按：“兗州之九郡”爲南高平、南平

昌、南濟陰、南濮陽、南泰山、濟陽、南魯、東燕、高密。東燕後省併南濮陽郡，高密後省併南平昌郡，參見“南兗州刺史”條注釋。

[5]南徐州備有徐、兗、幽、冀、青、并、揚七州郡邑：譚其驤《晉永嘉喪亂後之民族遷徙》（《長水集》上，人民出版社1987年版，第205頁）謂：“實查則又有司州之廣平郡，後省爲縣，豫州之南魯郡，領魯縣，並隸南徐州。五方雜處，無遠勿至，蓋以此州爲最。”

[6]“《永初二年郡國志》”至“山陽八郡”：各本並脱海陵、山陽二郡。錢大昕《考異》卷二三《宋書·州郡志一》：“今數之，止六郡。蓋脱海陵、山陽二郡。”《考論》卷二：“此數八郡，脱海陵、山陽二郡。”楊守敬《補校宋書州郡志札記》：“脱海陵、山陽二郡。”今據此補。

[7]按南徐州僑置始末大略如下：東晉僑立徐州，始以兗州領徐州，或鎮京口，或鎮廣陵，或鎮下邳；孝武寧康三年（375），桓沖爲徐州刺史，遂移鎮京口，單稱徐州，徐、兗遂分兩鎮。義熙中，劉裕北伐南燕，克復淮北，收復徐州舊土，原徐州分爲北徐、徐二州。其南徐州者，宋永初二年（421），以淮南徐州爲南徐州，元嘉八年（431），又與南兗州劃江而治，割晉陵爲實土，以兗州僑在江南諸郡屬焉。宋、齊、梁、陳南徐州皆治京口，領郡全在江南，而大抵不出舊晉陵郡界，即今江蘇鎮江、常州、無錫三市範圍。（詳見胡阿祥《東晉南朝僑州郡縣與僑流人口研究》第八章《徐州部》。）

南東海太守，[1]東海郡别見。晉元帝初，割吳郡海虞縣之北境爲東海郡，立郯、朐、利城三縣，而祝其、襄賁等縣寄治曲阿。穆帝永和中，郡移出京口，郯等三縣亦寄治於京。[2]文帝元嘉八年立南徐，以東海爲治下郡，^[3]以丹徒屬焉。郯、利城並爲實土。^[4]《永初郡國》有襄賁、<small>別見。</small>祝其、厚丘、<small>並漢舊名。</small>西隰<small>何江左立。</small>四縣，文帝元嘉十二年，省厚丘併襄賁。何、徐無厚丘，餘與《永初郡國》同。其襄賁、祝其、西隰，是徐志後所省也。領縣六。^[5]戶五千三百四十二，口三萬三千六百五十八。

[1]南東海：郡名。治所原在郯縣，晉穆帝時移至京口，在今江蘇鎮江市。

[2]京：地名。即京口，今江蘇鎮江市。

[3]治下郡：刺史治所所在之郡。此謂南東海郡爲南徐州所治之郡。

[4]實土：僑州郡縣本無實土，即借土寄寓，而後分割當地州郡縣成爲實土者不少。變僑爲實，往往通過土斷完成。

[5]領縣六：孫彪《考論》卷二："按後列縣實止五縣，毗陵屬毗陵郡，時俱改爲晉陵，不當復有毗陵在此。"按：《考論》疑是，即南東海郡實領五縣，無毗陵縣，詳下毗陵令注。

郯令，^[1]漢舊名。文帝元嘉八年，分丹徒之峴西爲境。^[2]

丹徒令，^[3]本屬晉陵，古名朱方，後名谷陽，秦改曰丹徒。孫權嘉禾三年，改曰武進。晉武帝太康三年，復曰丹徒。

武進令，^[4]晉武帝太康二年，分丹徒、曲阿立。

毗陵令，宋孝武大明末，度屬此。^[5]

朐令，^[6]漢舊名。晉江左僑立。宋孝武世，分郯西界爲土。

　　　利城令，[7] 漢舊名。晉江左僑立。宋文帝世，與郡俱爲實土。

[1] 郯：縣名。治所原在山東郯城縣北，宋文帝時移至今江蘇鎮江市。

[2] 峴：山名。即今江蘇鎮江市西南大小峴山。

[3] 丹徒：縣名。治今江蘇鎮江市東南丹徒區。

[4] 武進：縣名。治今江蘇丹陽市東。

[5] 毗陵令，宋孝武大明末，度屬此：楊守敬《補校宋書州郡志札記》：“毗陵令下，脱‘漢舊縣屬晉陵’六字。”成孺《宋州郡志校勘記》：“此以下十一字毛本誤綴前行末，從北監本跳行。‘令’，毛本誤脱，據志例補。”據此，中華本將毗陵作爲南東海郡屬縣，跳行作“毗陵令，宋孝武大明末，度屬此。”按：孫彊《考論》卷二：“殿本毗陵下無令字，並宋孝武十一字連上武進爲一條，毛本同。又按毗陵上當有屬字。鼎宜按，此謂宜合上條爲一條也。”《考論》疑是。依孫氏之説，則志文當作：“武進令，晉武帝太康二年，分丹徒、曲阿立，屬毗陵。宋孝武大明末，度屬此。”即度屬南東海郡。檢下“晉陵太守”條，毗陵郡正是太康二年所立，治丹徒，而立郡同時，當即以分毗陵郡丹徒、曲阿二縣所立之武進縣屬焉；又《晉書・地理志下》揚州毗陵郡統縣七，有武進縣。至於楊守敬所謂“毗陵令下脱‘漢舊縣屬晉陵’六字”及成孺所謂脱“令”字云云，並無版本依據。中華本以“毗陵令”云云另行，即作爲南東海郡領縣之一，亦誤。要之，南東海郡當領郯、丹徒、武進、朐、利城五縣。

[6] 朐：縣名。治今江蘇鎮江市丹徒區西。

[7] 利城：縣名。治今江蘇江陰市西利港鎮西南。

　　南琅邪太守，[1] 琅邪郡別見。晉亂，琅邪國人隨元帝過江千餘户，太興三年，立懷德縣。[2]丹陽雖有琅邪相而無土地。[3]成帝咸康元年，桓温領郡，鎮江乘之蒲洲金城上，求割丹陽之江乘縣境立郡，又分江乘地立臨沂縣。《永初郡國》有陽都、前漢屬城陽，後漢、《晉太康地志》屬琅邪。費、即丘並别見。三縣，並割臨沂及建康爲土。費縣治宫城之北。[4]元嘉八年，省即丘併陽都。十五年，省費併建康、臨沂。孝武大明五年，省陽都併臨沂。今領縣二。户二千七百八十九，口一萬八千六百九十七。去州水二百，陸一百。去京都水一百六十。

[1]南琅邪：郡名。治金城，今江蘇句容市西北。

[2]晉亂，琅邪國人隨元帝過江千餘户，太興三年，立懷德縣：按：《建康實録》卷五太興三年（320）七月："詔琅琊國人隨在此者近有千户，以立爲懷德縣，統丹楊郡，永復爲湯沐邑。"許嵩自注云："中宗初，琅琊國人置懷德縣，在宫城南七里，今建初寺前路東，後移於宫城西北三里耆闍寺西。帝又創已北爲琅琊郡，而懷德屬之，後改名費縣。其宫城南舊處，咸和中，移建康縣，自苑城出居之。案《南徐州記》：費縣西北八里有迎擔湖。昔中宗南遷，衣冠席卷過江，客主相迎，負擔於此湖側，至今名迎擔湖，世亦呼爲迎擔洲，在縣城西石城後五里餘。"依據上引與本志"南琅邪太守"條，可以明確者幾點：其一，本來北方的徐州琅邪國是東晉創業之主中宗元皇帝司馬睿的舊封地、起家之國（據《晉書·地理志下》徐州，琅邪國都開陽，領開陽、臨沂、陽都、即丘、費等九縣、國，户二萬九千五百），而最早設立的僑置琅邪郡、懷德縣以及臨沂縣、陽都縣、即丘縣等，除了懷德是縣名新創、以名表意外，其餘都是原琅邪國及其領縣的僑置。僑置的直接目的在於安置並優遇隨司馬睿過江的舊封地琅邪國千户左右的僑人。其二，起初

僑郡縣無實土，但有行政管理機構（如“丹陽雖有琅邪相而無土地”“桓温領郡，鎮江乘之蒲洲金城上”“懷德縣，在宮城南七里”云云）與行政隸屬關係（如“琅邪郡，而懷德屬之”）。換言之，無實土的僑郡縣，乃是寄寓在他地固有行政區域之中的另外一套行政管理體系，管理的對象則是特殊的、原則上應爲同一本貫的僑人的集合體。其三，此無實土的僑郡縣，可以分得寄寓地的實土。如琅邪郡、臨沂縣、陽都縣、費縣、即丘縣，即割丹陽郡之江乘縣、建康縣領域而獲得了實土。與此同時，寄寓地的原實土政區，領域、治所、邊界等也相應地進行調整。按以上幾點，並非這批僑郡縣的特殊情形，但值得强調的是，琅邪郡及其所領懷德縣的僑置丹陽郡境，正是可考見的處僑流而立僑郡縣的開始。（詳見胡阿祥《東晋南朝僑州郡縣與僑流人口研究》第二章的討論。）

[3]土地：中華本校勘記云：“‘土地’各本並作‘此地’，據《文選》二二徐敬業《古意酬到長史溉登琅邪城詩》注引沈約《宋書》改。按無土地即謂僑郡尚無實土。”今據此改正。

[4]宮城：據2008年最新考古發現，東晋南朝建康宮城位置在今江蘇南京市大行宫一帶。

　　臨沂令，[1]漢舊名。前漢屬東海，後漢、晋屬琅邪。

　　江乘令，[2]漢舊縣。本屬丹陽，吳省爲典農都尉。[3]晋武帝太康元年復立。

[1]臨沂：縣名。治今江蘇南京市東北栖霞山西。

[2]江乘：縣名。治今江蘇句容市北。

[3]典農都尉：官名。洪飴孫《三國職官表》：“典農都尉，郡縣有屯田者置。秩六百石或四百石。第七品，主屯田。太祖置……蜀無……吳同。”孫吳又有屯田都尉。按：孫吳縣級屯田行政區長

官典農都尉、屯田都尉管理屯田户及原縣編户，既理屯田，又治民事，比於縣級。

晋陵太守，[1]吳時分吳郡無錫以西爲毗陵典農校尉。[2]晋武帝太康二年，省校尉，立以爲毗陵郡，治丹徒，後復還毗陵。東海王越世子名毗，而東海國故食毗陵，永嘉五年，元帝改爲晋陵。[3]始自毗陵徙治丹徒。太興初，郡及丹徒縣悉治京口，郗鑒復徙還丹徒，安帝義熙九年，復還晋陵。本屬揚州，文帝元嘉八年，度屬南徐。領縣六。户一萬五千三百八十二，口八萬一百一十三。去州水一百七十五，陸同。去京都水四百，陸同。

[1]晋陵：郡名。治晋陵縣，今江蘇常州市。

[2]吳時分吳郡無錫以西爲毗陵典農校尉：漢制“邊郡置農都尉，主屯田殖穀”（《續漢書·百官志五》），而孫吳之制置典農校尉，比於郡級。可考者即此毗陵典農校尉。按：毗陵典農校尉實改吳郡西部都尉所置，相當於郡級的民屯行政區長官。《三國志》卷五二《吳書·諸葛融傳》注引《吳書》：“新都都尉陳表、吳郡都尉顧承各率所領人會佃毗陵，男女各數萬口。”考《三國志》卷五二《吳書·顧承傳》，顧承曾官居吳郡西部都尉，《吳書》所謂“吳郡都尉”當即此。“分吳郡無錫以西”設置毗陵典農校尉者，即割出毗陵、雲陽、武進三縣歸其管轄。

[3]“東海王越世子名毗”至“元帝改爲晋陵”：中華本校勘記云：“各本並脱‘元’字，據《通典·州郡典》補。”成孺《宋州郡志校勘記》：“《晋志》：惠帝永興元年以毗陵郡封東海王世子毗，避毗諱改爲晋陵。考《惠帝本紀》，永興元年十二月以司空越

爲太傅。司空越即東海王，封其世子毗當在此時。永嘉五年三月戊午，詔下東海王越罪狀，告方鎮討之，丙子，東海王越薨，四月，東海世子毗没於石勒。若謂永嘉五年避世子諱改毗陵爲晋陵，恐與情事不合，疑志文‘帝改爲晋陵’五字在‘永嘉五年’上。”楊守敬《補校宋書州郡志札記》：“晋陵太守。永嘉五年，帝改爲晋陵。按《寰宇記》，東海王越太子食采毗陵，後爲石勒所没。元帝以少子哀王沖爲嗣，因諱毗，改爲晋陵。又考越本傳，世子毗亦於永嘉五年殁於石勒。然則《宋志》此文有脱漏，當作‘永嘉五年，毗没於石勒，元帝改爲晋陵’，方合。”又孫虨《考論》卷二：“東海國故食毗陵，於事理不暸，《晋志》云，以毗陵郡封世子毗，又按此乃元帝以其子沖繼毗後，增封毗陵，見《晋書·元四王傳》，帝字上當有元字，《通典》正作元帝。其在永嘉五年者，是年三月，東海王越薨，四月，世子毗陷賊，六月，懷帝蒙塵，州鎮推元帝爲盟主，承制封拜，元帝之得揚州，實東海王越之力，故以報之也。”按：有關“毗陵”避諱改“晋陵”，《晋書·地理志下》的記載與成孺的辨析，不及本志的記載與楊守敬《札記》、孫虨《考論》有力。蓋元帝立國江南，得到了當時掌握國家大權的東海王越及其妃的大力支持，故越薨毗没後，元帝以子司馬沖“繼毗後，稱東海世子”（《晋書》卷六四《東海哀王沖傳》）。

晋陵令，[1] 本名延陵，漢改曰毗陵，後與郡俱改。

延陵令，[2] 晋武帝太康二年，分曲阿之延陵鄉立。

無錫令，[3] 漢舊縣。吳省，晋武帝太康元年復立。

南沙令，[4] 本吳郡司鹽都尉署。[5] 吳時名沙中。

吳平後，立暨陽縣割屬之。晉成帝咸康七年，罷鹽署，立以爲南沙縣。

曲阿令，[6]本名雲陽，秦始皇改曰曲阿。吳嘉禾三年，復曰雲陽。晉武帝太康二年，復曰曲阿。

暨陽令，[7]晉武帝太康二年，分無錫、毗陵立。

[1]晉陵：縣名。治今江蘇常州市。

[2]延陵：縣名。治今江蘇丹陽市西南延陵鎮。

[3]無錫：縣名。治今江蘇無錫市。

[4]南沙：縣名。治今江蘇常熟市西北。

[5]吳郡：中華本作"吳縣"。成孺《宋州郡志校勘記》："'郡'，南監本作'縣'。"楊守敬校、譚其驤補《〈宋州郡志校勘記〉校補》楊守敬曰："'郡'字是。"按：先是漢代郡國產鹽處設鹽官，魏晉時以司鹽都尉總領關於鹽之政令；又洪飴孫《三國職官表》："司鹽都尉，郡國出鹽者置，第六品（《水經注·沔水下》引樂資《九州記》，鹽官縣有馬皋城，故司鹽都尉城）。"據其品，司鹽都尉爲郡級吏員。又本書《州郡志四》"廣州刺史東官太守"條："何志故司鹽都尉。"以此，"吳縣司鹽都尉"當作"吳郡司鹽都尉"，今改正。

[6]曲阿：縣名。治今江蘇丹陽市。

[7]暨陽：縣名。治今江蘇江陰市東南長壽鎮南。

義興太守，[1]晉惠帝永興元年，分吳興之陽羨、丹陽之永世立。[2]永世尋還丹陽。本揚州，明帝泰始四年，度南徐。領縣五。戶一萬三千四百九十六，口八萬九千五百二十五。去州水四百，陸同。去都水四百九十，[3]陸同。

　　[1]義興：郡名。治陽羨縣，今江蘇宜興市。

　　[2]晉惠帝永興元年，分吳興之陽羨、丹陽之永世立：義興郡始置年代有兩説，一説晉惠帝永興元年（304），一説晉懷帝永嘉四年（310），而又都與周玘有關。周玘，陽羨人，惠帝永興元年討石冰，懷帝永嘉元年討陳敏，永嘉四年誅錢璯，此號稱"三定江南"。據《晉書·地理志下》及《元和郡縣圖志》，立義興郡以表周玘創義討石冰之功，此永興元年説；又據《晉書》卷五八《周玘傳》及《通鑑》卷八七，周玘"三定江南"，晉琅邪王司馬睿嘉其功，乃以玘爲吳興太守，且於其鄉里置義興郡以旌之，此永嘉四年説。

　　[3]去都：據志例，"去都"當作"去京都"，脱一"京"字。

　　　　陽羨令，[1]漢舊縣。
　　　　臨津令，[2]故屬陽羨，立郡分立。
　　　　義鄉令，故屬長城、陽羨，[3]立郡分立。
　　　　國山令，[4]故屬陽羨，立郡分立。
　　　　綏安令，[5]武帝永初三年，分宣城之廣德、吳興之故鄣、長城及陽羨、義鄉五縣立。

　　[1]陽羨：縣名。治今江蘇宜興市。

　　[2]臨津：縣名。治今江蘇宜興市西北。

　　[3]義鄉令，故屬長城、陽羨：成孺《宋州郡志校勘記》："《晉志》：'永興元年，以周玘創義討石冰，割吳興之陽羨并長城之北鄉置義鄉、國山、臨津并陽羨四縣，又分丹陽之永世置平陵及永世，立義興郡。'義鄉故屬長城，臨津、國山故屬陽羨，立義興郡同時分立義鄉，下'陽羨'二字蓋涉左右方而衍。"義鄉，縣名。治今浙江長興縣西北。

　　[4]國山：縣名。治今江蘇宜興市西南國山西、章溪東岸。

[5]綏安：縣名。治今江蘇宜興市西南。

南蘭陵太守，[1]蘭陵郡別見。領縣二。戶一千五百九十三，口一萬六百三十四。[2]

[1]南蘭陵：郡名。僑今江蘇常州市武進區西北萬綏鎮。

[2]錢大昕《考異》卷二三《宋書·州郡志一》："案：休文志州郡，於諸州書去京都水陸若干，於諸郡則書去州水陸若干、去京都水陸若干，唯州所治郡，不云去京都水陸若干者，已見於州也。南徐州領郡十七，南東海爲州所治，此外則南琅邪、晉陵、義興皆有實土，故有水陸里數，南蘭陵以下十三郡，有戶口而無水陸里數者，僑寓無實土也。諸州皆放此。"孫彪《考論》卷二："郡非州治而無水陸里數者，皆僑寓，無實土也，錢大昕説。"胡戩《錢大昕論〈宋書·州郡志〉所載水陸道里》（《歷史地理》第七輯，上海人民出版社1990年版）："細檢《宋志》，錢氏所論，亦有例外：（1）因記載疏漏或資料欠缺，實土州郡有失書水陸道里者。州如梁州、兗州（治瑕丘）、越州，郡如邊城、光城、南陳三左郡、新昌、安豐、汝陰、武寧、越雟、順陽、新巴、巴渠、安康、梓潼、遂寧、沈黎、寧浦、晉興、樂昌、義昌、宋平、百梁、懰蘇、永寧、安昌、富昌、南流、臨漳、宋壽等皆是。徐州馬頭郡、司州隨陽郡、安陸郡、郢州武昌郡、寧州平蠻郡等，則失書去州道里；雍州河南郡、廣州新會郡則失書去京都道里。（2）又有僑郡已割爲實土，而水陸道里仍缺書者。以雍州爲例，'晉孝武始於襄陽僑立雍州，並立僑郡縣'，無實土。宋元嘉二十六年，以荆州之襄陽、南陽、新野、順陽四郡來隷（《考異》卷二三《宋書·州郡志一》），雍州因成實土，治襄陽；而僑郡縣猶寄寓諸郡界。及孝武大明元年，'土斷雍州諸僑郡縣'（本書卷六《孝武帝紀》），京兆、始平、扶風、廣平、馮翊、華山諸僑郡增領當地實縣，分得實土。既有實

土，當書去京都、去州水陸道里數；何以缺書？此亦自亂其例也。據上，《宋志》水陸道里與州郡縣有無實土的關係，不可一概而論。"

蘭陵令。[1]別見。

承令，[2]別見。文帝元嘉十二年，以合鄉縣併承。《永初郡國》、何、徐並無合鄉縣。

[1]蘭陵：縣名。僑今江蘇常州市武進區西北萬綏鎮。
[2]承：縣名。僑今江蘇常州市境。

南東莞太守，[1]東莞郡別見。《永初郡國》又有蓋縣。別見。領縣三。戶一千四百二十四，口九千八百五十四。

[1]南東莞：郡名。僑今江蘇常州市武進區一帶。

莒令。[1]別見。

東莞令，[2]別見。文帝元嘉十二年，以蓋縣併此。

姑幕令，[3]漢舊名。

[1]莒：縣名。僑今江蘇常州市武進區一帶。
[2]東莞：縣名。僑今江蘇常州市武進區一帶。
[3]姑幕：縣名。僑今江蘇常州市西南。

臨淮太守，[1]漢武帝元狩六年立。光武以併東海。

明帝永平十五年，復分臨淮之故地爲下邳郡。晋武帝太康元年，復分下邳之淮南爲臨淮郡，治盱眙。江左僑立。《永初郡國》又有盱眙縣，何、徐無。領縣七。户三千七百一十一，口二萬二千八百八十六。

[1]臨淮：郡名。僑今江蘇丹陽市、常州市一帶。

　　海西令，[1]前漢屬東海，後漢、晋屬廣陵。
　　射陽令，[2]前漢屬臨淮，後漢屬廣陵，三國時廢，晋武帝太康元年復立。
　　淩令，前漢屬泗水，[3]後漢屬廣陵，三國時廢，晋武帝太康二年又立，屬廣陵。
　　淮浦令，[4]前漢屬臨淮，後漢屬下邳，《晋太康地志》屬廣陵。
　　淮陰令，[5]前漢屬臨淮，後漢屬下邳，《晋太康地志》屬廣陵。
　　東陽令，[6]前漢屬臨淮，後漢屬廣陵，《晋太康地志》屬臨淮。
　　長樂令，[7]本長樂郡，别見。并合爲縣。[8]

[1]海西：縣名。僑今江蘇丹陽市、常州市一帶。
[2]射陽：縣名。僑今江蘇丹陽市、常州市一帶。
[3]淩令，前漢屬泗水：“淩”各本並作“廣陵”。成孺《宋州郡志校勘記》云：“《漢志》廣陵縣屬廣陵國，不屬泗水，此云前漢屬泗水者，《考異》云‘陵當作淩，廣字衍’是也。《南齊志》正作淩。”洪頤煊《諸史考異》卷四《陵縣》：“錢氏《考異》云：

'陵當作淩，廣字衍。'頤煊案：南彭城北陵令，《晉太康地志》屬下邳，本名陵，而廣陵郡舊有陵縣，晉武帝太康二年，以下邳之陵縣非舊土而同名，改爲北陵。淩字久改作陵。"楊守敬《補校宋書州郡志札記》云："淩令誤作廣陵令。"孫彪《考論》卷二："陵字錢大昕改淩，據南彭城北陵縣，則此當本作陵，與《漢志》字異。"又中華本校勘記云："'淩'各本並作'廣陵'，據《漢書·地理志》《南齊書·州郡志》改。"今從。淩，縣名。僑今江蘇丹陽市、常州市一帶。

[4]淮浦：縣名。僑今江蘇丹陽市、常州市一帶。

[5]淮陰：縣名。僑今江蘇丹陽市、常州市一帶。

[6]東陽：縣名。僑今江蘇丹陽市、常州市一帶。

[7]長樂：縣名。僑今江蘇丹陽市、常州市一帶。

[8]本長樂郡，別見。并合爲縣：按：晉太康五年（284）改安平國置長樂國，治信都（今河北冀州市）；東晉僑置，爲長樂郡，後併合爲縣，屬臨淮僑郡。又按此"別見"，翻檢本書《州郡志》，無相應之"長樂郡"，當指"冀州刺史勃海太守長樂令"條："長樂令，晉之長樂郡也。疑是江左省爲縣，至是又立。""晉之長樂郡也"，謂西晉冀州所領實郡。"江左省爲縣"者，因東晉未嘗有西晉冀州長樂郡地，故謂東晉所置僑長樂郡、僑長樂縣。"至是又立"者，則謂僑勃海郡所領僑長樂縣。

淮陵太守，[1]本淮陵縣，前漢屬臨淮，後漢屬下邳，晉屬臨淮，惠帝永寧元年，以爲淮陵國。《永初郡國》又有下相、前漢屬臨淮，後漢屬下邳，《晉太康地志》屬臨淮。廣陽廣陽，漢高立爲燕國，昭帝更名。光武省併上谷，和帝永元八年復立。魏、晉復爲燕國。前漢廣陽縣，後漢無，晉復有此也。二縣。今領縣三。戶一千九百五，口一萬六百三十。

[1]淮陵：郡名。僑今江蘇丹陽市、常州市一帶。

　　司吾令，[1]前漢屬東海，後漢屬下邳，《晋太康地志》屬臨淮。後廢帝元徽五年五月，改名桐梧，順帝昇明元年復舊。

　　徐令，[2]前漢屬臨淮，後漢屬下邳，《晋太康地志》屬臨淮。

　　陽樂令，[3]漢舊名，本屬遼西。文帝元嘉十三年，以下相併陽樂。

[1]司吾：縣名。僑今江蘇丹陽市、常州市一帶。
[2]徐：縣名。僑今江蘇丹陽市、常州市一帶。
[3]陽樂：縣名。僑今江蘇丹陽市、常州市一帶。

　　南彭城太守，[1]彭城郡別見。江左僑立。晋明帝又立南下邳郡，成帝又立南沛郡。[2]文帝元嘉中，分南沛爲北沛，屬南兖，而南沛猶屬南徐。[3]孝武大明四年，以二郡並併南彭城。[4]領縣十二。[5]户一萬一千七百五十八，口六萬八千一百六十三。

[1]南彭城：郡名。僑今江蘇鎮江市、丹陽市、常州市一帶。
[2]南彭城、南下邳、南沛：“南”字並爲宋時追稱，東晋初僑置時本無“南”字。
[3]“文帝元嘉中”至“而南沛猶屬南徐”：南沛、北沛云云，易致混亂，其始末略如下：東晋時沛郡流人或在江北或在江南（江北如廣陵等地，江南如無錫等處），初無實土，於是統立爲沛郡；宋初名南沛郡。迨文帝元嘉八年（431）分南徐、南兖二州，劃江

爲界，江南爲南徐州、江北爲南兗州，南沛郡亦因之一分爲二，即以南沛之寄治廣陵者別爲北沛，屬南兗州；江南之南沛仍舊，屬南徐州。此南、北二沛郡並立，本書卷五《文帝紀》元嘉二十六年二月乙丑，“申南、北沛、下邳三郡復”。及孝武大明四年（460），省南徐州之南沛郡併入南彭城。南沛既省，乃以廣陵之南兗州北沛郡爲南沛。（詳見胡阿祥《東晉南朝僑州郡縣與僑流人口研究》第六章《豫州部》。）

[4]二郡：指南下邳郡、南沛郡。

[5]領縣十二：中華本校勘記云：“孫彪《宋書考論》云：‘案下列縣止十一，蓋脱彭城縣。此劉宋桑梓，必無併省之事。南齊與此屬縣盡同，亦有彭城。’按孫説是，疑脱‘彭城令別見’五字。”

呂令。[1]別見。

武原令，[2]漢舊名。

傅陽令，[3]漢舊名。

蕃令，[4]別見。義旗初，免軍户立遂誠縣，武帝永初元年，改從舊名。[5]

薛令，[6]別見。義旗初，免軍户爲建熙縣，永初元年，改從舊名。

開陽令，[7]前漢屬東海，章帝建初五年屬琅邪。晉僑立，猶屬琅邪，安帝度屬彭城。

杼秋令，[8]漢舊名。

洨令，[9]前漢屬梁，後漢、晉屬沛。

下邳令，[10]別見。本屬南下邳。

北淩令，[11]本屬南下邳，二漢無，《晉太康地志》屬下邳，本名淩。而廣陵郡舊有淩縣，晉武帝太康二年，以下邳之淩縣非舊土而同名，改爲北淩。

僮令，^[12]别見。本屬南下邳。南下邳有良城縣，別見。^[13]文帝元嘉十二年併僮。

[1]吕：縣名。僑今江蘇鎮江市、丹陽市、常州市一帶。

[2]武原：縣名。僑今江蘇鎮江市、丹陽市、常州市一帶。

[3]傅陽：縣名。僑今江蘇鎮江市、丹陽市、常州市一帶。

[4]蕃：縣名。僑今江蘇鎮江市、丹陽市、常州市一帶。

[5]軍户：包括兵士本人及其家屬，同營居住。按：僑民不是軍户，身份也高於軍户。此蕃縣及下條之薛縣僑民，可能因充戍役、征役而淪爲軍户，又因軍功免除了軍户身份，並得以爲其設僑縣。　改從舊名：蕃縣、薛縣原來可能僑置過。詳見高敏《南朝時期兵户制的逐步解體與募兵制的日益興起》（《魏晋南北朝兵制研究》，大象出版社 1998 年版）、夏日新《關於東晋僑州郡縣的幾個問題》（《魏晋南北朝隋唐史資料》第十一輯，武漢大學出版社 1991 年版）。

[6]薛：縣名。僑今江蘇鎮江市、丹陽市、常州市一帶。

[7]開陽：縣名。僑今江蘇鎮江市、丹陽市、常州市一帶。

[8]杼秋：縣名。僑今江蘇無錫市。

[9]洨：縣名。僑今江蘇鎮江市、丹陽市、常州市一帶。

[10]下邳：縣名。僑今江蘇鎮江市、丹陽市、常州市一帶。

[11]北淩令：中華本校勘記云："'北淩'各本並作'北陵'。按下云'《晋太康地志》屬下邳本名淩'，即爲淩縣，蓋彼爲淩，此加北字作北淩。今訂正，下并同改。"北淩，縣名。僑今江蘇鎮江市、丹陽市、常州市一帶。

[12]僮：縣名。僑今江蘇鎮江市、丹陽市、常州市一帶。

[13]南下邳有良城縣，别見：檢本志，徐州刺史下邳太守領縣

有“良成”，蓋即此“別見”。

　　南清河太守，[1]清河郡別見。領縣四。戶一千八百四十九，口七千四百四。

　　[1]南清河：郡名。僑今江蘇鎮江、無錫二市間。

　　　　清河令。[1]別見。
　　　　東武城令。[2]別見。
　　　　繹幕令。[3]別見。
　　　　貝丘令。[4]別見。

　　[1]清河：縣名。僑今江蘇鎮江、無錫二市間。
　　[2]東武城：縣名。僑今江蘇鎮江、無錫二市間。
　　[3]繹幕：縣名。僑今江蘇鎮江、無錫二市間。
　　[4]貝丘：縣名。僑今江蘇鎮江、無錫二市間。

　　南高平太守，[1]高平郡別見。《永初郡國》又有鉅野、昌邑二縣。並漢舊名。今領縣三。戶一千七百一十八，口九千七百三十一。

　　[1]南高平：郡名。僑今江蘇鎮江、無錫二市間。

　　　　金鄉令。[1]別見。
　　　　湖陸令，[2]前漢曰湖陵，漢章帝更名。
　　　　高平令。[3]別見。文帝元嘉十八年，以鉅野併高平。

[1]金鄉：縣名。僑今江蘇鎮江、無錫二市間。
[2]湖陸：縣名。僑今江蘇鎮江、無錫二市間。
[3]高平：縣名。僑今江蘇鎮江、無錫二市間。

南平昌太守，[1]平昌郡別見。領縣四。戶二千一百七十八，口一萬一千七百四十一。

[1]南平昌：郡名。僑今江蘇鎮江市一帶。

安丘令。[1]別見。
新樂令，[2]二漢無，魏分平原爲樂陵郡，屬冀州，而新樂縣屬焉。晋江左立樂陵郡及諸縣，[3]後省，以新樂縣屬此。
東武令。[4]別見。
高密令，[5]別見。江左立高密國，後爲南高密郡。[6]文帝元嘉十八年，省爲高密縣，屬此。

[1]安丘：縣名。僑今江蘇鎮江市一帶。
[2]新樂：縣名。僑今江蘇鎮江市一帶。
[3]晋江左立樂陵郡及諸縣：東晉所立樂陵郡及諸縣爲僑郡縣，僑於京口，即今江蘇鎮江市一帶，而領縣唯新樂可考。
[4]東武：縣名。僑今江蘇鎮江市一帶。
[5]高密：縣名。僑今江蘇鎮江市一帶。
[6]江左立高密國，後爲南高密郡：據本志“南兗州刺史”條“《永初郡國》領十四郡……高密郡領淳于、黔陬、營陵、夷安凡

四縣……省屬南徐州”，則東晋高密國後改高密郡，入宋再改南高密郡。其僑地當在江南京口，即今江蘇鎮江市一帶。

南濟陰太守，[1]二漢、晋屬兗州，前漢初屬梁國，景帝中六年，[2]別爲濟陰國，宣帝甘露二年，更名定陶國，後還曰濟陰。《永初郡國》又有句陽、定陶二縣。並漢舊名。今領縣四。戶一千六百五十五，口八千一百九十三。

[1]南濟陰：郡名。僑今江蘇鎮江、無錫二市間。
[2]景帝中六年：各本並作“景帝中平六年”。成孺《宋州郡志校勘記》：“案中平乃漢靈帝紀年。《漢志》景帝中六年，別爲濟陰國。‘平’字衍，今據删。”中華本校勘記云“成校是”。今從。

城武令。[1]別見。
冤句令，[2]漢舊名。
單父令，[3]前漢屬山陽。
城陽令，[4]漢舊名。

[1]城武：縣名。僑今江蘇鎮江、無錫二市間。
[2]冤句：縣名。僑今江蘇鎮江、無錫二市間。
[3]單父：縣名。僑今江蘇鎮江、無錫二市間。
[4]城陽：縣名。僑今江蘇鎮江、無錫二市間。

南濮陽太守，[1]本東郡，屬兗州，晋武帝咸寧二年，以封子允，以東不可爲國名，[2]東郡有濮陽縣，故曰濮陽國。濮陽，漢舊名也。允改封淮南，還曰東郡。趙王倫篡位，廢太孫臧爲濮陽王，王尋廢，郡名遂不改。
《永初郡國》又有鄄城縣。二漢屬濟陰，《晋太康地志》屬濮陽
也。[3]今領縣二。户二千二十六，口八千二百三十九。

[1]南濮陽：郡名。僑今江蘇鎮江、無錫二市間。
[2]以東不可爲國名：方位詞不單獨用作國名，此自先秦以來
即如此，但作爲一條原則提出，首推本書《州郡志》。
[3]據本書卷五《文帝紀》，元嘉十八年（241）“省南徐州之
南燕、濮陽、南廣平郡”，疑南濮陽郡省後又置，故見於此。

　　廩丘令，[1]前漢及《晋太康地志》有廩丘縣，
後漢無。文帝元嘉十二年，以鄄城併廩丘。
　　榆次令，[2]漢舊名，至晋屬太原。

[1]廩丘：縣名。僑今江蘇鎮江、無錫二市間。
[2]榆次：縣名。僑今江蘇鎮江、無錫二市間。

　　南泰山太守，[1]泰山郡別見。《永初郡國》有廣平，漢
武帝征和二年，立爲平干國。宣帝五鳳二年，改爲廣平。光武建武十三
年，省併鉅鹿。魏分鉅鹿、魏郡復爲廣平。江左僑立郡，晋成帝咸康四年
省，後又立。[2]寄治丹徒，領廣平、易陽、易陽，二漢屬趙，《晋
太康地志》屬廣平。曲周前漢屬廣平，作曲周。後漢屬鉅鹿。《晋太康
地志》屬廣平，作曲梁。[3]三縣。文帝元嘉十八年，[4]省廣平
郡爲廣平縣，屬南泰山。今領縣三。户二千四百九十
九，口一萬三千六百。

[1]南泰山：郡名。僑今江蘇鎮江、常州二市間。

　　[2]“漢武帝征和二年”至“後又立”：此段文字依中華本。
相關之諸家校勘與考證如下：殿本《考證》云：“‘《永初郡國》有
廣平’，按此下注凡五十八字，舊本顛倒錯亂，不成文理，今據
《二漢志》《晉志》改正。舊南監本原文云：‘漢二武帝征和子國宣
帝五鳳二年改爲廣平年立爲平併鉅鹿魏分鉅鹿魏郡復爲廣光武建武
十三年省咸康四年平江左僑立晉成帝省後又立’，其誤顯然。至北
監本、汲古閣本改‘漢’字下‘二’字爲‘孝’，删‘廣平’下一
‘年’字，復爲‘廣’下增一‘平’字，則愈蒙混不可考矣。今據
《後漢・郡國志》云‘武帝征和二年置爲平干國，宣帝五鳳二年復
故’，正此注所據之文，‘二’字合在‘征和’之下，‘子’字乃
‘干’字之訛，光武事合叙於宣帝之下，‘併鉅鹿’三字合在‘十
三年省’之下，‘郡’字合在‘僑立’下，‘咸康四年’合在‘晉
成帝’之下。”又成孺《宋州郡志校勘記》：“‘漢武帝征和二年立
爲平干國’以下五十八字，毛本訛舛不可讀，茲從殿本。‘干’，
舊訛作‘子’，《考證》云：《後漢・郡國志》，武帝征和二年置爲
平干國，宣帝五鳳二年復故，正此注所據之文，‘子’字乃‘干’
字之訛；‘改’，南、北監本作‘復’。”又孫彪《考論》卷二：“注
文係依殿本乙改，‘郡’字原在‘鉅鹿魏’之下，當仍依原本，
‘江左僑立郡’非文義也。”又張元濟《校勘記》曰：宋本、嘉靖
本“漢二武帝征和子國”，北本、汲本作“漢孝武帝征和子國”，
殿本作“漢武帝征和二年立爲平干國”，“見《考證》”；宋本、嘉
靖本“年立爲平”，北本、汲本作“平立爲平”，殿本作“光武建
武十三年省”，“殿本疑是。見《考證》”；宋本、嘉靖本、北本
“郡復爲廣”，汲本作“魏郡改爲廣”，殿本作“復爲廣平”，“見
《考證》”；宋本、三本、北本、汲本“光武建武十三年省咸康四年
平江左僑立晉成帝省”，殿本作“江左僑立郡晉成帝咸康四年”，
“見《考證》。咸康，晉成帝年號。”又中華本校勘記云：“三朝本、
毛本本段注文，舛訛不可讀，今據殿本訂正。李慈銘《宋書札記》
云：‘殿本所改皆是。唯魏分鉅鹿、魏郡之“郡”字不可省。’按

殿本脱魏郡之‘郡’字，李説是，今補正。”

[3]作曲梁：張元濟《校勘記》云：“梁字疑訛。”中華本校勘記云：“‘曲梁’各本並作‘曲周梁’。按《晉書·地理志》，廣平郡無曲周縣，有曲梁縣。今删‘周’字。”

[4]文帝元嘉十八年：中華本校勘記云：“各本並脱‘元嘉十’三字。本書《文帝紀》：‘元嘉十八年冬十月乙卯，省南徐州之南燕、濮陽、南廣平郡。’《廿二史考異》云：‘當云文帝元嘉十八年，此脱三字。’按錢氏説是，今補正。”又《考論》卷二：“案本紀在十八年。”

　　南城令。[1]別見。

　　武陽令。[2]別見。

　　廣平令，[3]前漢屬廣平，後漢屬鉅鹿，《晉太康地志》屬廣平。

[1]南城：縣名。僑今江蘇鎮江、常州二市間。
[2]武陽：縣名。僑今江蘇鎮江、常州二市間。
[3]廣平：縣名。僑今江蘇鎮江、常州二市間。

　　濟陽太守，[1]晉惠分陳留爲濟陽國。領縣二。户一千二百三十二，口八千一百九十二。

[1]濟陽：郡名。僑今江蘇鎮江、無錫二市間。

　　考城令，[1]前漢曰甾，[2]屬梁國，章帝更名，屬陳留。《太康地志》無。

　　鄄城令。[3]別見。

　　[1]考城：縣名。僑今江蘇鎮江、無錫二市間。

　　[2]前漢曰甾：“甾”各本並作“留”。成孺《宋州郡志校勘記》：“案《漢志》，梁國有甾縣，應劭曰：章帝改曰考城。《續漢志》，陳留郡考城，故甾，章帝更名，故屬梁。甾、甾通，‘留’爲‘甾’字形近之誤。今據正。”中華本校勘記略同。今從。

　　[3]甄城：縣名。僑今江蘇鎮江、無錫二市間。

　　南魯郡太守，[1]魯郡別見。又有樊縣。前漢屬東平，後漢、《晋太康地志》屬任城也。今領縣二。戶一千二百一十一，口六千八百一十八。

　　[1]南魯：郡名。僑今江蘇鎮江、無錫二市間。

　　魯令。[1]別見。

　　西安令，[2]漢舊名，本屬齊郡。齊郡過江僑立，後省，以西安配此。[3]文帝元嘉十八年，以樊併西安。《永初郡國》無西安縣。[4]

　　[1]魯：縣名。僑今江蘇鎮江、無錫二市間。

　　[2]西安：縣名。僑今江蘇鎮江、無錫二市間。

　　[3]齊郡過江僑立，後省，以西安配此：本志“南兖州刺史”條，“《永初郡國》領十四郡……南齊郡領西安、臨甾凡二縣……省屬南徐州”，即此僑立之齊郡。

　　[4]《永初郡國》無西安縣：孫彪《考論》卷二：“《永初郡國》有西安縣，屬南齊郡，見南兖州下。”

徐州刺史，[1]後漢治東海郯縣，魏、晉、宋治彭城。
明帝世，淮北没寇，僑立徐州，治鍾離。泰豫元年，移
治東海朐山。[2]後廢帝元徽元年，分南兗州之鍾離、豫
州之馬頭，又分秦郡之頓丘、梁郡之穀熟、歷陽之鄭，
立新昌郡，置徐州，還治鍾離。[3]今先列徐州舊郡於前，
以新割係。舊領郡十二，縣三十四。户二萬三千四百八
十五，口十七萬五千九百六十七。今領郡三，[4]縣九。
彭城去京都水一千三百六十，陸一千。

[1]徐州：治彭城縣，今江蘇徐州市。

[2]移治東海朐山：中華本刪"山"字，校勘記云："'朐'字
下各本並衍'山'字。成孺《宋書州郡志校勘記》云：'本志南徐
州南東海朐令，據此知'朐'下衍'山'字。'按成校是，今刪
'山'字。"又楊守敬《補校宋書州郡志札記》："移治東海朐山，
衍'山'字。"張元濟《校勘記》云：宋本作"移治東海昫山"，
殿本作"移治東海朐山"，"朐字疑是"。按《南齊書》卷二五《垣
崇祖傳》："泰豫元年，行徐州事，徙戍龍沮，在朐山南。"龍沮在
今江蘇灌雲縣西北龍苴鎮；朐山在今江蘇連雲港市海州區南，今名
錦屏山；又朐縣因朐山得名，故址在今江蘇連雲港市海州區。南北
朝時，史籍如《南齊書》《梁書》《魏書》屢載"朐山""朐山戍"
"朐山城"，又據《通典·州郡典·序目》，齊氏青州治朐山，又
齊、梁以朐山爲重鎮。南北朝時，州往往駐於鎮、戍，不一定在縣
治，其例並非個别。如此，中華本刪"山"字不妥，宜作"朐
山"。

[3]還治鍾離：東晉以徐州故土喪失，僑立徐州。義熙中，劉
裕北伐南燕，克復淮北，收復徐州舊土。義熙七年（411），分淮北
爲北徐州，淮南猶爲徐州，劃淮而治。宋永初二年（421），改淮南
徐州曰南徐州，而淮北北徐州曰徐州，治彭城，爲實土州。及宋泰

始以降，徐州先僑置於鍾離，移東海朐，又還鍾離。

[4]今領郡三：本志序云"今志大較以大明八年爲正"，是依志例，"今"當謂大明八年（464），但此處之"今"實指元徽元年（473）。此本書《州郡志》爲例不純之證。

彭城太守，[1]漢高立爲楚國，宣帝地節元年，改爲彭城郡，黃龍元年，又爲楚國，章帝還爲彭城。領縣五。户八千六百二十七，口四萬一千二百三十一。

[1]彭城：郡名。治彭城縣，今江蘇徐州市。

彭城令，[1]漢縣。[2]
吕令，[3]漢舊縣。
蕃令，[4]漢舊縣，屬魯。晋惠帝元康中度。蕃音皮。漢末太傅陳蕃子逸爲魯相，改音。[5]
薛令，[6]漢舊縣，屬魯。晋惠帝元康中度。
留令，[7]漢舊縣。

[1]彭城：縣名。治今江蘇徐州市。
[2]漢縣：中華本校勘記云："據志前後例，'漢'下脱'舊'字。"
[3]吕：縣名。治今江蘇銅山縣東南吕梁集。
[4]蕃：縣名。治今山東滕州市。
[5]蕃音皮。漢末太傅陳蕃子逸爲魯相，改音：《漢書·地理志下》魯國蕃縣顏師古注："應劭曰：邾國也，音皮。師古曰：白衮云陳蕃之子爲魯相，國人爲諱，改曰皮。此説非也。郡縣之名，土俗各有別稱，不必皆依本字。"又全祖望《漢書地理志稽疑》卷

三：“師古所辨魯人爲陳蕃避諱之説善矣，然未知蕃之本無皮音也。胡楳礪曰，據《通典》，則蕃乃音反，然則皮字乃反字之訛，非真有皮音也。斯言足以掃除燕説。”又汪遠孫《漢書地理志校本》卷下：“案《詩·小雅》番維司徒，《古今人表》作司徒皮，此蕃皮聲通之證。”又吳卓信《漢書地理志補注》卷九八略云：蕃音皮，又音婆，古人讀皮如婆。

　[6]薛：縣名。治今山東滕州市東南皇殿崗村。

　[7]留：縣名。治今江蘇沛縣東南。

　　沛郡太守，[1]秦泗水郡，漢高更名。舊屬豫州，江左改配。領縣三。户五千二百九，口二萬五千一百七十。去州陸六十。去京都一千。

　　[1]沛郡：治蕭縣，今安徽蕭縣西北。

　　蕭令，[1]漢舊縣。

　　相令，[2]漢舊縣。

　　沛令，[3]漢舊縣。

　　[1]蕭：縣名。治今安徽蕭縣西北。

　　[2]相：縣名。治今安徽濉溪縣西北。

　　[3]沛：縣名。治今江蘇沛縣。

　　下邳太守，[1]前漢本臨淮郡，武帝立，明帝改爲下邳。晋武帝分下邳之淮南爲臨淮，而下邳如故。領縣三。户三千九十九，口一萬六千八十八。去州水二百，陸一百八十。去京都水一千一百六十，陸八百。

[1]下邳：郡名。治下邳縣，今江蘇睢寧縣北古邳鎮東。

下邳令，[1]前漢屬東海，後漢、《晉太康地志》
屬下邳。

良成令，[2]前漢屬東海，後漢、《晉太康地志》
屬下邳。

僮令，[3]前漢屬臨淮，後漢、《晉太康地志》屬
下邳。

[1]下邳：縣名。治今江蘇睢寧縣北古邳鎮東。

[2]良成令：張元濟《校勘記》曰：宋本作“良成令”，殿本
作“良城令”，“城字疑是。《晉地志上》。”按：《晉書·地理志下》
徐州下邳國領“良城”，張元濟之“《晉地志上》”當是“《晉地志
下》”之誤。良成，縣名。治今江蘇邳州市東南。

[3]僮：縣名。治今安徽泗縣東北僮城。

蘭陵太守，[1]晉惠帝元康元年，分東海立。領縣
三。[2]户三千一百六十四，口一萬四千五百九十七。去
州陸二百。去京都水一千六百，陸一千三百。

[1]蘭陵：郡名。治昌慮縣，今山東滕州市東南。

[2]領縣三：《南齊書》卷二九《周盤龍傳》：“北蘭陵蘭陵人
也。宋世土斷，屬東平郡。”錢大昕《考異》卷二五《南齊書·周
盤龍傳》曰：“按史稱南蘭陵者，南徐州之蘭陵也；稱北蘭陵者，
徐州之蘭陵也。《宋志》，徐州蘭陵郡領昌慮、承、合鄉三縣，不見
蘭陵縣，疑《志》有脱漏矣。宋泰始以後，淮北陷没，僑立淮南，

土斷改屬東平，故《齊志》無北蘭陵之名也。"按：本志徐州蘭陵郡之脱漏蘭陵縣，除上引外，另有證據兩條。其一，本志"南徐州刺史南蘭陵太守蘭陵令"條注云"別見"，而遍檢本書《州郡志》，不見蘭陵令，是本有而後脱漏也；其二，《魏書·地形志中》徐州蘭陵郡領縣四，即昌慮、承、合鄉、蘭陵，注並云"二漢、晉屬東海，後屬"，未見有宋廢置蘭陵縣的記載。據此，本志蘭陵太守本有"蘭陵令，漢舊縣"一條，及此條脱漏，校書者遂改"領縣四"爲"領縣三"以求相符。蘭陵縣，治今山東蒼山縣西南蘭陵鎮。

昌慮令，[1]漢舊縣。

承令，[2]漢舊縣。

合鄉令，[3]漢舊縣。

[1]昌慮：縣名。治今山東滕州市東南。
[2]承：縣名。治今山東棗莊市東南嶧城鎮西北。
[3]合鄉：縣名。治今山東滕州市東北。

東海太守，[1]秦郯郡，漢高更名。明帝失淮北，僑立青州於贛榆縣。泰始七年，又立東海縣屬東海郡，[2]又割贛榆置鬱縣，立西海郡，並隸僑青州。[3]領縣二。户二千四百一十一，口一萬三千九百四十一。去州水一千，陸八百。去京都水一千，陸六百七十。

[1]東海：郡名。治襄賁縣，今山東蒼山縣南。
[2]泰始七年，又立東海縣屬東海郡：按泰始七年（471）後之東海郡，爲僑郡名。僑置在漣水（今江蘇漣水縣），《元和郡縣圖志》卷九《河南道·泗州》：漣水縣"宋明帝於此置東海郡，又

於城北置襄賁縣屬焉"。

　　[3]又割贛榆置鬱縣，立西海郡，並隸僑青州：張元濟《校勘記》曰：宋本、殿本並作"並隸僑青州"，"當從三朝本作僑隸"。又洪頤煊《諸史考異》卷四《西海郡》："《明帝紀》，泰始七年七月，於冀州置西海郡。其時冀州寄治亦在僑青州鬱縣。鬱縣亦作鬱州。"按：胡孔福《南北朝僑置州郡考》卷二："東晉失涼州，初未嘗僑置州郡，但置僑縣，至宋、齊始僑置西海郡於海州也。"考《晋書·地理志上》涼州有西海郡，治居延（今内蒙古額濟納旗東南），然以涼州極西之郡名，僑置於極東之東海舊境，不可信。檢《續漢書·郡國志三》徐州琅邪郡領有西海縣，治今山東日照市西，西晉廢，西海僑郡或因此縣而置，若然，則爲以舊縣置僑郡例。又本書《州郡志二》"青州刺史"條云："明帝失淮北，於鬱洲僑立青州，立齊、北海、西海郡。"《南齊書》卷二八《劉善明傳》：元徽"二年，出爲輔國將軍、西海太守，行青冀二州刺史"。

　　襄賁令，[1]漢舊縣。
　　贛榆令，[2]前漢屬琅邪，後漢屬東海。魏省，晋武帝太康元年復立。

[1]襄賁：縣名。治今山東蒼山縣南。
[2]贛榆：縣名。治今江蘇連雲港市東北雲臺山一帶。

　　東莞太守，[1]晋武帝泰始元年，分琅邪立。[2]咸寧三年，復以合琅邪，太康十年復立。領縣三。户八百八十七，口七千三百二十。去州陸七百。去京都水二千，陸一千四百。

[1]東莞：郡名。治莒縣，今山東莒縣。

[2]晋武帝泰始元年，分琅邪立：考《三國志》卷一八《魏書·臧霸傳》，尹禮爲東莞太守，事在東漢建安初，是則東莞置郡由來已久。魏仍置東莞郡，《三國志》卷二七《魏書·胡質傳》：黄初中"爲常山太守，遷任東莞……在郡九年，吏民便安，將士用命"。

　　莒令，[1]前漢屬城陽，後漢屬琅邪。孝武大明五年改爲長。
　　諸令，[2]前漢屬城陽，後漢屬琅邪，《晋太康地志》屬城陽。
　　東莞令，[3]漢舊縣。

[1]莒：縣名。治今山東莒縣。
[2]諸：縣名。治今山東諸城市西南。
[3]東莞：縣名。治今山東莒縣東北。

　　東安太守，[1]東安故縣名，前漢屬城陽，後漢屬琅邪，《晋太康地志》屬東莞，晋惠帝分東莞立。[2]領縣三。户一千二百八十五，口一萬七百五十五。去州陸七百。去京都陸一千三百。

[1]東安：郡名。治蓋縣，今山東沂源縣東南。

[2]晋惠帝分東莞立：考《三國志》卷一《魏書·武帝紀》，建安四年（199）八月，曹操"使臧霸等入青州，破齊、北海、東安"。是時，齊、北海爲國，則東安當亦爲郡或爲國，而據《三國志》卷一九《魏書·曹植傳》裴松之注引摯虞《文章志》，有劉表

子劉脩官至東安太守，《三國志》卷一六《魏書·杜畿傳》裴松之注引《傅子》，有東安太守郭智，是建安四年前，已析置東安郡。後省（吳增僅《三國郡縣表附考證》以爲建安十九年省），至晉惠帝元康七年（297）復置，《晉書·地理志下》：元康“七年，又分東莞置東安郡”。

　　蓋令，[1]前漢屬琅邪，後漢屬泰山，《晉太康地志》屬樂安。[2]孝武大明五年改爲長。

　　新泰令，[3]魏立，屬泰山。

　　發干令，[4]漢舊名，屬東郡，《太康地志》無。江左來配。[5]

　　[1]蓋令：中華本校勘記云：“‘蓋’各本並作‘菴’，據《續漢書·郡國志》《魏書·地形志》改。成孺《宋書州郡志校勘記》云：‘歷代無菴縣，李兆洛云菴乃蓋之訛，案李説是也。’”蓋，縣名。治今山東沂源縣東南蓋冶。

　　[2]前漢屬琅邪，後漢屬泰山，《晉太康地志》屬樂安：《宋州郡志校勘記》：“漢末有蓋縣，屬泰山郡，此云屬琅邪，誤也。”孫彭《考論》卷二：“前後漢蓋俱屬太山，晉屬東莞，與此又不合。”按：《漢書·地理志上》《續漢書·郡國志三》蓋縣並屬泰山郡。蓋縣也曾屬琅邪國，據《後漢書》卷四二《琅邪孝王京傳》及錢大昕《考異》卷一一《晉書·琅邪王京傳》，時在東漢永平二年（59）至建初五年（80）間。

　　[3]新泰：縣名。治今山東新泰市。

　　[4]發干：縣名。僑今山東沂水縣西北。

　　[5]江左來配：發干，西晉屬司州陽平郡，東晉僑立，配屬東安郡。其僑地，據《魏書·地形志中》南青州東安郡發干“有岅山廟”及《水經注·沂水》、《元和郡縣圖志》卷一一《河南道·沂

州》沂水縣電山考之，在沂水縣西北。泰始後地入北魏。

　　琅邪太守，[1]秦立。領縣二。戶一千八百一十八，口八千二百四十三。去州陸四百。去京都水一千五百，陸一千一百。

　　[1]琅邪：郡名。治費縣，今山東費縣東方城鎮。

　　費令，[1]前漢屬東海，後漢屬泰山，《晉太康地志》屬琅邪。
　　即丘令，[2]前漢屬東海，後漢、《晉太康地志》屬琅邪。

　　[1]費：縣名。治費縣，今山東費縣東方城鎮。
　　[2]即丘：縣名。治今山東郯城縣東北。

　　淮陽太守，[1]晉安帝義熙中土斷立。[2]領縣四。戶二千八百五十五，口一萬五千三百六十三。去州水六百，陸五百。去京都水七百，陸五百五十。

　　[1]淮陽：郡名。治角城，今江蘇淮安市淮陰區西南古淮河與泗水交匯處。
　　[2]晉安帝義熙中土斷立：東晉僑置淮陽郡，或初無實土，義熙中土斷割實耳；宋末失淮北，又僑置於廣陵境，見本志“南兗州刺史北淮陽太守”條。關於土斷，胡阿祥認爲：東晉南朝的土斷，主要是爲了解決兩方面問題。一是整理僑州郡縣，力圖使混亂不堪的政區走上正軌；二是解決僑流問題，即改白籍爲黃籍，以期取得

"財阜國豐"的局面。(詳見胡阿祥《論土斷》,《南京大學學報》2001 年第 2 期。)

角城令,[1]晋安帝義熙中土斷立。
晋寧令,[2]故屬濟岷,[3]流寓來配。
宿預令,[4]晋安帝立。
上黨令,[5]本流寓郡,併省來配。

[1]角城令:中華本校勘記云:"'角城'各本並作'甬城'。《水經·淮水注》:'淮、泗之會,即角城也。'《魏書·地形志》及《高閭傳》亦作角城,《高閭傳》:'角城蕞爾,處在淮北,去淮陽十八里。'《通典·州郡典》作角城。《通鑑》齊建元三年胡注云:'甬城當作角城。'今改作'角城'。"今從。角城,縣名。治今江蘇淮安市淮陰區西南古淮河與泗水交匯處。
[2]晋寧:縣名。治今江蘇宿遷市宿豫區東南。
[3]濟岷:詳本書《州郡志二》"青州刺史濟南太守"條注。
[4]宿預:縣名。治今江蘇宿遷市宿城區東南古城。
[5]上黨:縣名。治今江蘇宿遷市一帶。

陽平太守,[1]陽平本縣名,屬東郡。魏分東郡及魏郡爲陽平郡。故屬司州,流寓來配。《永初郡國》又有廩丘縣。別置。[2]今領縣三。戶一千七百二十五,口一萬三千三百三十。

[1]陽平:郡名。僑今安徽靈璧縣南。
[2]別置:依本書《州郡志》例,"別置"或爲"別見"之誤。

館陶令，[1]漢舊名。

陽平令，[2]漢舊名。

濮陽令，[3]本流寓郡，併省來配。

[1]館陶：縣名。僑今安徽靈璧縣境。

[2]陽平：縣名。僑今安徽靈璧縣境。

[3]濮陽：縣名。僑今安徽靈璧縣境。

濟陰太守，[1]漢景帝立，屬兗州。流寓徐土，因割地爲境。[2]領縣三。戶二千三百五，口一萬一千九百二十八。

[1]濟陰：郡名。治睢陵縣，今江蘇睢寧縣。

[2]流寓徐土，因割地爲境：濟陰郡或東晉後期僑置，其“割地爲境”而成實土，則在宋大明元年（457），下文睢陵令“孝武大明元年度”是也。

睢陵令，[1]前漢屬臨淮，後漢屬下邳。孝武大明元年度。

定陶令，[2]漢舊名。孝武大明五年改爲長。

頓丘令，[3]屬頓丘，流寓割配。

[1]睢陵：縣名。治今江蘇睢寧縣。

[2]定陶：縣名。治今江蘇睢寧縣一帶。

[3]頓丘：縣名。治今江蘇睢寧縣一帶。

北濟陰太守，[1]孝武孝建元年昇立。[2]領縣三。戶九百二十七，口三千八百十。

[1]北濟陰：郡名。治離狐縣，今山東單縣。

[2]孝建：成孺《宋州郡志校勘記》："'孝建'，毛作'建元'，從殿本。前漢有濟陰，無北濟陰，此孝武謂宋孝武也。"張元濟《校勘記》曰：宋本、三本、北本、汲本作"建元"，殿本作"孝建"，"按孝武帝即位，改元孝建。建元不作年號解，可通"。

　　城武令，[1]前漢屬山陽，後漢、《晋太康地志》屬濟陰。

　　豐令，[2]漢舊名，屬沛。孝武大明元年復立。

　　離狐令，[3]前漢屬東郡，後漢、《晋太康地志》屬濟陰。

[1]城武：縣名。治今山東成武縣。

[2]豐：縣名。治今江蘇豐縣。

[3]離狐：縣名。治今山東單縣。

　　鍾離太守，[1]本屬南兗州，晋安帝分立。案漢九江郡、晋淮南郡有鍾離縣，即此地也。領縣三。[2]户三千二百七十二，口一萬七千八百三十二。去京都陸六百二十，水一千三十。

[1]鍾離：郡名。治燕縣，今安徽鳳陽縣東北臨淮關東古城。

[2]領縣三：此鍾離郡所領三縣，並"流寓因配"，東晋當同。此即實郡僑縣之例。鍾離初爲淮南郡屬縣，晋安帝時改立燕縣，爲鍾離郡治。以其所領盡僑縣，故列爲僑郡縣，本志南兗州刺史"諸

僑郡縣何志又有鍾離”等五郡，“鍾離今屬徐州”是也。

　　燕縣令，[1]別見。故屬東燕。流寓因配。
　　朝歌令，[2]本屬河内，晋武帝分河内爲汲，又屬焉。流寓因配。
　　樂平令，[3]前漢曰清，屬東郡，章帝更名，《晋太康地志》無。流寓因配。

[1]燕：縣名。治今安徽鳳陽縣東北臨淮關東古城。
[2]朝歌：縣名。治今安徽鳳陽縣東北。
[3]樂平：縣名。治今安徽鳳陽縣東。

　　馬頭太守，[1]屬南豫州，故淮南當塗縣地，晋安帝立，因山形立名。[2]領縣三。户一千三百三十二，口一萬二千三百一十。去京都水一千七百五十，陸六百七十。

[1]馬頭：郡名。治虞縣，今安徽懷遠縣南淮河東岸馬城鎮。
[2]故淮南當塗縣地，晋安帝立，因山形立名：東晋成帝時僑置當塗縣於江南，廢舊縣爲馬頭城，城當淮河津渡要衝，爲東晋南北朝時淮南軍事要地，東晋安帝置馬頭郡，即以爲治所，又曾爲豫州治所。

　　虞縣令，[1]漢舊名，屬梁郡。流寓因配。
　　零縣令，晋安帝立。[2]
　　濟陽令，[3]故屬濟陽。流寓因配。

[1]虞：縣名。治今安徽懷遠縣南淮河東岸馬城鎮。

[2]零縣令，晋安帝立：零縣疑亦“流寓因配”。考本書《州郡志二》“冀州刺史清河太守”條：“零令，漢舊縣作靈。”又《晋書・地理志上》冀州清河郡領靈縣。按：靈縣，《漢書・地理志上》清河郡、《續漢書・郡國志二》冀州清河國、《晋書・地理志上》冀州清河郡並領靈縣。如此，“零縣令”條當作：“漢舊縣作靈，故屬清河。流寓因配。”零，縣名。治今安徽懷遠縣一帶。

[3]濟陽：縣名。治今安徽懷遠縣一帶。

新昌太守，[1]後廢帝元徽元年立。

[1]新昌：郡名。治頓丘縣，今安徽滁州市。

頓丘令，[1]二漢屬東郡，魏屬陽平，晋武帝泰始二年，分淮陽置頓丘郡，[2]頓丘縣又屬焉。江左流寓立，屬秦。[3]先有沛縣，元嘉八年併頓丘，後廢帝元徽元年度屬此。

穀熟令，[4]前漢無，後漢、晋屬梁。《永初郡國》、何、徐志並屬南梁。後廢帝元徽元年度。

鄼令，[5]漢屬沛，晋屬譙。文帝元嘉八年，自南譙度屬歷陽，後廢帝元徽元年度屬此。

[1]頓丘：縣名。治今安徽滁州市。

[2]分淮陽置頓丘郡：此與地理形勢、淮陽沿革不合，疑“淮陽”當作“陽平”。

[3]江左流寓立，屬秦：頓丘本爲僑郡，後省爲頓丘縣，隸秦郡僑郡。

[4]穀熟：縣名。治今安徽和縣西北。

[5]酇令：張元濟《校勘記》曰：宋本、三本作"贊令"，殿本、北本、汲本作"酇令"，"酇字疑是，見《州郡志二》南揚州。"按："南揚州"當是"南豫州"之誤，南豫州刺史歷陽太守有"酇令"。酇，縣名。治今安徽全椒縣西南。

南兗州刺史，[1]中原亂，北州流民多南渡，晉成帝立南兗州，寄治京口。時又立南青州及并州，[2]武帝永初元年，省并併南兗。[3]文帝元嘉八年，始割江淮間爲境，治廣陵。[4]《永初郡國》領十四郡。南高平、南平昌、南濟陰、南濮陽、南泰山、濟陽、南魯七郡，[5]今並屬徐州。[6]又有東燕郡，江左分濮陽所立也，[7]領燕縣、前漢曰南燕，後漢曰燕，並屬東郡。《太康地志》屬濮陽。白馬、平昌、考城凡四縣。[8]文帝元嘉十八年，省考城併燕。十九年，省東燕郡爲東燕縣，屬南濮陽，後又省東燕縣。[9]

[1]南兗州：治廣陵縣，今江蘇揚州市西北蜀崗上。

[2]晉成帝立南兗州，寄治京口。時又立南青州及并州：錢大昕《十駕齋養新錄》卷六《晉僑置州郡無南字》："晉南渡後，僑置徐、兗、青諸州郡於江淮間，俱不加'南'字。劉裕滅南燕，收復青、徐故土，乃立北青、北徐州治之，而僑置之名如故。其時兗境亦收復，不別立北兗州，但以刺史治廣陵，或治淮陰，而遙領淮北實郡。義熙末，乃以兗州刺史治滑臺，而二兗始分。然僑立之州，猶不稱'南'。至永初受禪以後，始詔除'北'加'南'。此詔載於《宋書》本紀，可謂信而有徵矣。《宋書·州郡志》謂晉成帝立南兗州，寄治京口，時又立南青州及并州。此據後來之名追稱之，

非當時已稱南兖、南青也。”又《十駕齋養新餘録》卷中《晋書地理志之誤》:《宋書·州郡志》“此條云晋成帝立南兖州,寄治京口,又立南青州,似東晋時兖、青已有‘南’字,其實出于史臣追稱,欲示别於淮北之兖、青,初非當時本稱”。

[3]省并併南兖:中華本校勘記云:“孫虨《宋書考論》云:‘當云省併南兖,謂南青州、并州俱省併也。’按《南齊書·州郡志》:‘宋永初元年,罷青併兖。’則南青時亦並省,孫説是。”按:此省併南兖州之青州、并州,僑置始末如下:青州。永嘉喪亂後,青州淪没。東晋初於廣陵僑置青州。又青州後來曾僑於淮陰、京口等處,詳錢大昕《考異》卷二五《南齊書·州郡志上》“晋末以廣陵控接三齊,故青兖同鎮”條。及東晋義熙中,劉裕收復青州,稱北青州,而僑置之青州如故,不加“南”字。宋永初元年(420)僑置之青州省併於兖州。并州。《晋書·地理志上》:惠帝“永興元年,劉元海僭號於平陽,稱漢,於是并州之地皆爲元海所有”。東晋初乃僑置并州於江北,本志“南徐州刺史”條:“晋永嘉大亂,幽、冀、青、并、兖州及徐州之淮北流民,相率過淮……江北又僑立幽、冀、青、并四州。”宋永初元年僑置之并州省併於兖州。

[4]文帝元嘉八年,始割江淮間爲境,治廣陵:《南齊書·州郡志上》:“晋元帝過江,建興四年,揚聲北討,遣宣城公裒督徐、兖二州,鎮廣陵。其後或還江南,然立鎮自此始也。”其後遷徙無定,晋元帝僑置兖州,寄居京口,明帝世先在合肥,太寧三年(325)又鎮廣陵,後或還京口,或治盱眙,或居山陽,或鎮廣陵,或在下邳,或在淮陰,蓋無一定。東晋末乃定治廣陵,且歷宋、齊、梁、陳基本不變。僑兖州之範圍,前後也大不相同。東晋及宋初,兖州所領僑郡縣跨長江南北。宋元嘉八年(421),以江南之地割爲南徐州,而江淮之間爲南兖州,自是徐、兖二僑州隔江分治。

[5]南魯七郡:“七”字各本並作“山”字。《考異》卷二三《宋書·州郡志一》:“南魯下衍山字。”成孺《宋州郡志校勘記》:“歷代無魯山郡,山當作七,形近之誤也。”楊守敬《補校宋書州

郡志札記》："南魯山下脱七字。"《考論》卷二："山郡當作七郡。"中華本校勘記云："成校是，今改正。"按：《宋州郡志校勘記》"歷代無魯山郡"不確，今河南魯山縣，北周置魯山郡，隋開皇初廢。又楊守敬《補校宋書州郡志札記》的説法與《考異》《宋州郡志校勘記》《考論》不同，而考諸僑置形勢，《考異》《宋州郡志校勘記》《考論》"山當作七"者是，《補校宋書州郡志札記》非。

[6]今並屬徐州：謂南高平等七郡本屬南兗州，宋元嘉八年劃歸南徐州。

[7]又有東燕郡，江左分濮陽所立也：勞格《讀書雜識》卷三略云：東燕郡當置於晋惠帝時。《晋書》卷四《惠帝紀》，光熙元年（306）九月，進東嬴公騰爲東燕王，則東燕置郡亦當在是時。騰於永嘉元年（307）改封新蔡，而東燕郡不廢。《晋書》卷八一《毛穆之傳》，督東燕四郡，領東燕太守。是晋有東燕郡之證。《晋書·州郡志》以東燕爲江左分立，未免失考。江東初立，國境不逾淮，兗州諸郡淪陷劉、石，雖兵威屢加，亦隨得隨失，又何暇劃野分疆，析置郡縣乎？

[8]領燕縣、白馬、平昌、考城凡四縣：置於西晋時之東燕國、郡，爲實國、郡，領燕、白馬等縣；領燕、白馬、平昌、考城四縣之東燕郡，則爲僑郡。考平昌，《晋書·地理志下》屬青州城陽郡，與實土之東燕國、郡相距甚遠，自非移屬，考城與實土之東燕國、郡間隔陳留郡，亦非移屬，故此四縣唯有屬東燕僑郡，方可成説。又據本志"南兗州刺史"條，東燕僑郡先屬南兗州，元嘉八年度屬南徐州。東燕郡僑地當在舊晋陵郡界，今江蘇鎮江、無錫二市間。

[9]"十九年"至"後又省東燕縣"：各本並脱"郡爲東燕"四字。成孺《宋州郡志校勘記》作"後又省東燕郡"，並云："'郡'，毛作'縣'，從殿本。"《考論》卷二："按東燕縣既省，以何者屬南濮陽？且上文亦但見燕縣，無東燕縣。此當作'十九年，省東燕郡爲東燕縣，屬南濮陽，後又省東燕縣。'脱四字，誤一字。毛本下'縣'字不誤。"中華本校勘記云："按孫説是，今訂正。"

按：《宋州郡志校勘記》不從毛本"後又省東燕縣"而從殿本"後又省東燕郡"，實誤。《考論》是，所謂"脱四字"者，指"郡爲東燕"四字，所謂"誤一字"者，指"十九年"誤爲"十八年"。今據此改正。

　　南東平郡領范、蛇丘、歷城凡三縣。[1]高密郡領淳于、黔陬、營陵、夷安凡四縣。[2]南齊郡領西安、臨菑凡二縣。[3]南平原郡領平原、高唐、荏平並別見。凡三縣。[4]濟岷郡江左立。領營城、晋寧江左立。凡二縣。[5]雁門郡漢舊郡。領樓煩、別見。陰館、前漢作"觀"，後漢、晋作"館"也。廣武、前漢屬太原，後漢、《晋太康地志》屬雁門也。崞、馬邑並漢舊名。凡五縣。[6]凡七郡，二十三縣，並省屬南徐州。[7]諸僑郡縣何志又有鍾離、雁門、平原、東平、北沛五郡。[8]鍾離今屬徐州。[9]雁門領樓煩、陰館、廣武三縣。平原領荏平、臨菑、營城、平原四縣。東平領范、朝陽、歷城三縣。[10]北沛領符離、蕭、相、沛四縣。[11]符離，漢舊縣。餘並別見。凡十四縣。《起居注》，元嘉十一年，以南兖州東平之平陸併范，壽張併朝陽，[12]平原之濟岷、晋寧併營城，先是省濟岷郡爲縣。高唐併荏平。[13]按此五縣，元嘉十一年所省，則平陸、壽張疑在《永初郡國志》，而無此二縣，未詳。[14]徐志有南東平郡，領范、朝陽、歷城、樓煩、陰觀、廣武、荏平、營城、臨菑、平原十縣，則是雁門、平原併東平也。孝武大明五年，以東平併廣陵。[15]宋又僑立新平、北淮陽、北濟陰、北下邳、東莞五郡。[16]元嘉二十八年，南兖州徙治盱眙。三十年，省南兖州併南徐，其後復立，[17]還治廣陵。徐志領郡九，縣三十九。户三萬一千一百一十五，口十五萬九千三百六十二。宋末領郡十一，縣四十四。去京都水二百五十，陸一百八十。

[1]南東平郡：《晋書·地理志下》，元帝以江乘置南東平等郡。錢大昕《考異》卷一九《晋書·地理志上》略云：當時僑立諸郡，或在江南，或在江北，雖非故土，而不加南字。永初受禪，乃詔郡縣寓立於南者，聽以南爲號，而《晋志》謂元、明之世已有南琅邪、南東平、南蘭陵、南彭城、南下邳、南東莞諸名，此誤也。東平本屬兖州，雖僑置江南，與東海、琅邪、蘭陵之原屬徐州者有别，未經土斷，當猶屬兖州，不得云屬南徐州，此又誤也。南東平，郡名。僑置江南之江乘（今江蘇句容市北）一帶，宋元嘉八年時，一郡三縣省屬南徐州。

[2]高密：郡名。據本志"南徐州刺史南平昌太守高密令"條，高密郡僑置江南京口一帶，元嘉八年（421）由南兖州度屬南徐州。

[3]南齊：郡名。僑置今江蘇鎮江、無錫二市間，元嘉八年由南兖州度屬南徐州。　西安：縣名。各本並作"安西"。孫彪《考論》卷二："安西當作西安，見南魯郡。"今據此改正。

[4]南平原：郡名。東晋僑置舊晋陵郡界，即今江蘇鎮江、無錫二市間。宋元嘉八年由南兖州度屬南徐州。

[5]濟岷：郡名。錢大昕《十駕齋養新録》卷六《濟岷郡》條："考《宋志》南兖州篇云，濟岷郡江左立領營城、晋寧江左立凡二縣。蒙上《永初郡國》之文，是濟岷郡本江左所立，而宋初尚有此郡也。又稱何《志》有平原郡，領荏平、臨菑、營城、平原四縣。《起居注》，元嘉十一年，以平原之濟岷、晋寧併營城先是省濟岷郡爲縣。是濟岷郡廢爲縣，并所領二縣，改隸平原，在元嘉十一年以前也。又稱徐《志》有南東平郡，領范、朝陽、歷城、樓煩、

陰觀、廣武、茌平、營城、臨菑、平原十縣。是元嘉以後，又併平原郡及所領縣入南東平郡也。又稱孝武大明五年，以東平併廣陵。則并南東平之名亦不存矣。濟岷一郡，僑置併合之迹，《宋志》歷歷可考。"按：東晉於青州立濟岷郡，義熙中土斷，併濟南郡（本志"青州刺史濟南太守"條）。其濟岷僑郡，據《晉書》卷一〇五《石勒載記》云："濟岷太守劉闓、將軍張闓等叛，害下邳內史夏侯嘉，以下邳降于石生。"《晉書》卷七《成帝紀》繫此事於咸和元年（326）十二月，則濟岷郡僑置時間當在此以前。濟岷郡僑置舊晉陵郡界，即今江蘇鎮江、無錫二市間。宋元嘉八年由南兗州度屬南徐州。又東晉青州所領濟岷郡，詳參本志"青州刺史濟南太守"條注釋。

[6]雁門：郡名。此雁門郡僑置舊晉陵郡界，即今江蘇鎮江、無錫二市間。宋元嘉八年由南兗州度屬南徐州。　陰館：縣名。本志云前漢作"觀"，後漢、晉作"館"也。檢《漢書·地理志下》《續漢書·郡國志五》並作"陰館"，無作"觀"者。又《晉書·地理志上》雁門郡領八縣，無陰館縣。

[7]凡七郡，二十三縣，並省屬南徐州：所謂"七郡，二十三縣"者，東燕一郡四縣（燕、白馬、平昌、考城），南東平一郡三縣（范、蛇丘、歷城），高密一郡四縣（淳于、黔陬、營陵、夷安），南齊一郡二縣（西安、臨菑），南平原一郡三縣（平原、高唐、茌平），濟岷一郡二縣（營城、晉寧），雁門一郡五縣（樓煩、陰館、廣武、崞、馬邑）。此"七郡，二十三縣"，皆爲僑郡僑縣，並且在《永初郡國》中都屬南兗州（《永初郡國》領十四郡，其南高平、南平昌、南濟陰、南濮陽、南泰山、濟陽、南魯七郡，元嘉八年時度屬南徐州。另七郡即此"七郡，二十三縣"），後"省屬南徐州"。又此"七郡，二十三縣"既"省屬南徐州"，則當僑在江南，因宋元嘉八年徐、兗二州始隔江分治，其江淮之間割爲南兗州，而江南之地割爲南徐州。

[8]東平：成孺《宋州郡志校勘記》："據下稱'東平原'，則

此亦當有‘原’字。”楊守敬《補校宋書州郡志札記》：“東平原，脫‘原’字。”按成孺、楊守敬並非，此“東平”不誤，詳下“東平領范、朝陽、歷城三縣”注釋。

[9]鍾離今屬徐州：據本志“徐州刺史”條，鍾離郡元徽元年（473）由南兗州改屬徐州。本書《州郡志》稱斷限爲大明八年（464），此“今”則指元徽元年以後。是本書《州郡志》爲例不純又一證。

[10]東平領范、朝陽、歷城三縣：中華本校勘記云：“‘東平’各本並作‘東平原’。洪頤煊《諸史考異》云：‘東平原當作東平，衍原字。’按洪説是，今刪‘原’字。據《晋書·地理志》東平國領范縣，《魏書·地形志》東平郡領范縣，即此。則此是‘東平’，不當作‘東平原’。《地形志》別有東平原郡，治梁鄒，非此郡。”又《考論》卷二：“東平原領范，此原字衍。”今從。

[11]北沛：各本並脱“北”字。《宋州郡志校勘記》云：“案上文何志又有北沛郡，即南沛太守下何志云北沛新立者也。然則此沛字上亦當有北字。”《補校宋書州郡志札記》云：“北沛郡脱北字。”今據此補正。

[12]以南兗州東平之平陸并范，壽張并朝陽：《晋書·地理志上》兗州東平國領縣有東平陸、壽張。此南兗州東平郡之平陸、壽張，蓋東平僑郡所領僑縣。

[13]“平原之濟岷”至“高唐并茌平”：中華本校勘記云：“‘高唐’各本並作‘高康’。孫彪《宋書考論》云：‘康當爲唐。’按孫説是，今改正。”今從。按：據此志文，則濟岷郡省爲縣後，並原領之晋寧、營城凡三縣均隸於平原郡，後又以濟岷、晋寧并入營城。又此平原郡實爲南徐州所領，本志“南兗州刺史”條所謂“《永初郡國》領十四郡……南平原郡領平原、高唐、茌平凡三縣……省屬南徐州”是也，則領有高唐縣之平原郡，屬南徐州，不屬南兗州，故本志此處，若於“平原之濟岷”前加上“以南徐州”四字，則文意更加明妥。

[14]"按此五縣"至"未詳"："五縣"謂平陸、壽張、濟岷、晋寧、高唐。據本志"南兗州刺史"條，《永初郡國》領十四郡，濟岷郡領有晋寧縣，後濟岷郡又省爲濟岷縣，南平原郡領有高唐縣。唯平陸、壽張無著落，則可能爲宋永初後所僑置。

[15]孝武大明五年，以東平併廣陵：據《晋書・地理志下》徐州、本書《州郡志一》南兗州刺史，東晋僑置東平郡於江南，宋改南東平郡，後省屬南徐州，而據本條志文，宋東平郡既併入廣陵，則僑在江北。此並不矛盾，乃是因時之變：其一，元嘉八年以江北爲南兗州，治廣陵，以江南爲南徐州，治京口，本書《州郡志》大較以大明八年爲斷，其時南東平郡（領范、蛇丘、歷城）、南平原郡（領平原、高唐、茌平）、雁門郡（領樓煩、陰館、廣武、崞、馬邑）、濟岷郡（領營城、晋寧）、南齊郡（領西安、臨淄）等七郡二十三縣，"並省屬南徐州"，則諸郡縣當僑在江南。其二，南兗州諸僑郡縣，何志又有鍾離、雁門、平原、東平、北沛五郡。何承天撰宋史在元嘉之世，其《州郡志》大較是元嘉制度，時南兗州領江北之地，有東平郡（領范、朝陽、歷城）、平原郡（領茌平、臨淄、營城、平原）、雁門郡（領樓煩、陰館、廣武）、北沛郡（領符離、蕭、相、沛）、鍾離郡（領燕、朝歌、樂平）、東平郡先又領有平陸、壽張二縣，後又併南兗州之雁門、平原二郡入東平，大明五年，東平郡並所領縣又省入廣陵郡。依此，則併入廣陵郡者，南兗州之東平郡、平原郡、雁門郡；北沛郡即本志南兗州所領南沛郡；鍾離郡元徽元年改屬徐州。其三，何以隔一江而江北、江南並有平原僑郡、東平僑郡、雁門僑郡及所領僑縣？蓋僑立之初，此諸郡縣流人僑寓在江南、江北，及劃江而分南徐、南兗二州，此諸郡縣遂分立於江之南、北。江南者稱南平原、南東平、雁門（後省屬南徐州），江北者稱平原、東平、雁門（後省屬廣陵郡）。

[16]北濟陰：各本並脱"陰"字。《考論》卷二："北濟下脱陰字。"今據此補正。

[17]三十年，省南兗州併南徐，其後復立：據本書卷六《孝武帝紀》及卷七七《沈慶之傳》，復立南兗州在孝建元年，即省併於南徐州的次年。

廣陵太守，[1]漢高六年立，屬荆國，十一年，更屬吳，景帝四年，更名江都國，武帝元狩三年，更名廣陵。舊屬徐州。晋武帝太康三年，治淮陰故城，後又治射陽，射陽別見。江左治廣陵。《永初郡國》又有興、前漢屬臨淮，後漢省臨淮屬廣陵，文帝元嘉十三年并江都也。肥如、潞、真定、新市五縣。並二漢舊名。肥如屬遼西，潞屬上黨，[2]真定前漢屬真定，後漢省真定屬常山，晋亦屬常山。新市，二漢、晋屬中山。[3]《永初郡國》云四縣本屬遼西，則是晋末遼西僑郡省併廣陵也。[4]何有肥如、新市，徐與今同也。今領縣四。戶七千七百四十四，口四萬五千六百一十三。

[1]廣陵：郡名。治廣陵縣，今江蘇揚州市西北蜀崗上。

[2]潞屬上黨：錢大昕《考異》卷二三《宋書·州郡志一》："路當作潞。"成孺《宋州郡志校勘記》："潞，毛作路。案《漢志》，路屬漁陽郡，其屬上黨者乃潞縣，非路也。《考異》云：路當作潞。今據正。"按："潞屬上黨"疑有誤，作"潞屬燕國"可能更妥。詳下"晋末遼西僑郡省併廣陵"注釋。

[3]新市，二漢、晋屬中山：中華本校勘記云："各本並脱'二漢晋屬中山'六字，據錢氏《考異》説補。錢大昕《廿二史考異》云：'新市下有脱文。當云二漢、晋屬中山。'"又楊守敬《補校宋書州郡志札記》："新市下脱'二漢晋屬中山'六字。"今據此補。

[4]晋末遼西僑郡省併廣陵：東晋僑置遼西郡於廣陵郡界，東晋末年省併。其遼西僑郡所領四縣，據《晋書·地理志上》，肥如

屬幽州遼西郡，真定屬冀州常山郡，新市屬冀州中山國，又潞縣，并州上黨郡、幽州燕國並有，而據本志，作"潞屬上黨"。按：肥如、真定、新市，皆爲河北舊縣名，僑置則屬河北舊郡遼西郡，推此，頗疑遼西僑郡所領僑潞縣，亦爲舊幽州燕國之屬縣也。考幽州燕國潞縣，西漢置，作"路"，東漢改"潞"，均屬漁陽郡；而據《考異·宋書·州郡志一》，錢大昕所見《宋書》，正作"路"。

廣陵令，[1]漢舊縣。

海陵令，[2]前漢屬臨淮，後漢、晉屬廣陵，三國時廢，晉武帝太康元年復立。

高郵令，[3]漢舊縣。三國時廢，晉武帝太康元年復立。

江都令，[4]漢舊縣。三國時廢，晉武帝太康六年復立。江左又省併輿縣，元嘉十三年復立，以併江都。[5]

[1]廣陵：縣名。治今江蘇揚州市西北蜀崗上。

[2]海陵：縣名。治今江蘇泰州市。

[3]高郵：縣名。治今江蘇高郵市。

[4]江都：縣名。治今江蘇揚州市西南。

[5]江左又省併輿縣，元嘉十三年復立，以併江都：此謂東晉江都縣併入輿縣，宋元嘉十三年復立江都縣，且以輿縣併入江都縣。

海陵太守，[1]晉安帝分廣陵立。《永初郡國》屬徐州。領縣六。户三千六百二十六，口二萬一千六百六十。去州水一百三十，陸同。去京都水三百九十，陸同。

[1]海陵：郡名。治建陵縣，今江蘇姜堰市北。

　　　　建陵令，[1]晋安帝立。
　　　　臨江令，[2]晋安帝立。
　　　　如皋令，[3]晋安帝立。
　　　　寧海令，[4]晋安帝立。
　　　　蒲濤令，[5]晋安帝立。
　　　　臨澤令，[6]明帝泰豫元年立。

[1]建陵：縣名。治今江蘇姜堰市北。
[2]臨江：縣名。治今江蘇如皋市南。
[3]如皋：縣名。治今江蘇如皋市。
[4]寧海：縣名。治今江蘇如皋市西南。
[5]蒲濤：縣名。治今江蘇如皋市東南白蒲鎮。
[6]臨澤：縣名。治今江蘇高郵市東北臨澤鎮。

　　山陽太守，[1]晋安帝義熙中土斷分廣陵立。案漢景帝分梁爲山陽，非此郡也。[2]《永初郡國》屬徐州。領縣四。戶二千八百一十四，口二萬二千四百七十。去州水三百，陸同。去京都水五百，陸同。

[1]山陽：郡名。治今江蘇淮安市楚州區。
[2]“晋安帝義熙中土斷分廣陵立”至“非此郡也”：《續漢書·郡國志三》“兖州山陽郡”條：“故梁，景帝分置。”西晋改爲高平國，即《晋書·地理志上》兖州高平國。又《晋書·地理志

下》"徐州"條："義熙七年……又分廣陵界置海陵、山陽二郡。"是東晉義熙中土斷，因高平流民，分廣陵郡爲境，借僑名而新立。按：山陽爲僑郡，錢大昕《十駕齋養新録》卷一一《水經注難盡信》尚有説："又《淮水篇》云，山陽城即射陽縣故城也。漢世祖建武十五年，封子荆爲山陽公，治此。考山陽僑治射陽，乃在東晉安帝之世，漢之山陽郡，自治昌芭今金鄉縣境。以典午之僑治，當東漢之故封，豈其然乎？"

　　山陽令，[1]射陽縣境，地名山陽，與郡俱立。

　　鹽城令，[2]舊曰鹽瀆，前漢屬臨淮，後漢、晉屬廣陵，三國時廢，晉武帝太康二年復立。晉安帝更名。

　　東城令，[3]晉安帝立。

　　左鄉令，[4]晉安帝立。

[1]山陽：縣名。治今江蘇淮安市楚州區。

[2]鹽城：縣名。治今江蘇鹽城市。

[3]東城：縣名。確址無考，當治今江蘇淮安市楚州區、鹽城市之間。

[4]左鄉：縣名。治今江蘇淮安市楚州區東。

　　盱眙太守，[1]盱眙本縣名，前漢屬臨淮，後漢屬下邳，[2]晉屬臨淮，晉安帝分立。領縣五。[3]户一千五百一十八，口六千八百二十五。去州水四百九十，陸二百九。去京都水七百，陸五百。

[1]盱眙：郡名。治今江蘇盱眙縣東北。

[2]後漢屬下邳：《續漢書·郡國志三》徐州下邳國作"盱台"。

[3]晉安帝分立。領縣五：《晉書·地理志下》：義熙七年(411)，"以盱眙立盱眙郡，統考城、直瀆、陽城三縣"。又此所領五縣中，考城、信都、睢陵爲僑縣。

　　考城令。[1]別見。

　　陽城令，[2]晉安帝立。

　　直瀆令，[3]晉安帝立。

　　信都令，[4]信都雖漢舊名，其地非也。地在河北。宋末立。

　　睢陵令，[5]前漢屬臨淮，後漢屬下邳，《晉太康地志》無。宋末立。

[1]考城：縣名。治今江蘇盱眙縣西南。

[2]陽城：縣名。治今江蘇盱眙縣西南。

[3]直瀆：縣名。治今江蘇盱眙縣南。

[4]信都：縣名。確址無考，當治今江蘇盱眙縣境。

[5]睢陵：縣名。治今安徽明光市東北。

　　秦郡太守，[1]晉武帝分扶風爲秦國，[2]中原亂，其民南流，寄居堂邑。堂邑本爲縣，前漢屬臨淮，後漢屬廣陵，晉又屬臨淮，晉惠帝永興元年，分臨淮淮陵立堂邑郡，安帝改堂邑爲秦郡。《永初郡國》屬豫州，元嘉八年度南兗。《永初郡國》又領臨塗、晉、宋立。[3]平丘、漢舊，屬陳留，《晉太康地志》無。外黃、漢舊名，屬陳留。沛、雍丘、浚儀、頓丘別見。凡七縣。何無雍丘、外黃、平丘、沛，[4]徐又無浚儀。元嘉八年，以沛併頓丘。後廢帝元徽元年，割頓丘屬新昌。[5]領縣四。戶三千三百三十三，口一萬五千二百九十六。[6]去州水二百四十一，陸一百八十。去京都水一百五十，陸一百四十。

[1]秦：郡名。治今江蘇南京市六合區北。

[2]晉武帝分扶風爲秦國：胡阿祥《〈南齊書·州郡志〉札記》（《歷史地理》第十輯，上海人民出版社1992年版）：“《晉志》雍州：‘惠帝即位，改扶風國爲秦國。’與此異。考《晉書·秦獻王柬傳》：‘太康十年，徙封於秦，邑八萬戶。’柬爲西晉首封秦王者，則改扶風爲秦國在晉武太康十年前，《晉志》誤。更考《元和郡縣志》卷二《關內道·鳳翔府》云：扶風郡，‘晉太康八年爲秦國’。”

[3]晉、宋立：“晉、宋立”文義不通，依志例，當作“晉末立”。“宋”“末”形近致訛。

[4]何無雍丘、外黃、平丘、沛：孫虨《考論》卷二：“下云‘秦令，本屬秦國，流寓立。文帝元嘉八年，以臨塗併秦，以外黃併浚儀’。應何無臨塗。又歷陽有雍丘，云‘元嘉八年度’。”

[5]後廢帝元徽元年，割頓丘屬新昌：《隋書·地理志下》“江都郡清流”條：“舊曰頓丘，置新昌郡及南譙州。”則頓丘縣在清流界，即今安徽滁州市一帶。按：秦郡之僑置，《晉書·地理志上》“雍州”條：“有秦國流人至江南，改堂邑爲秦郡。僑立尉氏縣屬焉。”又錢大昕《考異》卷二四《宋書·檀韶傳》：“按向彌、檀韶、檀祗並除秦郡太守、北陳留內史，虞丘進亦除秦郡太守、督陳留郡事，而彌有‘戍堂邑’之文，則北陳留與秦郡皆僑治堂邑矣。《州郡志》，秦郡有尉氏縣，又稱《永初郡國》領平丘、外黃、雍丘、浚儀諸縣，此皆陳留縣名，可證晉末本有陳留郡，殆義熙九

年，土斷僑流郡縣時并入秦郡也。”是則堂邑本有北陳留僑郡，領尉氏、平丘、外黃、浚儀、雍丘等縣，及安帝義熙九年土斷僑流郡縣時，改堂邑爲秦郡，又併陳留入焉。

[6]口一萬五千二百九十六：成孺《宋州郡志校勘記》：“‘二百’，三本並作‘三百’。”楊守敬《補校宋書州郡志札記》：“一萬五千二百九十六，宋本二作三。”

　　秦令，[1]本屬秦國，流寓立。文帝元嘉八年，以臨塗併秦，以外黃併浚儀。孝武孝建元年，以浚儀併秦。

　　義成令，江左立。[2]

　　尉氏令，[3]漢舊名，屬陳留。文帝元嘉八年，以平丘併尉氏。

　　懷德令，[4]孝武大明五年立。又以歷陽之烏江，并此爲二縣，立臨江郡。[5]前廢帝永光元年，省臨江郡。[6]懷德即住郡治，烏江還本也。

[1]秦：縣名。治今江蘇南京市六合區北。

[2]義成令，江左立：洪亮吉《東晉疆域志》卷一《豫州》秦郡義成：“沈《志》‘江左立’。案名與淮南郡所屬縣同，地亦相近，而沈《志》于此下云‘江左立’。故兩存之。疑亦僑縣也，俟再考。”檢《漢書·地理志上》沛郡領義成縣，《續漢書·郡國志四》揚州九江郡領義成縣，《晉書·地理志下》揚州淮南郡領義城縣。此“江左立”之義成縣，當爲僑縣，確址無考，當治今江蘇南京市六合區一帶。

[3]尉氏：縣名。治今江蘇南京市六合區。

[4]懷德：縣名。治今江蘇南京市浦口區西。

[5]又以歷陽之烏江，并此爲二縣，立臨江郡：按本書卷六《孝武帝紀》：大明七年（463）二月，"割歷陽、秦郡置臨江郡"。"歷陽"者，歷陽郡烏江縣；"秦郡"者，秦郡懷德縣。志文當於"又以"前補"七年"二字，如此語義更明。

[6]前廢帝永光元年，省臨江郡：孫彭《考論》卷二："南豫州云，泰始七年，分南兗州之臨江郡立南豫州，則臨江省後復置。"

　　南沛太守，[1]沛郡別見。何志云，北沛新立。徐云南沛。《永初郡國》又有符離、洨、並別見。竹邑、前漢曰竹。李奇曰，今邑也。[2]後漢曰竹邑。至晋並屬沛。杼秋前漢屬梁，後漢、《晋太康地志》屬沛。四縣。杼秋治無錫，餘並治廣陵。文帝元嘉十二年，以北沛郡竹邑并杼秋，何、徐並無此二縣，不詳。《起居注》，孝武大明五年，分廣陵爲沛郡，治肥如縣。時無復肥如縣，當是肥如故縣處也。二漢、《晋太康地志》並無肥如縣。[3]沛郡宜是大明五年以前省，其時又立也。[4]今領縣三。户一千一百九，口一萬二千九百七十。

[1]南沛：郡名。治今安徽天長市境。按：此南沛郡即本志南兗州刺史"諸僑郡縣何志又有……北沛……北沛領符離、蕭、相、沛四縣"之北沛郡。

[2]竹邑、前漢曰竹，李奇曰，今邑也：按《漢書·地理志上》沛郡領竹縣，顏師古注引李奇曰："今竹邑。"又《續漢書·郡國志二》豫州沛國領竹邑，"侯國，故竹"。以此，本志所引"今邑也"不確，且"今邑也"義不同於"今竹邑"。

[3]二漢、《晋太康地志》並無肥如縣：錢大昕《考異》卷二三云《宋書·州郡志一》："案《志》於廣陵郡下云'肥如，漢舊

名，屬遼西’矣，此云並無肥如者，謂沛郡自漢、晉以來，並無肥如一縣，非謂漢無肥如也。肥如本遼西縣名，因晉末僑立遼西郡於廣陵界，後經省併，故廣陵得有肥如縣。《符瑞志》‘元嘉十九年，廣陵肥如石梁澗中出石鍾九口’。何承天修志，訖於元嘉二十年，其時尚有肥如，故《志》云何有肥如、新市。然則肥如之省，其在拓跋南侵之後乎？此條云‘時無復肥如’者，謂孝武之時，廣陵已無肥如，乃以其地立沛郡耳。細檢此二條之文，初無矛盾，說者多援以爲口實，是不然矣。”又中華本校勘記亦稱“二漢、西晉遼西郡並有肥如縣”，並引《考異》之説。

[4]沛郡宜是大明五年以前省，其時又立也：《考異·宋書·州郡志一》：“案徐州篇云，‘文帝元嘉中，分南沛爲北沛，屬南兗，而南沛猶屬南徐，孝武大明四年，以南沛併南彭城’。與此文可互證。蓋當時沛郡流人，或家江北，或家江南，初無實土，而徐州刺史亦兼領江北。迨文帝分南徐、南兗二州，畫江爲界，故以南沛之寄治廣陵者，別爲北沛，屬之南兗，而江南之南沛仍如故也。孝武時，省江南之南沛，而以廣陵之北沛爲南沛，又分肥如地立爲郡治，而南沛始有實土矣。何云北沛，徐云南沛，各據當時之名書之，其實祇是一郡。而休文所云大明五年以前省者，乃省江南之南沛，非省江北之沛也。肥如，今之天長縣。”又孫虨《考論》卷二：“大明四年，併省南下邳、南沛二郡，見南彭城下。又案元嘉二十六年，幸丹徒，申南、北沛、下邳三郡復，知是時南、北沛並有。杼秋治無錫，必屬南沛。南沛後併南彭城，故南彭城屬縣有杼秋，又有洨也。”

蕭縣令。[1]別見。

相縣令。[2]別見。

沛縣令。[3]別見。

[1]蕭：縣名。確址無考，當治今安徽天長市一帶。
[2]相：縣名。確址無考，當治今安徽天長市一帶。
[3]沛：縣名。治今安徽天長市西石梁鎮。

新平太守，[1]明帝泰始七年立。[2]

[1]新平：郡名。僑今江蘇海安縣一帶。
[2]明帝泰始七年立：本志南兗州刺史"宋又僑立新平"等郡。按：宋以前之"新平"，有《晉書·地理志上》雍州新平郡、荆州湘東郡新平縣，以及梁國新平縣（此新平縣，《漢書·地理志下》淮陽國屬縣，《續漢書·郡國志二》屬陳國。陳國後廢入梁國，而新平縣不見於《晉書·地理志上》梁國。考《晉書·地理志上》豫州梁國領有長平縣，又潁川郡亦領有長平縣，梁國之"長平"當爲"新平"之訛），而宋所僑置之新平郡，緣於梁國新平縣，與雍州新平郡、荆州湘東郡新平縣皆無關。其一，新平僑郡立於宋泰始七年（471），時失豫州淮北之地，梁國新平縣正在宋豫州失地範圍内。其二，本志南兗州刺史於北淮陽、北濟陰、北下邳等郡，均言"僑立"，以舊有淮陽、濟陰、下邳等郡也，於"新平太守"則祇言"立"，蓋舊爲新平縣名，僑置改郡，故言"立"而不言"僑立"也。其三，新平舊爲淮陽國屬縣名。僑置又並見於本志之一處，且同時同因僑置淮南之地，益可證新平僑郡乃舊新平縣之僑置也。其四，考雍州郡縣僑置，多在襄陽附近及漢中，雖亦有僑在淮南江北者，如秦國，然終屬少數。且秦國僑置，在東晉初年，其時形勢與宋泰始後迥别，若言此時僑置雍州新平郡於淮南，實難從信。至於荆州湘東郡所領新平縣，以湘南之縣，更不可能僑在淮南。

江陽令，[1]郡同立。

海安令，[2]郡同立。

[1]江陽：縣名。僑今江蘇海安縣一帶。
[2]海安：縣名。僑今江蘇海安縣。

北淮陽太守，[1]宋末僑立。[2]

[1]北淮陽：郡名。僑今江蘇揚州、高郵、姜堰等市一帶。
[2]宋末僑立：《漢書·地理志下》有淮陽國，治陳縣，東漢章和二年改爲陳國，即《續漢書·郡國志二》豫州陳國，後廢入梁國。《晉書·地理志上》梁國屬豫州。東晉僑立淮陽郡於角城，見本志"徐州刺史淮陽太守"條；宋末又僑於廣陵郡境，即此郡。

晋寧令。[1]別見。
宿預令。[2]別見。
角城令。[3]別見。

[1]晋寧：縣名。僑今江蘇揚州、高郵、姜堰等市一帶。
[2]宿預：縣名。僑今江蘇揚州、高郵、姜堰等市一帶。
[3]角城令：中華本校勘記云："各本並作'甬城令'，今訂正。"今從。角城，縣名。僑今江蘇揚州、高郵、姜堰等市一帶。

北濟陰太守，[1]濟陰郡別見。宋失淮北僑立。[2]

[1]北濟陰：郡名。僑今江蘇揚州、高郵、姜堰等市一帶。
[2]宋失淮北僑立：此北濟陰郡係宋孝建元年所立之徐州北濟陰郡喪失後僑立，參本志"徐州刺史北濟陰太守"條。

廣平令，[1]前漢臨淮有廣平縣，後漢以後無。[2]

定陶令。[3]別見。

陽平令。[4]別見。

上黨令。[5]別見。

冤句令。[6]別見。

館陶令。[7]別見。

[1]廣平：縣名。確址無考，當屬僑縣，今江蘇揚州、高郵、姜堰等市一帶。

[2]前漢臨淮有廣平縣，後漢以後無：《漢書·地理志上》臨淮郡確領有廣平縣，唯其地望無考。依本書《州郡志》書法，廣平爲舊縣，而據《南齊書·州郡志上》“南兗州”條“濟陰郡六縣，下邳郡四縣，淮陽郡三縣，東莞郡四縣，以散居無實土，官長無廨舍，寄止民村，及州治立，見省，民戶帖屬”，及南兗州廣陵郡“建元四年，罷北淮陽、北下邳、北濟陰、東莞四郡并”云云，則此廣平縣亦爲無實土的僑縣。

[3]定陶：縣名。確址無考，當僑今江蘇揚州、高郵、姜堰等市一帶。

[4]陽平：縣名。確址無考，當僑今江蘇揚州、高郵、姜堰等市一帶。

[5]上黨：縣名。確址無考，當僑今江蘇揚州、高郵、姜堰等市一帶。

[6]冤句令：中華本校勘記云：“‘令’各本並作‘縣’，據志前後例改。”今從。冤句，縣名。確址無考，當僑今江蘇揚州、高郵、姜堰等市一帶。

[7]館陶：縣名。確址無考，當僑今江蘇揚州、高郵、姜堰等

市一帶。

　　北下邳太守，[1]下邳郡別見。宋失淮北僑立。

　　[1]北下邳：郡名。僑今江蘇揚州、高郵、姜堰等市一帶。

　　　　僮縣令。[1]別見。
　　　　下邳令。[2]別見。
　　　　寧城令。[3]別見。[4]

　　[1]僮縣：確址無考，當屬僑縣，今江蘇揚州、高郵、姜堰等市一帶。
　　[2]下邳：縣名。確址無考，當屬僑縣，今江蘇揚州、高郵、姜堰等市一帶。
　　[3]寧城：縣名。確址無考，當屬僑縣，今江蘇揚州、高郵、姜堰等市一帶。
　　[4]別見：胡阿祥《〈南齊書·州郡志〉札記》云：《南齊書·州郡志》南兗州“下邳郡四縣……見省”，然此僅領僮、下邳、寧城三縣，疑脫一縣。考寧城令下注“別見”，而遍檢本書《州郡志》無此縣，疑是新立僑縣，所脫一縣爲良成。良成，本書《州郡志一》徐州下邳郡屬縣。按：良成，徐州下邳郡實縣，當是宋失淮北後僑立，而屬北下邳僑郡。

　　東莞太守，[1]東莞郡別見。宋失淮北僑立。

　　[1]東莞：郡名。僑今江蘇揚州、高郵、姜堰等市一帶。

莒縣令。[1]別見。

諸縣令。[2]別見。

東莞令。[3]別見。

栢人令，[4]漢舊名，屬趙國。宋失淮北僑立。

[1]莒：縣名。確址無考，當屬僑縣，今江蘇揚州、高郵、姜堰等市一帶。

[2]諸：縣名。確址無考，當屬僑縣，今江蘇揚州、高郵、姜堰等市一帶。

[3]東莞：縣名。確址無考，當屬僑縣，今江蘇揚州、高郵、姜堰等市一帶。

[4]栢人：縣名。確址無考，當屬僑縣，今江蘇揚州、高郵、姜堰等市一帶。《漢書·地理志下》趙國、《續漢書·郡國志二》趙國、《晋書·地理志上》趙國並作“柏人”。

兖州刺史，[1]後漢治山陽昌邑，魏、晋治廩丘，武帝平河南，治滑臺，文帝元嘉十三年，治鄒山，[2]又寄治彭城。二十年，省兖州，分郡屬徐、冀州。三十年六月復立，治瑕丘。[3]二漢山陽有瑕丘縣。《永初郡國》有東郡、陳留、濮陽三郡，而無陽平。[4]東郡領白馬、別見。涼城、二漢東郡有聊城縣，《晋太康地志》無，疑此是。東燕別見。三縣。[5]陳留郡領酸棗、漢舊縣。小黃、雍丘、白馬、襄邑、尉氏六縣。郡縣並別見。[6]濮陽郡領濮陽、廩丘並別見。二縣。宋末失淮北，僑立兖州，寄治淮陰。[7]淮陰別見。兖州領郡六，縣三十一。户二萬九千三百四十，口一十四萬五千五百八十一。

[1]兗州：治瑕丘，今山東兗州市。

[2]治鄒山：成孺《宋州郡志校勘記》：“歷代無鄒山縣，據志下文魯郡有鄒令，知鄒山乃鄒縣之訛。”按：《通鑑》卷八八西晉建興元年（313），“琅邪王睿就用鑒爲兗州刺史，鎮鄒山”；又卷九二東晉永昌元年（322），“兗州刺史郗鑒在鄒山三年，有衆數萬”，胡三省注：“愍帝建興元年，帝以鑒鎮鄒山，今既數年矣，所謂三年有衆數萬者，言鑒既鎮鄒山之後，三年之間，民歸之者有此數也。”南北朝史籍屢見鄒山，如本書、《魏書》，又《晉書》也載鄒山。南北朝時，州多有駐於城、戍之例，不一定駐於縣，且《通鑑》明確記載晉時兗州曾駐鄒山，是則宋兗州治鄒山已有先例。如此，成氏以宋有鄒縣，無鄒山縣，斷定鄒山乃鄒縣之訛，蓋屬考慮欠周。

[3]“二十年”至“治瑕丘”：孫彭《考論》卷二：“按兗州終宋世常設，或不別命刺史，而以徐州刺史兼之，即此所謂寄治彭城也。《本紀》元嘉二十一年十月，徐瓊爲兗州刺史，二十五年五月，徐州刺史武陵王加領兗州刺史，爲有二十年省，三十年復，中更十年無兗州之事。或據二十九年碻磝敗後，蕭思話自徐兗改冀，詔以彭城文武分配，然亦祇是徐州軍府，且《本紀》明云思話兗州如故，必非也。”按：據本書卷五《文帝紀》，徐州刺史武陵王劉駿加領兗州刺史在元嘉二十五（448）年六月。又元嘉二十九年九月，徐兗二州刺史蕭思話加冀州刺史，兗州如故。又本書卷七八《蕭思話傳》，元嘉二十七年，蕭思話爲持節、監徐兗青冀四州豫州之梁郡諸軍事、撫軍將軍、兗徐二州刺史；二十九年詔思話可解徐州爲冀州，餘如故。

[4]而無陽平：晉末宋初疆域，東北有今山東半島，西北有關中，北抵黃河，而陽平郡在河北，且魏屬冀州，西晉屬司州，以此，代表宋初形勢的《永初郡國》自不會有陽平郡，“而無陽平”四字疑有誤。

[5]東郡："郡"上各本並脱"東"字。《宋州郡志校勘記》云："據上云《永初郡國》有東郡，知'郡'字上脱'東'字。"楊守敬《補校宋書州郡志札記》云："無陽平東郡，脱東字。"今據此補。又按：錢大昕《考異》卷二三《宋書·州郡志一》所言略同，唯錢氏以爲"《永初郡國》有東郡、陳留、濮陽三郡，而無陽平郡。領白馬、凉城、東燕三縣"，故云"白馬三縣當屬東郡，此'領'字上蓋脱'東郡'二字"。　凉城：本志云漢東郡有聊城縣，《晋太康地志》無，疑此是聊城縣。《漢書·地理志上》屬東郡，《續漢書·郡國志三》屬兗州東郡，《晋書·地理志上》屬冀州平原國（如此，《晋太康地志》應有，此云"無"者，有疑），今地在山東聊城市西北，而白馬治所在今河南滑縣舊縣東，東燕治所在今河南延津縣東北，是則東郡領白馬、東燕的同時，不可能又間隔濮陽等郡而遠領聊城縣。聊城自是聊城，凉城自是凉城，兩者互不相涉，如《水經·河水注》楊守敬疏："沈約以二《漢》之聊城當凉城，非也。考《宋武帝紀》，義熙十二年，遣北兗州刺史王仲德破魏於東郡凉城，則凉城縣當是魏置而宋因之，後復屬魏，仍隷東郡，故《地形志》東郡有凉城縣。"凉城，縣名。治今河南滑縣一帶。

[6]陳留：郡名。此陳留郡與東郡並爲實土郡，東郡已領白馬縣，而相鄰之陳留郡又領白馬縣，不知何故。

[7]宋末失淮北，僑立兗州，寄治淮陰：宋末兗州寄治淮陰的具體年份，《南齊書·州郡志上》"北兗州"條："宋泰始二年失淮北，於此立州鎮。"又本書卷九四《阮佃夫傳》：泰始"六年，出爲輔師將軍、兗州刺史，戍淮陰。立北兗州，自此始也"。疑作泰始六年是。

泰山太守，[1]漢高立。《永初郡國》又有山茌、別見。[2]萊蕪、漢舊名。太原本郡，僑立此縣。[3]三縣，而無鉅平縣。今領縣八。户八千一百七十七，口四萬五千五百八十一。去州陸八百。[4]去京都陸一千八百。

[1]泰山：郡名。治奉高縣，今山東泰安市東。

[2]山茌、别見：别見本書《州郡志二》"青州刺史太原太守山茌令"條。當元嘉十年（433）時，立太原郡，山茌割屬太原郡。至孝建元年（454），又度屬濟北郡。

[3]太原本郡，僑立此縣：《晋書·地理志上》并州領太原國。太原僑縣當是東晋義熙中平南燕後所立，本書《州郡志二》"青州刺史太原太守太原令"條所謂"晋安帝義熙中土斷立，屬泰山"是也。太原縣僑地，《魏書·地形志中》"齊州太原郡太原"條："司馬德宗置，魏因之。治升城。"升城在今山東濟南市長清區西南。

[4]去州陸八百：孫彪《考論》卷二："此去州里數蓋就瑕邱言之。"

奉高令，[1]漢舊縣。

鉅平令，[2]漢舊縣。

嬴令，[3]漢舊縣。

牟令，[4]漢舊縣。

南城令，[5]前漢屬東海，後漢、晋屬泰山。[6]

武陽令，漢舊縣。[7]

梁父令，漢舊縣。[8]

博令，[9]漢舊縣。

[1]奉高：縣名。治今山東泰安市東。

[2]鉅平：縣名。治今山東泰安市南。

[3]蠃：縣名。治今山東萊蕪市西北。

[4]牟：縣名。治今山東萊蕪市東。

[5]南城：縣名。治今山東平邑縣南。

[6]前漢屬東海，後漢、晉屬泰山：《漢書·地理志上》東海郡作“南成”，《續漢書·郡國志三》兗州泰山郡作“南城”，《晉書·地理志上》兗州泰山郡作“南武城”。按：“南武城”當爲“南城”之誤。

[7]武陽令，漢舊縣：《漢書·地理志上》泰山郡、《續漢書·郡國志三》兗州泰山郡、《晉書·地理志上》兗州泰山郡並作“南武陽”。武陽，縣名。治今山東平邑縣。

[8]梁父令，漢舊縣：《續漢書·郡國志三》兗州泰山郡作“梁甫”，《漢書·地理志上》“泰山郡梁父”條顏師古注：“以山名縣也。父音甫。”梁父，縣名。治今山東新泰市西。

[9]博：縣名。治今山東泰安市東南。

高平太守，[1]故梁國，漢景帝中六年，分爲山陽國，武帝建元五年爲郡，晉武帝泰始元年更名。《永初郡國》及徐並又有任城縣，前漢屬東平，章帝元和元年，分東平爲任城，又屬焉。晉亦屬任城。江左省郡爲縣也。後省。今領縣六。户六千三百五十八，口二萬一千一百一十二。去州陸二百二十。去京都陸一千三百三十。宋明帝泰始五年，僑立於淮南當塗縣界，領高平、金鄉二縣。其年又立睢陵縣。[2]

[1]高平：郡名。治高平縣，今山東微山縣西北。

[2]睢陵：縣名。《晉書·地理志下》徐州下邳國屬縣。

高平令，前漢名稾，章帝更名。[1]

方與令，[2]漢舊縣。

金鄉令，[3]前漢無，後漢、晉有。

鉅野令，[4]漢舊縣。

平陽令，[5]漢舊縣曰南平陽。[6]

亢父令，[7]漢舊縣。舊屬任城。

[1]高平令，前漢名稾，章帝更名：中華本校勘記云："'稾'三朝本作'稾'，北監本、毛本、殿本作'稾'，局本作'稾'。按《漢書·地理志》：山陽郡稾，莽曰高平。臣瓚曰，音拓。《續漢書·郡國志》：'山陽郡高平，侯國，故稾，章帝更名。'《後漢書·東平王傳》作'稾'。又各本並奪'名'字，據《續漢書·郡國志》補。"又成孺《宋州郡志校勘記》正爲"高平令前漢名稾章帝更名"，云："稾，毛作稾，更下脱名字。《漢志》山陽郡，稾，莽曰高平。臣瓚曰，音拓。《續志》山陽郡高平，侯國，故稾，章帝更名。今據補正。"又張元濟《校勘記》曰：宋本作"稾"，殿本作"稾"。按：檢中華本，《漢書·地理志》山陽郡作"稾"，《續漢書·郡國志三》兗州山陽郡亦作"稾"，又《後漢書》卷四二《東平憲王蒼傳》亦作"稾"。故成孺是，當正爲"高平令前漢名稾章帝更名"。高平，縣名。治今山東微山縣西北。

[2]方與：縣名。治今山東魚臺縣西。

[3]金鄉：縣名。治今山東嘉祥縣南。

[4]鉅野：縣名。治今山東巨野縣東北。

[5]平陽：縣名。治今山東鄒城市。

[6]漢舊縣曰南平陽：《漢書·地理志上》山陽郡、《續漢書·郡國志三》兗州山陽郡、《晉書·地理志上》兗州高平國並作"南平陽"。

[7]亢父：縣名。治今山東濟寧市南。

魯郡太守,[1]秦薛郡,漢高后更名。本屬徐州,光武改屬豫州,[2]江左屬兗州。領縣六。戶四千六百三十一,口二萬八千三百七。去州陸三百五十。去京都陸一千一百。

[1]魯郡:治鄒縣,今山東鄒城市東南。

[2]光武改屬豫州:"豫州"各本並作"任城"。成孺《宋州郡志校勘記》:"《續志》魯國,秦薛郡,高后改。本屬徐州,光武改屬豫州。此誤豫州爲任城者,蓋涉前行而訛也。"孫彪《考論》卷二:"改屬任城語可疑,當是改屬豫州。"又中華本校勘記云:"'豫州'各本並作'任城',據《續漢書·郡國志》劉昭注改。"今從。

鄒令,[1]漢舊縣。

汶陽令,[2]漢舊縣。

魯令,[3]漢舊縣。

陽平令,[4]孝武大明元年立。

新陽令,[5]孝武大明中立。

卞令,[6]明帝泰始二年立。[7]

[1]鄒:縣名。治今山東鄒城市東南。

[2]汶陽:縣名。治今山東寧陽縣東北。

[3]魯:縣名。治今山東曲阜市東古城。

[4]陽平:縣名。治今山東滕州市西。

[5]新陽:縣名。確址無考,當在今山東寧陽縣、滕州市之間。

[6]卞:縣名。治今山東泗水縣東。

[7]明帝泰始二年立:《漢書·地理志下》魯國、《續漢書·郡

國志二》豫州魯國、《晋書·地理志上》豫州魯郡並領卞縣，此
“泰始二年立”者，或誤，或爲僑縣。

東平太守，[1]漢景帝分梁爲濟東國，宣帝更名。[2]領
縣五。户四千一百五十九，口一萬七千二百九十五。去
州水五百，陸同。去京都水二千，陸一千四百。宋末又
僑立於淮陰。

[1]東平：郡名。治無鹽縣，今山東東平縣東。
[2]漢景帝分梁爲濟東國，宣帝更名：此似依據《續漢書·郡
國志三》“兗州東平國”條：“故梁，景帝分爲濟東國，宣帝改。”
按《漢書·地理志下》東平國所述，較之《續漢書·郡國志三》
更詳：“故梁國，景帝中六年別爲濟東國，武帝元鼎元年爲大河郡，
宣帝甘露二年爲東平國。”本書《州郡志》叙述沿革而類此不完整
者甚多，不一一出注。

無鹽令，[1]漢舊縣。
平陸令，[2]漢舊縣。[3]
須昌令，[4]前漢屬東郡，後漢、《晋太康地志》
屬東平。
壽昌令，[5]春秋時曰良，前漢曰壽良，屬東郡，
光武改曰壽張，屬東平。
范令，[6]漢舊縣。四縣並治郡下。[7]

[1]無鹽：縣名。治今山東東平縣東。
[2]平陸：縣名。僑今山東東平縣東。
[3]漢舊縣：《漢書·地理志下》東平國、《續漢書·郡國志

三》兗州東平國、《晋書・地理志上》兗州東平國並作"東平陸"。此平陸縣，本治今山東汶上縣西北。

[4]須昌：縣名。本治今山東東平縣西北，僑今山東東平縣東。

[5]壽昌：縣名。本治今山東東平縣西南，僑今山東東平縣東。

[6]范：縣名。本治今山東梁山縣西北，僑今山東東平縣東。

[7]四縣並治郡下：平陸、須昌、壽昌、范"四縣並治郡下"，是爲實郡領僑縣。又胡阿祥《晋宋時期山東僑州郡縣考述》（《中國歷史地理論叢》1989年第3期）略云：宋大明時，平陸、須昌、壽昌、范四縣並未淪没，蓋因臨近宋魏邊界，縣民多有逃奔，致故縣丘墟，遂僑置耳。

陽平太守，[1]魏分魏郡立。文帝元嘉中，流寓來屬，後省，孝武大明元年復立。領縣五。户二千八百五十七，口一萬一千二百七十一。

[1]陽平：郡名。僑今山東東平縣東。

館陶令，[1]漢舊名。寄治無鹽。

樂平令，魏立，屬陽平。後漢東郡有樂平，非也。[2]寄治下平陸。[3]

元城令，[4]漢舊。[5]寄治無鹽。

平原令，[6]别見。孝武大明中立。

頓丘令，[7]别見。孝武大明中立。

[1]館陶：縣名。僑今山東東平縣東。

[2]"樂平令"至"非也"：樂平，縣名。僑今山東汶上縣西北。又核諸形勢，後漢東郡樂平即魏晋陽平郡樂平，治今山東聊城

市西。

[3]寄治下平陸：楊守敬《補校宋書州郡志札記》云："按漢之平陸，屬西河，故此平陸稱東平陸，魏晉廢西河之平陸，故此去東字。此稱下平陸即東平之平陸也，但東平之平陸已寄治無鹽，何樂平又云寄治下平陸也？疑有訛。"

[4]元城：縣名。僑今山東東平縣東。

[5]漢舊：成孺《宋州郡志校勘記》云："舊下脫'名'字，當據館陶例補。"

[6]平原：縣名。僑今山東汶上縣西南。

[7]頓丘：縣名。僑今山東兖州市西北。

濟北太守，[1]漢和帝永元二年，分泰山立。《永初郡國》有臨邑、二漢屬東郡，《晉太康地志》屬濟北。東阿二漢屬東郡，晉無。[2]二縣，孝武大明元年省，應在何志而無，未詳。領縣三。[3]戶三千一百五十八，口一萬七千三。去州陸七百。去京都水二千，陸一千五百。宋末又僑立於淮陽。

[1]濟北：郡名。治蛇丘縣，今山東肥城市東南。

[2]晉無：《晉書·地理志上》兖州濟北國有東阿縣。

[3]領縣三：按本書《州郡志二》"青州刺史太原太守山茌令"條："孝武孝建元年，度濟北。"是則除以下所領三縣外，當大明八年（464）時，濟北郡還應領有山茌縣。

蛇丘令，[1]前漢屬泰山，後漢、《晉太康地志》屬濟北。

盧令，[2]前漢屬泰山，後漢、《晉太康地志》屬濟北。

穀城令,^[3]前漢無,後漢屬東郡,《晋太康地志》屬濟北。

[1]蛇丘：縣名。治今山東肥城市東南。
[2]盧：縣名。治今山東濟南市長清區西南。
[3]穀城：縣名。治今山東平陰縣西南。

宋書　卷三六

志第二十六

州郡二

南豫州　豫州　江州　青州　冀州　司州

南豫州刺史，[1]晋江左胡寇强盛，豫部殲覆，元帝永昌元年，刺史祖約始自譙城退還壽春。成帝咸和四年，僑立豫州，庾亮爲刺史，治蕪湖。咸康四年，毛寶爲刺史，治邾城。六年，荆州刺史庾翼鎮武昌，領豫州。八年，庾懌爲刺史，又鎮蕪湖。穆帝永和元年，刺史趙胤鎮牛渚。二年，刺史謝尚鎮蕪湖；四年，進壽春；[2]九年，尚又鎮歷陽；十一年，進馬頭。升平元年，刺史謝奕戍譙。哀帝隆和元年，刺史袁真自譙退守壽春。簡文咸安元年，刺〔史桓熙戍歷陽。孝武寧康元年，刺〕史桓沖戍姑孰。[3]太元十年，刺史朱序戍馬頭。十二年，刺史桓石虔戍歷陽。安帝義熙二年，刺史劉毅戍姑孰。宋武帝欲開拓河南，綏定豫土，[4]九年，割揚州大江以西、大雷以北，[5]悉屬豫州，豫基址因此而立。

十三年，刺史劉義慶鎮壽陽。[6]永初三年，[7]分淮東爲南豫州，治歷陽；淮西爲豫州。[8]文帝元嘉七年〔合二豫州爲一，十六年又分，二十二年又合，孝武大明三年〕又分。[9]五年，割揚州之淮南、宣城又屬焉。徙治姑孰。明帝泰始二年又合，而以淮南、宣城還揚州。九月又分，還治歷陽。三年五月，又合。四年，以揚州之淮南、宣城爲南豫州，治宣城，[10]五年罷。時自淮以西，悉没寇矣。七年，復分歷陽、淮陰、南譙、南兗州之臨江立南豫州。[11]泰豫元年，以南汝陰度屬豫州，豫州之廬江度屬南豫州。按淮東自永初至于大明，便爲南豫，雖乍有離合，而分立居多。爰自泰始甫失淮西，復於淮東分立兩豫。[12]今南豫以淮東爲境，不復於此更列二州，覽者按此以淮東爲境，推尋便自得泰始兩豫分域也。[13]徐志領郡十三，縣六十一。户三萬七千六百二，口二十一萬九千五百。今領郡十九，[14]縣九十一。去京都水一百六十。

[1]南豫州：治歷陽縣，今安徽和縣。

[2]四年，進壽春：“進壽春”當在永和五年（349），考《晋書》卷八《穆帝紀》，永和五年六月，“石遵揚州刺史王浹以壽陽來降”，又《南齊書·州郡志上》“豫州”條：“穆帝永和五年，胡偪揚州刺史王浹以壽春降。”是永和四年時，豫州刺史尚未進治壽春。

[3]“簡文咸安元年”至“史桓沖戍姑孰”：中華本校勘記云：“各本並脱‘史桓熙戍歷陽孝武寧康元年刺’十三字，據《通鑑》宋大明五年胡三省注引補。按桓沖爲揚州刺史，督揚、豫、江三州諸軍事，鎮姑孰，在寧康元年七月，見《晋書·孝武帝紀》。”今從。

[4]綏定豫土：中華本校勘記云：“‘豫’字上各本並有‘南’

字。《通鑑》宋永初三年胡注無‘南’字，今據刪。孫彪《宋書考論》亦云：‘南字當衍。’”

[5]大雷：地名。在今安徽望江縣，當江防要地，爲東晉南朝軍事重鎮。

[6]十三年，刺史劉義慶鎮壽陽：丁福林《校議》云：“本書《宗室·臨川烈武王道規傳附義慶傳》云：‘義熙十二年，從伐長安，還拜輔國將軍、北青州刺史，未之任，徙督豫州諸軍事、豫州刺史。’今據本書《武帝紀》：‘（義熙十三年）閏月，公自洛入河，開汴渠以歸。十四年正月壬戌，公至彭城，解嚴息甲。’則義熙十三年時義慶尚未歸，即是年其必不能爲豫州刺史而鎮壽陽。萬斯同《東晉方鎮年表》劉義慶刺豫州自義熙十四年正月始，疑是。此‘十三’，恐是‘十四’之訛。”

[7]永初三年，分淮東爲南豫州：“三年”各本並作“二年”，成孺《宋州郡志校勘記》：“《武帝紀》，永初三年二月丁丑，詔淮南諸郡可立爲豫州，自淮以東爲南豫州。此作‘二年’，誤。”今據此改正。

[8]淮西爲豫州：錢大昕《考異》卷二三《宋書·州郡志二》云：“此下當有‘治壽陽’三字。”

[9]“文帝元嘉七年”至“又分”：各本並脱“合二豫州爲一”至“孝武大明三年”凡二十三字。《考異·宋書·州郡志二》云：“此條當有脱文。以本紀及《南平王鑠傳》考之，文帝元嘉七年，罷南豫州併豫州。十六年，復分豫州之淮南爲南豫州。二十二年，罷南豫州併壽陽。孝武大明三年，分淮南、北復置二豫州。五年，移南豫州治淮南于湖縣。于湖即姑孰也。當云：‘文帝元嘉七年，合二豫州爲一，十六年又分，二十二年又合，孝武大明三年又分。’”中華本即據錢氏《考異》補。今從之。

[10]“四年”至“治宣城”：《考異·宋書·州郡志二》云：“案：《帝紀》泰始五年，分豫州、揚州立南豫州。蓋分豫州之歷陽，揚州之淮南、宣城也。事見《廬江王褘傳》。志失書歷陽郡，又誤以

爲四年事。"按:《南齊書·州郡志上》"南豫州"條:"泰始二年治歷陽,三年治宣城。"本志治宣城則在泰始四年(468)。考本書卷八《明帝紀》及卷七九《廬江王褘傳》,治宣城事在泰始五年。

[11]"七年"至"南兗州之臨江立南豫州":《考異·宋書·州郡志二》:"案:《本紀》孝武大明七年,割歷陽、秦郡置臨江郡。以歷陽之烏江、秦郡之懷德二縣置。前廢帝永光元年,罷臨江郡。此後未見復置之文。"孫彪《考論》卷二:"南豫州云,泰始七年,分南兗州之臨江郡立南豫州,則臨江省後復置。"又云:"按各州無淮陰郡,疑即南汝陰脱誤,若淮陰則祗縣名,其地在今淮安清河境,亦不如南汝陰在廬州合肥爲合。又案《南齊志》南豫州有臨江郡,云建元二年罷,則宋末南豫有臨江。"按:據志下文"泰豫元年,以南汝陰度屬豫州",則孫説疑是,即"淮陰"爲"南汝陰"脱誤。

[12]爰自泰始甫失淮西,復於淮東分立兩豫:隋唐以前,中原地區與長江下游之間的交通一般都在今安徽壽縣附近渡淮,此段淮水的流向係自南而北,因習稱今安徽淮河南岸一帶爲淮東,今皖北豫東淮河北岸一帶爲淮西。

[13]兩豫分域:兩豫即豫州、南豫州,其分合置廢頗爲複雜。據《晋書·地理志上》豫州,本書《州郡志》南豫州刺史、豫州刺史,《南齊書·州郡志上》豫州、南豫州,《考異》卷一九《晋書·地理志上》、卷二三《宋書·州郡志二》、《隋書·地理志下》宣城郡等考之:永嘉之亂,豫州淪没石氏。元帝永昌元年(322),刺史祖約始自譙城退屯壽春;成帝咸和四年(329),祖約以城降後趙石勒,乃僑立豫州於江淮之間,庾亮爲刺史,治蕪湖;庾亮經略中原,咸康四年(338)以毛寶爲刺史,治邾城,爲後趙所覆;六年,乃以荆州刺史庾翼鎮武昌,領豫州;八年,庾懌爲刺史,又鎮蕪湖;穆帝永和元年(345),刺史趙胤治牛渚,二年刺史謝尚鎮蕪湖;永和五年,後趙揚州刺史王浹以壽春降,而刺史進壽春,此後又或鎮歷陽,進馬頭及譙,不復歸舊鎮也。哀帝隆和元年(362),

刺史袁真自譙退還壽春；真爲桓溫所滅，溫以子熙爲刺史，簡文帝咸安元年（371），戍歷陽；孝武寧康元年（373），刺史桓沖移姑熟；太元十年（375），刺史朱序戍馬頭；十二年，刺史桓石虔還歷陽；安帝義熙二年（406），刺史劉毅復鎮姑熟。及劉裕欲開拓河南，綏定豫土，乃於義熙九年，割揚州大江以西、大雷以北，悉屬豫州，豫州基址因此而立。義熙十四年，刺史劉義慶鎮壽陽，後常爲州治，而遙領淮北諸實郡。據此，東晉豫州先僑治蕪湖，後移姑熟，進主壽春，退主歷陽，晉末割成實土，常治壽春，其大致也。宋時，豫州僑州分爲豫州與南豫州。永初三年（422），分淮東爲南豫州，治歷陽；淮西諸郡立爲豫州，治壽陽。元嘉七年（430）罷南豫州併豫州，十六年復分豫州之淮南爲南豫州，二十二年復以南豫州併豫州，大明三年（459）再分淮南、北置二豫州。大明五年，又割揚州之淮南、宣城屬南豫州，州徙治姑熟；泰始二年（466）又合二豫州爲一，而以淮南、宣城還揚州；九月又分，南豫還治歷陽；三年五月又合；五年又分豫州之歷陽、揚州之淮南、宣城立南豫州，治宣城，是年又罷。時自淮以西，悉沒北魏。泰始七年，乃分歷陽、南汝陰、南譙、南兗州之臨江郡立南豫州。泰豫元年（472），又以南汝陰郡度屬豫州，而以豫州之廬江郡度屬南豫州，南豫州又有宣城、淮南二郡地。據此，宋豫州僑置，自永初至於大明，南豫州與豫州乍分乍合，而以分立居多；其豫州治壽陽，即南豫州南梁郡睢陽，而所領郡縣在淮西（北）；其南豫州治歷陽，移治姑熟，還治歷陽，又移治宣城，領淮東（南）及江南部分郡縣。爰自泰始甫失淮西，復於淮東（南）分立二豫州，豫州治壽陽，南豫州治宣城，還歷陽。

[14]今領郡十九：中華本校勘記云："各本並脱'十'字。據《通鑑》宋永初三年胡三省注補。"孫彪《考論》卷二："當作十九。"按：此"今"非指大明八年，而是略以泰始末年爲斷，是本書《州郡志》爲例不純又一證。所領十九郡，爲泰始末年南豫州、豫州計領郡十九。

歷陽太守，[1]晋惠帝永興元年，分淮南立，屬揚州，安帝割屬豫州。《永初郡國》唯有歷陽、烏江、龍亢三縣，何、徐又有酇、雍丘二縣。[2]今領縣五。戶三千一百五十六，口一萬九千四百七十。

[1]歷陽：郡名。治歷陽縣，今安徽和縣。
[2]何、徐：指何承天、徐爰，二人均著過《宋書》。

歷陽令，[1]漢舊縣，屬九江。

烏江令，[2]二漢無，《晋書》有烏江，《太康地志》屬淮南。

龍亢令，[3]漢舊名，屬沛郡，《晋太康地志》屬譙。江左流寓立。

雍丘令，[4]漢舊名，屬陳留。流寓立，先屬秦郡，[5]文帝元嘉八年度。

酇令，[6]漢屬沛，《晋太康地志》屬譙。流寓立，文帝元嘉八年度。[7]

[1]歷陽：縣名。治今安徽和縣。
[2]烏江：縣名。治今安徽和縣東北烏江鎮。
[3]龍亢：縣名。治今安徽含山縣東南。
[4]雍丘：縣名。治今安徽和縣西南。
[5]先屬秦郡：中華本校勘記云：“‘秦郡’各本並作‘泰山郡’。孫彪《宋書考論》云：‘泰山二字係秦字之訛。雍丘見南兗州秦郡。’按孫説是，今改正。”
[6]酇：縣名。治今安徽全椒縣西南。

[7]文帝元嘉八年度：《考論》卷二："鄲於後廢帝時度新昌，《志》兩列。"按："鄲令"又見本書《州郡志一》"徐州刺史新昌太守鄲令"條。

南譙太守，[1]譙郡別見。晋孝武太元中，於淮南僑立郡縣，後割地成實土。[2]《太康地志》《永初郡國》又有鄲縣，[3]何、徐無。今領縣六。户四千四百三十二，口二萬二千三百五十八。去州水五百四十，陸一百七十。去京都水七百，陸五百。

[1]南譙：郡名。治山桑縣，所在今安徽巢湖市居巢區東南。

[2]"晋孝武太元中"至"後割地成實土"：《南齊書·州郡志上》"豫州"條云："孝武寧康元年，桓沖移姑熟，以邊寇未静，分割譙、梁二郡見民，置之浣川，立爲南譙、梁郡。"參證以本志此條，則南譙郡立於浣川時，無實土，後割地成實土。其地據《水經注》卷二九《沔水》"又東北出居巢縣南"條：柵水"導巢湖，東逕烏上城北，又東逕南譙僑郡城南，又東絶塘"，則當在安徽巢湖市東南。又胡阿祥《〈南齊書·州郡志〉札記》（《歷史地理》第十輯，上海人民出版社 1992 年版）"東晋僑郡有'以南爲號'者"條云："錢大昕曾反復指出'東晋之世，僑立州郡無南字，斷可識矣''至永初受禪後，始詔去北加南''而千二百年來，曾無一人悟其失者，甚矣史學之不講也''至僕始悟其失'。按錢氏此説，頗有發現，其立説當據本書《武帝紀》永初元年詔，今人多從之。但錢説並非定論。《南齊志》豫州條載：'孝武寧康元年（373），桓沖移姑熟，以邊寇未静，分割譙、梁二郡見民，置之浣川，立爲南譙、梁郡。'考本書《州郡志》，南譙、南梁二郡乃晋孝武太元中僑立於淮南。據知太元年間，僑郡已有加'南'字者。本書《武帝紀》永初元年八月辛酉詔'諸舊郡縣以北爲名者，悉除；寓

立於南者，聽以南爲號'，'聽'即'順從''同意'之意，可見此前即東晉年間，僑郡已有個別'以南爲號'者，永初元年詔祇是對現狀的一種認可。洪亮吉也認爲：'宋永初後，僑郡又普加南字耳。南譙、南梁、南汝陰等，則晉太元後已加南字，又非自宋始。'然核諸史傳，'南'字仍多有省稱者。以南梁郡爲例，本書《向靖傳》：義熙'八年，轉游擊將軍，尋督馬頭、淮西諸郡軍事、龍驤將軍、鎮蠻護軍，安豐、汝陰二郡太守、梁國内史，戍壽陽'；又本書《劉粹傳》：永初三年（422），'督豫司雍并四州南豫州之梁郡弋陽馬頭三郡諸軍事、豫州刺史、領梁郡太守，鎮壽陽'。南譙、南汝陰郡亦仿此。"

　　[3]"後割地成實土"至"又有鄼縣"：中華本校勘記云："按各本並作'後割地志咸實土郡國又有鄼縣'，文舛奪不可通。今訂正。鄼縣，《晉太康地志》屬南譙，文帝元嘉八年度屬歷陽，故《太康地志》《永初郡國》南譙郡並有鄼縣。"又孫彪《考論》卷二："'志'字疑誤，應在'郡國'下，謂《永初郡國志》也。"按：上"歷陽太守鄼令"條云"《晉太康地志》屬譙"，如此則中華本校勘記之"鄼縣，《晉太康地志》屬南譙"，當作"鄼縣，《晉太康地志》屬譙（郡）"；又中華本校勘記之"《太康地志》《永初郡國》南譙郡並有鄼縣"，誤，南譙郡爲東晉始置的僑郡，西晉之《太康地志》不可能有南譙郡。再者，"歷陽太守鄼令"條已云"《晉太康地志》屬譙"，此處自不必重複。綜此，中華本校勘記之"訂正"不妥。《考論》大致不錯，祇是本志行文，《永初郡國志》作《永初郡國》。今爲訂正如下："後割地成實土。《永初郡國》又有鄼縣。""流寓立"之鄼縣，元嘉八年（431）始度屬歷陽郡，故代表宋初建制之《永初郡國》南譙郡有鄼縣；各本並作"後割地志咸實土郡國又有鄼縣"者，"志"字衍，"咸"字爲"成"字形近之訛，"郡國"上脱"永初"二字。

山桑令，[1]前漢屬沛，後漢屬汝南，《晋太康地志》屬譙。

譙令，[2]漢屬沛，《晋太康地志》屬譙。

銍令，[3]漢屬沛，《晋太康地志》屬譙。

扶陽令，[4]前漢屬沛，後漢、《晋太康地志》並無。

蘄令。[5]別見。

城父令，[6]前漢屬沛，後漢屬汝南，《晋太康地志》屬譙。

[1]山桑：縣名。治今安徽巢湖市東南。
[2]譙：縣名。確址無考，當在今安徽巢湖市、無爲縣一帶。
[3]銍：縣名。確址無考，當在今安徽巢湖市、無爲縣一帶。
[4]扶陽：縣名。治今安徽無爲縣西北。
[5]蘄：縣名。治今安徽巢湖市。
[6]城父：縣名。確址無考，當在今安徽巢湖市、無爲縣一帶。

廬江太守，[1]漢文帝十六年，[2]分淮南國立。光武建武十三年，又省六安國以併焉。領縣三。户一千九百九，口一萬一千九百九十七。去州水二千七百二十，陸四百七十。去京都水一千一百，陸六百三十一。

[1]廬江：郡名。治灊縣，今安徽霍山縣東北。
[2]漢文帝十六年：成孺《宋州郡志校勘記》：“《漢志》廬江郡，故淮南，文帝十六年別爲國。此誤脱‘十’字。”中華本校勘記云：“各本並脱‘十’字，據《漢書·地理志》補。”

灊令，[1]漢舊縣。

舒令，[2]漢舊縣。

始新令，[3]《永初郡國》、何並無，徐有始新左縣，明帝泰始三年立。[4]

[1]灊：縣名。治今安徽霍山縣東北。

[2]舒：縣名。治今安徽舒城縣。

[3]始新：縣名。確址無考，當在今安徽霍山縣、舒城縣、廬江縣、桐城市一帶。

[4]徐有始新左縣，明帝泰始三年立：孫虨《考論》卷二："徐志不逮明帝，此沈語也，然亦但除左稱也。"又胡阿祥《南朝寧蠻府、左郡左縣、俚郡僚郡述論》（《歷史地理》第十三輯，上海人民出版社1996年版）謂："始新左縣，置於元嘉二十年後，疑即元嘉二十五年所置。泰始三年改爲始新縣。"按：《南齊書·州郡志上》"南豫州"條：齊永明七年南豫州別駕殷瀰稱廬江，"郡領灊、舒及始新左縣"。則始新縣後來又改爲始新左縣。

南汝陰太守，[1]汝陰郡別見。江左立。領縣五。戶二千七百一，口一萬九千五百八十五。去州陸三百。去京都水一千，陸五百三十。

[1]南汝陰太守：錢大昕《考異》卷二三《宋書·州郡志二》："此汝陰治合肥。《本紀》'泰始七年，妖寇宋逸攻合肥，殺汝陰太守王穆之'是也。"按：汝陰郡在東晉僑置時即作"南汝陰郡"，參見本志"南豫州刺史南譙太守"條注釋。南汝陰，郡名。治汝陰縣，今安徽合肥市西。

汝陰令，[1]別見。所治即二漢、晋合肥縣，後省。

慎令，[2]漢屬汝南，《太康地志》屬汝陰。

宋令。[3]別見。

陽夏令，[4]前漢屬淮陽，後漢屬陳。《晋太康地志》陳令屬梁，無復此縣。又晋地志，惠帝永康中復立。[5]《永初郡國》、何並屬南梁，徐志屬此。

安陽令，[6]別見。《永初郡國》、何並屬南梁，徐屬此。

[1]汝陰：縣名。治今安徽合肥市西。

[2]慎：縣名。治今安徽肥東縣東北梁園鎮。

[3]宋：縣名。確址無考，當在今安徽合肥市一帶。

[4]陽夏：縣名。確址無考，當在今安徽合肥市一帶。

[5]《晋太康地志》陳令屬梁，無復此縣。又晋地志，惠帝永康中復立：《晋書・地理志上》豫州梁國領陽夏縣。方愷《新校晋書地理志》云：《晋書》"《何曾》《謝鯤》《袁悅之》《袁瓌傳》，皆陳國陽夏人。蓋西晋初陽夏屬陳，太康末廢，惠帝復立也"。

[6]安陽：縣名。確址無考，當在今安徽合肥市一帶。

南梁太守，[1]梁郡別見。晋孝武太元中，僑立於淮南，[2]安帝始有淮南故地，屬徐州。武帝永初二年，還南豫，[3]孝武大明六年廢屬西豫，[4]改名淮南，八年復舊。《永初郡國》又有虞、陽夏、安豐三縣，[5]並別見。何、徐無安豐，又有義昌而並無寧陵縣。今領縣九。户六千二百一十二，口四萬二千七百五十四。去州水一千八百，陸五百。去京都水一千七百，陸七百。

[1]南梁：郡名。治睢陽縣，今安徽壽縣。

[2]晋孝武太元中，僑立於淮南：錢大昕《考異》卷二三《宋書·州郡志二》：“此淮南謂壽春也。東晋改曰壽陽，避鄭太后諱。《向靖傳》：‘義熙八年，督馬頭淮西諸軍事、龍驤將軍、安豐汝陰二郡太守、梁國内史，戍壽陽。’《劉粹傳》：‘永初三年，督豫司雍并四州南豫州之梁郡弋陽馬頭三郡諸軍事、豫州刺史、領梁郡太守，鎮壽陽。’此梁郡僑立壽陽之證也。壽春本漢舊縣，自太元移梁郡於此，並立睢陽縣爲治所，而壽春遂不爲縣名矣。”又洪亮吉《卷施閣文甲集》卷一〇《與錢少詹論地理書二》略云：晋末淮南、南梁二太守並立，兼有壽陽縣；杜佑、李吉甫等云東晋時以鄭太后諱改壽春爲壽陽，倘竟省壽春，則無容改矣；又淮南、南梁二郡之合實在宋永初以後，於晋無預也。又錢大昕《潛研堂文集》卷三五《答洪稚存書》略云：檢本書卷四七《劉敬宣傳》，義熙五年（409）出督淮西，其結銜云“淮南安豐二郡太守、梁國内史”，則其時尚有淮南郡，有郡則必有所領之縣；至謂二郡之合在宋永初以後，則恐未然。考義熙八年土斷揚、豫，是年向靖戍壽陽，傳稱“安豐、汝陰二郡太守，梁國内史”，不云淮南太守，是淮南已併入梁郡，不待永初也，蓋其時割丹陽之于湖縣爲淮南郡境（志稱晋末，即義熙八年也），因割壽陽縣爲梁郡實土，而淮南郡移於江南，壽陽不復爲縣矣，晋宋時刺史鎮戍之地，若姑孰、懸瓠、碻磝、滑臺之類，皆非縣名，但言鎮壽陽，不足以爲置縣之證。按：《潛研堂文集》卷三五《答洪稚存書》是，即東晋義熙八年前尚有淮南郡、壽陽縣。又《晋書·地理志上》豫州領梁國，東晋僑置時即稱“南梁郡”，而在浣川僑立之初，並無實土，後割地成實土，在今安徽壽縣一帶。參本志“南豫州刺史南譙太守”條注釋。

[3]“安帝始有淮南故地”至“還南豫”：《考異》卷二三

《宋書·州郡志二》："案：太元初，苻堅兵敗，已復淮南，其後仍沒於慕容氏。至安帝義熙中，劉裕平南燕，淮南復入版圖。志云'始有'者，晉自南渡以後，壽陽屢復屢失，至是始爲晉有也。此地本屬揚州，江左嘗以豫州刺史鎮之。義熙中，始改屬徐州。宋初，仍屬豫州，故云'還'。"

[4]西豫：宋、齊時，未置西豫州，然當時本有"西豫州"之稱。"西豫州"即豫州，殆以壽陽故稱"西府"，因以"西豫"呼之，而本書《州郡志》《南齊書·州郡志》不以"西豫州"標目者，以其未著甲令也。參《考異》卷二三《宋書·後廢帝紀》。

[5]《永初郡國》又有虞、陽夏、安豐三縣：中華本校勘記云："孫彪《宋書考論》云：'前南汝陰郡安陽令下云"《永初郡國》、何並屬南梁"，疑虞陽爲安陽之訛。'按南梁郡有虞；南汝陰郡有陽夏，本屬南梁郡。《宋志》不誤。"檢《考論》卷二："按後列縣有虞，不當別言《永初郡國》有，前南汝陰郡安陽縣云，《永初郡國》屬南梁，虞字疑安陽二字之誤。"按：中華本校勘記所引《考論》與原文不符，且理解有誤。據上南汝陰太守陽夏令、安陽令兩條，云"《永初郡國》、何並屬南梁"，則本條志文應有"安陽"，《考論》是，即志文當作"《永初郡國》又有安陽、陽夏、安豐三縣"。

睢陽令，[1]漢舊名。孝武大明六年，改名壽春，八年復舊。[2]前廢帝永光有義寧、寧昌二縣併睢陽。[3]所治即二漢、晉壽春縣，後省。[4]

蒙令。[5]別見。

虞令，漢舊名。[6]

穀熟令，[7]漢舊名。

陳令，[8]前漢屬淮陽，後漢屬陳，《晉太康地志》屬梁。

義寧長，[9]何無，徐有，宋末又立。

新汲令，[10]漢舊名，屬潁川。

崇義令，[11]《永初郡國》羌人始立。

寧陵，[12]別見。徐志後所立。

[1]睢陽：縣名。治今安徽壽縣。

[2]孝武大明六年，改名壽春，八年復舊：壽春，縣名。漢晉舊縣，治所即今安徽壽縣。東晉孝武帝時改爲壽陽縣，安帝義熙中爲睢陽縣所代。宋大明六年（462），睢陽又改名壽春，大明八年再改壽春爲睢陽。參前“南梁太守”條注釋。

[3]前廢帝永光有義寧、寧昌二縣併睢陽：義寧縣見下文云“何無，徐有，宋末又立”。“寧昌”疑爲“義昌”之誤。據上“南梁太守”條，“何、徐……又有義昌而並無寧陵縣”，寧陵縣見下，云“徐志後所立”，唯義昌縣沒有著落，故此前廢帝永光年間併入睢陽縣之寧昌縣，當爲“義昌”之誤，如此志文方合。

[4]所治即二漢、晉壽春縣，後省：“後省”指省壽春入睢陽。按睢陽，舊屬豫州梁國；東晉僑立南梁郡於壽春縣所改之壽陽縣，並置睢陽縣，後乃省壽陽入睢陽。北魏復爲壽春縣。名實之混淆如此。

[5]蒙：縣名。治今安徽壽縣南。

[6]虞：縣名。確址無考，當在今安徽壽縣、淮南市一帶。

[7]穀熟：縣名。確址無考，當在今安徽壽縣、淮南市一帶。

[8]陳：縣名。確址無考，當在今安徽壽縣、淮南市一帶。

[9]義寧：縣名。確址無考，當在今安徽壽縣、淮南市一帶。

[10]新汲：縣名。確址無考，當在今安徽壽縣、淮南市一帶。

[11]崇義：縣名。治今安徽壽縣東南。

[12]寧陵：縣名。確址無考，當在今安徽壽縣、淮南市一帶。

晋熙太守，[1]晋安帝分廬江立。領縣五。戶一千五百二十一，口七千四百九十七。去州陸八百，無水。去京都水一千二百，無陸。

[1]晋熙：郡名。治懷寧縣，今安徽潛山縣。

懷寧令，[1]晋安帝立。

新冶令，[2]晋安帝立。

陰安令，[3]漢舊名，屬魏郡，《晋太康地志》屬頓丘。

南樓煩令，[4]《永初郡國》、何、徐志無。

太湖左縣長，[5]文帝元嘉二十五年，以豫部蠻民立太湖、呂亭二縣，[6]屬晋熙，[7]後省，明帝泰始二年復立。[8]

[1]懷寧：縣名。治今安徽潛山縣。

[2]新冶：縣名。治今安徽望江縣。

[3]陰安：縣名。治今安徽樅陽縣北柳寺村附近。

[4]南樓煩令：孫彪《考論》卷二：“《南齊志》作南樓煩。”中華本校勘記云：“各本並脱‘煩’字，據《南齊書·州郡志》補。按《漢志》《續漢志》雁門郡並有樓煩縣。此蓋渡江後僑置，以別僑立樓煩縣，此又加南字。”按：雁門郡有樓煩縣，東晋、宋時僑於廣陵；此僑縣蓋宋末置，而爲區別於僑立之樓煩縣，故加“南”字。南樓煩，縣名。確址無考，當在今安徽桐城市、潛山縣、望江縣一帶。

[5]太湖左縣：治今安徽太湖縣。

[6]以豫部蠻民立太湖、呂亭二縣：“太湖、呂亭二縣”當作

“太湖、吕亭二左縣”。按：宋齊時代，不僅有左縣，還有左郡。胡阿祥《南朝寧蠻府、左郡左縣、俚郡僚郡述論》略謂：南朝特殊政區有爲蠻民、蠻户所置的左郡左縣。其時蠻族人口衆多，分布廣泛，或地當腹心，或北接敵國，與漢族也多有接觸、交往。爲蠻民、蠻户而立的郡縣稱左郡左縣，關鍵在於蠻忌諱以“蠻”相稱。就現有史料分析，左郡左縣制度創於宋建國初年。宋在蠻族聚居地設置治蠻郡縣，勢必要考慮到蠻族心理而在地名上回避“蠻”字，或不加任何附加詞、直接設置郡縣，或選擇妥當的、能爲蠻人所接受的字，如“左”字加諸政區名稱。這兩種方法，都爲宋王朝所采用。從語義上講，“左”與“蠻”本無瓜葛，但因孔子説過“微管仲，吾其被髮左衽矣”，“左”逐漸衍化爲蠻夷之代稱。宋治蠻郡縣，既然要回避“蠻”字，“左”就成了最好的替代字。作爲特殊政區的左郡左縣，存在於宋齊。宋世，在南豫、江、荆、豫、郢諸州蠻人居住地都設置過左郡左縣，齊世分布範圍還稍有擴大，其分布區實爲南朝内地核心區域。入梁以後，左郡左縣不再見於記載，或廢或改。

[7]屬晉熙：成孺《宋州郡志校勘記》：“‘晉熙’上疑當有‘屬’字。”孫彪《考論》卷二：“‘晉熙’上有‘屬’字。”中華本校勘記云：“各本並脱‘屬’字，據王象之《輿地紀勝》引本書《州郡志》補。”

[8]明帝泰始二年復立：《南朝寧蠻府、左郡左縣、俚郡僚郡述論》謂：宋元嘉二十五年（448），以豫部蠻民立太湖左縣、吕亭左縣，後省。泰始二年（466）復立。太湖左縣治今安徽太湖縣，吕亭左縣治今安徽桐城市東北吕亭鎮。按：綜合考察宋左郡左縣的設置情況，元嘉二十五年以豫部蠻民所立太湖、吕亭二縣，即爲左縣。又泰始二年復立者，不僅太湖左縣，還有吕亭左縣，《南齊書·州郡志上》“南豫州廬江郡”條：“吕亭左縣，建元二年，割晉熙屬。”

弋陽太守，[1]本縣名，屬汝南，魏文帝分立。領縣六。[2]戶三千二百七十五，口二萬四千二百六十二。去州陸一千一百，去京都水闕。

[1]弋陽：郡名。治弋陽縣，今河南潢川縣西。

[2]領縣六：孫彪《考論》卷二："按後祇五縣。"中華本校勘記云："按下祇五縣，疑有訛奪。"按："領縣六"而下祇五縣，所脱一縣爲光城。考本志"南豫州刺史光城左郡太守"條："樂安令。茹由令。光城令。此三縣，徐志屬弋陽。"此弋陽郡領縣中，有樂安、茹由，無光城，當脱。光城，縣名。治今河南光山縣。

期思令，[1]漢舊縣。

弋陽令，[2]漢舊縣。

安豐令，[3]舊郡，晋安帝併爲縣。

樂安令，[4]新立。

茹由令，[5]新立。

[1]期思：縣名。治今河南淮濱縣東南期思鎮。

[2]弋陽：縣名。治今河南潢川縣西北。

[3]安豐：縣名。治今安徽霍邱縣西南。

[4]樂安：縣名。治今河南光山縣西北仙居鄉。

[5]茹由：縣名。治今河南光山縣南。

安豐太守，[1]魏文帝分廬江立。江左僑立，晋安帝省爲縣，屬弋陽，宋末復立。[2]

[1]安豐：郡名。治安豐縣，今安徽霍邱縣西南。

[2]"魏文帝分廬江立"至"宋末復立":"江左僑立"的安豐郡與此安豐郡非一郡。"江左僑立"的安豐郡,本志"江州刺史尋陽太守松滋伯相"條云:"江左流民寓尋陽,僑立安豐、松滋二郡,遙隸揚州,安帝省爲松滋縣。"該安豐僑郡在尋陽界內,東晉安帝義熙土斷時與松滋僑郡一起省爲松滋縣。此安豐郡,三國"魏文帝分廬江立",治安風(今安徽霍邱縣西南);"晉安帝省爲縣,屬弋陽",即上弋陽太守所領安豐令,治今安徽霍邱縣西南;又"宋末復立"的安豐郡,治安豐縣(秦置安豐縣,治今河南固始縣東南,東晉安帝時廢,"宋末復立"的安豐郡所治安豐縣,即弋陽郡所領的安豐縣)。而本志此條將安豐僑郡、安豐實郡並叙一處,容易導致混淆,"江左僑立"四字應刪去,志文當作:"安豐太守,魏文帝分廬江立。晉安帝省爲縣,屬弋陽。宋末復立。"

安豐令,[1]《前漢‧地理志》無,[2]後漢屬廬江。

松滋令。[3]別見。

[1]安豐:縣名。治今安徽霍邱縣西南。

[2]《前漢‧地理志》無:《漢書‧地理志下》六安國有安豐縣,此云《前漢‧地理志》無,誤。

[3]松滋:縣名。治今安徽霍邱縣東。

汝南太守。[1]別見。

[1]汝南:郡名。確址無考,當僑今河南潢川縣及其周邊一帶。

上蔡侯相。[1]別見。

平輿令。^[2]別見。

北新息令。^[3]別見。

真陽令。別見。^[4]

安城令。^[5]別見。

南新息令。^[6]別見。

臨汝令，^[7]漢舊名。^[8]

陽安令。^[9]別見。

西平令。^[10]別見。

瞿陽令。^[11]別見。

安陽令。^[12]別見。

[1]上蔡：國名。確址無考，當僑今河南潢川縣及其周邊一帶。
侯相：本志政區名與長官名同記，所謂長官名，刺史、尹、太守、内史、令、長、相是也。侯相者，侯國行政長官爲相。

[2]平輿：縣名。確址無考，當僑今河南潢川縣及其周邊一帶。

[3]北新息：縣名。確址無考，當僑今河南潢川縣及其周邊一帶。

[4]真陽：縣名。確址無考，當僑今河南潢川縣及其周邊一帶。

[5]安城令：本志"豫州刺史汝南太守"條作"安成令"。安城，縣名。確址無考，當僑今河南潢川縣及其周邊一帶。

[6]南新息：縣名。確址無考，當僑今河南潢川縣及其周邊一帶。

[7]臨汝：縣名。確址無考，當僑今河南潢川縣及其周邊一帶。

[8]漢舊名：不確，當是"新立"。本志"司州刺史南汝南太守"條："臨汝令，新立。"《續漢書·郡國志四》揚州豫章郡領臨汝縣，永元八年（96）置，與此僑汝南郡所領者有別。

[9]陽安：縣名。確址無考，當僑今河南潢川縣及其周邊一帶。

[10]西平：縣名。確址無考，當僑今河南潢川縣及其周邊一帶。

[11]瞿陽：縣名。確址無考，當僑今河南潢川縣及其周邊一帶。中華本校勘記云：“‘瞿陽’《漢書·地理志》《續漢書·郡國志》《水經·灈水注》《晉書·地理志》並作‘灈陽’。”

[12]安陽：縣名。確址無考，當僑今河南潢川縣及其周邊一帶。按：以上汝南僑郡及所領十一僑縣，與本志豫州刺史所領汝南太守比較，少一朗陵，多一臨汝。當泰始失淮北後，汝南郡、縣淪陷，宋政權爲備職方，遂一一僑立於原南豫州境內。考東晉南朝僑州郡縣的設立，情形多種多樣，其中，處僑流而立、備職方而立，是爲兩種主要情形。就備職方而立言，可與疆域盈縮聯繫起來考察。蓋東晉南朝每每淪邦失土，出於正統觀念計，職方不可不備，於是僑設淪陷區域的州郡縣，初不必有僑民。此最典型者，莫過於泰始後豫州郡縣的僑置。據本志，豫州領淮西十郡四十餘縣，泰始中這十郡四十餘縣陷沒北魏，乃僑置於淮南。其僑置情形如下表：

原郡領縣	僑郡領縣
汝南郡，上蔡、平輿、慎陽、北新息、安成、南新息、朗陵、陽安、西平、瞿陽、安陽	汝南郡，上蔡、平輿、真陽、北新息、安城、南新息、臨汝、陽安、西平、瞿陽、安陽
新蔡郡，鮦陽、固始、新蔡、苞信	新蔡郡，鮦陽、固始、新蔡、東苞信、西苞信
譙郡，蒙、蘄、寧陵、襄邑、長垣、魏	譙郡，己吾（餘無考） 魏郡（領縣無考）
梁郡，下邑、碭	梁郡（領縣無考）
陳郡，項城、西華、谷陽、長平	陳郡，項城、西華、谷陽、長平、陽夏
南頓郡，南頓、和城	南頓郡，南頓、和城
潁川郡，邵陵、臨潁、曲陽	潁川郡，邵陵、臨潁、曲陽
汝陽郡，汝陽、武津	汝陽郡，汝陽、武津
汝陰郡，汝陰、宋、宋（安）城、樓煩	西汝陰郡，汝陰、宋、安城、樓煩
陳留郡，浚儀、小黃、白馬、雍丘	陳留郡，浚儀、小黃、白馬、雍丘、襄邑、封丘、尉氏

上表據本志"豫州刺史"條、"南豫州刺史"條以及《南齊書·州郡志上》"北徐州"條等整理。其中，僑郡領縣之陳郡陽夏縣，本志"豫州刺史陳郡太守"條"《永初郡國》有……陽夏"，僑郡領縣之陳留郡襄邑、封丘、尉氏三縣，《晉書·地理志上》兗州陳留國領有襄邑、封丘、尉氏。如此，不僅陷没的豫州淮西十郡悉數予以僑置，即各郡領縣也幾乎全部僑立。這種"一一對應"的僑置郡縣，主要是爲備職方計，固極顯然。如果對照晉、宋、齊三《志》，僑置郡縣類此者還有不少。

　　新蔡太守。[1]别見。

[1]新蔡：郡名。僑今河南固始縣東北。

　　　　鮦陽令。[1]别見。
　　　　固始令。[2]别見。
　　　　新蔡令。[3]别見。
　　　　東苞信令。[4]别見。
　　　　西苞信令，[5]徐志南豫唯一苞信，疑是後僑立所分。

[1]鮦陽：縣名。確址無考，當僑今河南固始縣一帶。
[2]固始：縣名。僑今河南固始縣東北。
[3]新蔡：縣名。確址無考，當僑今河南固始縣一帶。
[4]東苞信：縣名。確址無考，當僑今河南固始縣一帶。
[5]西苞信：縣名。僑今河南商城縣西。

　　陳郡太守，[1]别見。《永初郡國》無莨平、谷陽而有扶溝，別見。[2]何無陽夏、扶溝，徐無陽夏。[3]

[1]陳郡：確址無考，當僑今安徽合肥市及其周邊一帶。"陳郡"各本並作"東郡"。洪頤煊《諸史考異》卷四《陳郡谷陽》："東郡，當依豫州下作陳郡。"楊守敬《校補宋書州郡志札記》："陳誤作東，東郡不在此。"孫彪《考論》卷二："按東郡注'別見'而別無東郡，所領縣與陳郡盡同，蓋'陳'字爛半也。"今據此改正。

[2]谷陽：成孺《宋州郡志校勘記》本"谷陽"作"父陽"，並云："父，毛誤谷，據下文訂正。"又張元濟《校勘記》曰：宋本、三本、北本、汲本作"谷陽"，殿本作"父陽"，"父字疑是"。按：成孺、張元濟皆誤，參下"谷陽令"條注釋。

[3]此陳郡係泰始失淮北後始置僑郡，注"別見"可矣，而歷述《永初郡國》、何、徐領縣云云，則似永初時已有此僑郡縣，非是。本志誤將豫州陳郡太守領縣沿革在此重述，當移置合併於"豫州刺史陳郡太守"條下。

　　項城令。[1]別見。

　　西華令。[2]別見。

　　陽夏令。[3]別見。

　　莀平令。[4]別見。

　　谷陽令。[5]別見。

[1]項城令：楊守敬《校補宋書州郡志札記》："項城令脱城字。"中華本校勘記云："各本並脱'城'字。楊守敬云：'項城令脱城字。'今據補。"按：《南齊書·州郡志上》豫州陳郡領項縣，即此僑縣。又實縣治今河南沈丘縣，見《漢書·地理志》《續漢書

·郡國志》《晋書·地理志》，皆作“項”，則各本作“項令”不誤。項，縣名。確址無考，當僑今安徽合肥市及其周邊一帶。

[2]西華：縣名。確址無考，當僑今安徽合肥市、舒城縣一帶。

[3]陽夏：縣名。確址無考，當僑今安徽合肥市、舒城縣一帶。

[4]葭平：縣名。確址無考，當僑今安徽合肥市、壽縣一帶。

[5]谷陽令：各本並作“父陽令”。洪頤煊《諸史考異》卷四《陳郡谷陽》：“父陽令是谷陽之訛。《寰宇記》，谷陽，蓋谷水之陽，因以爲名。依字當作穀陽。”中華本校勘記引《諸史考異》之説，稱“洪説是，今改正”，並云：“谷陽本漢苦縣，東晉成帝更名谷陽。《水經·陰溝水注》：‘渦水又東北屈至賴鄉西，谷水注之。’又云：‘谷水又東，逕賴鄉城南。’谷陽蓋以谷水之陽名縣。”按：《諸史考異》所謂“依字當作穀陽”，蓋洪氏以爲“谷”字當作“穀”，此恐非是。按：谷水，古書均作“谷”，未見有作“穀”者，縣名亦當與水名相合。谷陽，縣名。確址無考，當僑今安徽合肥市及其周邊一帶。

南頓太守，[1]別見。帖治陳郡。[2]

[1]南頓太守：楊守敬《校補宋書州郡志札記》：“頓誤作潁。”孫彪《考論》卷二：“當爲南頓，別見豫州。”又中華本校勘記云：“‘南頓’各本並作‘南潁’。楊守敬云：‘南頓誤南潁。’楊説是，今改正。按《南齊書·州郡志》，南豫州有南頓郡及西南頓郡。”今據此改正。南頓，郡名。確址無考，當僑今安徽合肥市及其周邊一帶。

[2]帖治陳郡：錢大昕《考異》卷二九《魏書·地形志中》云：“雙頭郡者，兩郡同治，一人帶兩郡守也……《宋志》所謂‘帖治’。”又吳應壽《東晉南朝的雙頭州郡》（《歷史地理研究》第一輯，復旦大學出版社1986年版）略云：本書《州郡志》南豫

州之陳、南頓二郡爲雙頭郡。此雙頭郡當係宋泰始中失豫州淮西地後，以淮北豫州之陳南頓二郡僑置。又胡阿祥《六朝疆域與政區研究》（西安地圖出版社 2001 年版）第八章《東晋南朝雙頭州郡考論》略謂：雙頭州郡是東晋南北朝時代地方行政設置的特殊現象。所謂雙頭郡，即二郡同治一地，設置一名太守，實際上合爲一個行政單位；雖侈稱二郡，其實是一郡。按：本志豫州刺史南頓郡與陳郡去州、去京都水陸道里相同，蓋南頓郡帖治陳郡也。宋泰始失豫州淮西地後，此雙頭郡又僑於淮南，本志"南豫州刺史南頓太守"條："帖治陳郡"，領南頓、和城二縣。

南頓令。[1]別見。
和城令。[2]別見。

[1]南頓：縣名。確址無考，當僑今安徽合肥市及其周邊一帶。
[2]和城：縣名。確址無考，當僑今安徽合肥市及其周邊一帶。

潁川太守。[1]別見。

[1]潁川：郡名。僑今安徽巢湖市東南。

邵陵令。[1]別見。
臨潁令。[2]別見。
曲陽令。[3]別見。

[1]邵陵：縣名。確址無考，當僑今安徽巢湖市、和縣之間。
[2]臨潁：縣名。確址無考，當僑今安徽巢湖市、和縣之間。
[3]曲陽：縣名。確址無考，當僑今安徽巢湖市、和縣之間。

西汝陰太守，[1]《永初郡國》、何、徐並無此郡。

[1]西汝陰：郡名。僑江淮間北部，當在今安徽壽縣一帶。

汝陰令。[1]別見。

安城令。[2]別見。

樓煩令。[3]別見。

宋令。[4]別見。

[1]汝陰：縣名。僑江淮間北部，當在今安徽壽縣一帶。

[2]安城：縣名。僑江淮間北部，當在今安徽壽縣一帶。

[3]樓煩：縣名。僑江淮間北部，當在今安徽壽縣一帶。

[4]宋：縣名。僑江淮間北部，當在今安徽壽縣一帶。

汝陽太守。[1]別見。

[1]汝陽：郡名。僑置今安徽巢湖市、和縣之間。又《南齊書·州郡志上》"南豫州"條云："潁川、汝陽在南譙、歷陽界內……荒殘來久，流民分散在譙、歷二境，多蒙復除，獲有郡名，租輸益微，府州絕無將吏，空受名領，終無實益。"

汝陽令。[1]別見。

武津令。[2]

[1]汝陽：縣名。僑今安徽巢湖市、和縣之間。

〔2〕武津令：本志"豫州刺史汝陽太守武津令"條："何不注置立。"依志前後例，此武津令後當補小注"別見"二字。武津，縣名。僑今安徽巢湖市、和縣之間。

陳留太守，[1]別見。《永初郡國》無浚儀、封丘而有酸棗，何、徐無封丘、尉氏。[2]

〔1〕陳留：郡名。僑今安徽壽縣西南。

〔2〕"《永初郡國》"至"徐無封丘、尉氏"：此陳留郡係泰始失淮北後始置僑郡，注"別見"可矣，《永初郡國》、何、徐領縣云云，當移置合併於"豫州刺史陳留太守"條下。

浚儀令。[1]別見。

小黃令。[2]別見。

雍丘令。[3]別見。

白馬令。[4]別見。

襄邑令。[5]別見。

封丘令，[6]漢舊名。

尉氏令。[7]別見。

〔1〕浚儀：縣名。僑今安徽壽縣西南。
〔2〕小黃：縣名。僑今安徽壽縣西南。
〔3〕雍丘：縣名。僑今安徽壽縣西南。
〔4〕白馬：縣名。確址無考，當僑今安徽壽縣一帶。
〔5〕襄邑：縣名。確址無考，當僑今安徽壽縣一帶。
〔6〕封丘：縣名。確址無考，當僑今安徽壽縣一帶。
〔7〕尉氏：縣名。確址無考，當僑今安徽壽縣一帶。

南陳左郡太守,[1]少帝景平中省此郡,[2]以宋民度屬
南梁、汝陰郡,而《永初郡國》無,未詳。孝建二年以
蠻户復立。分赤官左縣爲蓼城左縣。領縣二。樂疑[3]大
明八年,省郡,即名爲縣,屬陳左縣。[4]

[1]南陳左郡:確址無考,當在今安徽合肥市、壽縣之間。

[2]少帝景平中省此郡:孫虨《考論》卷二:"《南齊書》南汝
陰郡下注云'建元二年罷南陳左郡二縣并',其屬縣又有南陳左縣,
蓋猶大明八年省郡名爲縣也。"又胡阿祥《南朝寧蠻府、左郡左縣、
僚郡僚郡述論》謂:此爲見載左郡中建立時間最早者,估計建立於
宋永初元年(420)八月詔僑郡縣去"北"加"南"稍後,或即
同時。

[3]分赤官左縣爲蓼城左縣。領縣二。樂疑:《考論》卷二:
"'樂'字文義不屬,蓋本列蓼城,爲漢舊名,屬樂安,此脱佚之
厪存者。"王鳴盛《十七史商榷》卷五七《無屬縣之郡》:"《宋志》
有無屬縣之郡,如南豫州之南陳左郡太守是。此等祇可闕疑,不必
致詳。"按:蓼城既爲左縣,則與東漢樂安國之蓼城縣(治今山東
利津縣南)無關,孫虨《考論》臆説耳。又"領縣二",當即赤官
左縣、蓼城左縣。

[4]即名爲縣,屬陳左縣:成孺《宋州郡志校勘記》"屬陳左
縣":"縣,疑作郡。"《考論》卷二:"屬陳左縣語疑有誤。且郡既
省,《志》何以復列?此更可疑也。"中華本校勘記云:"按文字訛
奪不可解。《南齊書·州郡志》豫州南汝陰郡下有南陳左縣。疑此
當作'即名爲南陳左縣,屬南汝陰郡。'"《南朝寧蠻府、左郡左
縣、僚郡僚郡述論》略謂:南陳左郡,宋永初中置,景平中省,以
宋民度屬南梁、南汝陰郡。孝建二年以蠻户復立。領縣二:赤官左
縣、蓼城左縣(分赤官置)。大明八年(464)省郡爲南陳左縣,

屬南汝陰郡。

邊城左郡太守，[1]文帝元嘉二十五年，以豫部蠻民立茹由、樂安、光城、雩婁、史水、開化、邊城七縣，[2]屬弋陽郡。徐志有邊城郡，領雩婁、史水、開化、邊城四縣。[3]大明八年復省爲縣，屬弋陽，後復立。領縣四。戶四百一十七，口二千四百七十九。

[1]邊城左郡：治今河南商城縣東。

[2]“以豫部蠻民立茹由”至“邊城七縣”：各本“雩婁”下並衍“邊城”二字。錢大昕《考異》卷二三《宋書·州郡志二》：“邊城字重出，當去其一。雩婁下邊城兩字當刪。”成孺《宋州郡志校勘記》、中華本校勘記意同。今據此刪“邊城”二字。

[3]“徐志有邊城郡”至“邊城四縣”：“郡”各本並作“兩”，“四”各本並作“兩”。《考異》卷二三《宋書·州郡志二》：“此上下‘兩’字皆誤。詳其文義，謂立邊城郡，領雩婁等四縣也。上‘兩’字疑‘郡’字之訛，下‘兩’字疑‘四’字之訛。”按：本志“豫州刺史”條“徐又有邊城，別見南豫州”云云，謂徐志豫州有邊城郡，本志則屬南豫州，此本不難理解，《考異》是。《宋州郡志校勘記》、中華本校勘記亦意同錢氏。今從錢説改正。

雩婁令，[1]二漢屬廬江，《晋太康地志》云屬安豐。[2]

開化令。[3]

史水令。[4]

邊城令。[5]

[1]零婁：縣名。治今河南固始縣東南。

[2]二漢屬廬江，《晋太康地志》云屬安豐：零婁本楚零婁邑，西漢置縣。東晋廢。宋元嘉二十五年（448）以豫部蠻民復置。

[3]開化：縣名。治今安徽六安市西南。

[4]史水：縣名。治今河南商城縣東北。

[5]邊城：縣名。治今河南固始縣東南。

光城左郡太守，[1]《永初郡國》、何、徐並無。按《起居注》，大明八年，省光城左郡爲縣屬弋陽，[2]疑是大明中分弋陽所立。八年復省，後復立。

[1]光城左郡：治今河南光山縣。

[2]省光城左郡爲縣屬弋陽：各本並脱“屬”字。孫彭《考論》卷二：“弋陽上脱屬字。”中華本校勘記云“孫説是”。今據此補正。

樂安令。[1]

茹由令。[2]

光城令。[3]此三縣，徐志屬弋陽。

[1]樂安：縣名。治今河南光山縣西。

[2]茹由：縣名。治今河南光山縣南。

[3]光城：縣名。治今河南光山縣。

豫州刺史，[1]後漢治譙，魏治汝南安成，晋平吴後治陳國，晋江左所治，已列於前。[2]《永初郡國》、何、徐寄治睢陽，[3]而郡縣在淮西。徐又有邊城，別見南豫州。何又有初安、綏城二郡，初安領新懷、懷德二縣，[4]綏城領安昌、招遠二縣，[5]並云新立。徐無，則是徐志前省也。[6]領郡十，縣四十三。[7]户二萬二千九百一十九，口一十五萬八百三十九。

[1]豫州：僑治睢陽縣，今安徽壽縣。

[2]“後漢治譙”至“已列於前”：後漢至東晉豫州治所，參前“南豫州刺史”條注釋。

[3]睢陽：錢大昕《考異》卷二三《宋書·州郡志二》：“睢陽即壽陽也。晉末，僑立南梁郡於壽陽，并置睢陽縣，後乃省壽陽入睢陽，名實之混淆如此。凡豫州屬郡，言去州水陸若干者，皆據壽陽而言。”

[4]初安領新懷、懷德二縣：各本並脱一“懷”字。孫彪《考論》卷二云：“《魏書·地形志》豫州有初安郡，領新懷、安昌、懷德、昭越四縣，延興二年置，可證‘新’下脱一‘懷’字，而其地亦宋末陷於魏也。”中華本校勘記云“孫説是”。今據此補。按：魏延興二年（472）當宋泰豫元年（472），泰豫前爲泰始。宋泰始中失淮北地。孫説是也。初安，郡名。治新懷，今河南確山縣西北。懷德，縣名。亦治今河南確山縣境。

[5]綏城領安昌、招遠二縣：綏城，郡名。治安昌縣，在今河南確山縣南。招遠，縣名。治今河南確山縣西南。檢《魏書·地形志中》，豫州初安郡領有安昌縣，則綏城郡地亦“宋末陷於魏”。

[6]徐無，則是徐志前省也：徐志訖大明之末，“則是徐志前省也”，謂初安、綏城二郡及所領四縣大明末年前省。而據《魏書·地形志中》，豫州初安郡領有新懷、懷德、安昌縣，則初安、綏城二郡及所領四縣地“宋末陷於魏”後，魏又復置初安郡及新懷、懷德、安昌三縣。

[7]領郡十，縣四十三：數之祇四十二縣。按：本書《州郡志》各州小序下所述州領郡縣數與郡縣實際數每有出入，原因則大多在於時間斷限不嚴及所據材料來源不一兩點上。參本書《州郡志一》"揚州刺史"條有關户口數字之注釋。

　　汝南太守，[1]漢高帝立。領縣十一。户一萬一千二百九十一，口八萬九千三百四十九。去州水一千，陸七百。去京都水三千，陸一千五百。

　　[1]汝南：郡名。治懸瓠城，今河南汝南縣。又周一良《札記》之《州郡志諸問題》："卷三六《州郡志二》汝南太守，據卷七二《南平王鑠傳》，元嘉廿六年索虜'圍汝南懸瓠城，行汝南太守陳憲保城自固'，知汝南治在懸瓠城。卷七四《臧質傳》稱汝南戍主陳憲固守，蓋憲以左軍行參軍行汝南太守，兼懸瓠戍主。《臧質傳》之逕稱汝南戍主，汝南實非戍名，乃省文也。北魏鎮戍之名多見史傳，南朝亦有戍，而史籍記載甚少。"

　　　上蔡令，[1]漢舊縣。
　　　平樂令，漢舊縣。[2]
　　　北新息令，漢舊縣。[3]
　　　慎陽令，[4]漢舊縣。　《永初郡國》及徐並作真陽。[5]
　　　安成令，漢舊縣。[6]
　　　南新息令，漢舊縣。[7]
　　　朗陵令，[8]漢舊縣。
　　　陽安令，[9]漢舊縣。
　　　西平令，[10]漢舊縣。

瞿陽令，[11]漢舊縣作濯陽。[12]

安陽令，[13]漢舊縣。晉武太康元年，改爲南安陽。

[1]上蔡：縣名。治今河南上蔡縣西南。

[2]平樂令，漢舊縣：成孺《宋州郡志校勘記》："《漢志》山陽郡平樂侯國，武都郡平樂道，兩平樂並與此平樂別，不得言漢舊縣也。平樂疑是平輿之誤。"孫彪《考論》卷二："樂當爲輿。"按：《漢書·地理志上》汝南郡、《續漢書·郡國志二》豫州汝南郡並領平輿，本志"南豫州刺史汝南太守平輿令""司州刺史南汝南太守平輿令"條並作"別見"，則成孺、孫彪之説是。平輿縣，治今河南平輿縣北。

[3]北新息令，漢舊縣：《漢書·地理志上》汝南郡、《續漢書·郡國志二》豫州汝南郡、《晉書·地理志上》豫州汝南郡並領新息。宋分置爲南、北新息縣。此統言"漢舊縣"，不確。北新息，縣名。治今河南息縣東。

[4]慎陽：縣名。治今河南正陽縣北。

[5]《永初郡國》及徐並作真陽：《漢書·地理志上》汝南郡、《續漢書·郡國志二》豫州汝南郡、《晉書·地理志上》豫州汝南郡並領慎陽，《漢書·地理志上》汝南郡領慎陽，顏師古注："應劭曰：'慎水出東北，入淮。'師古曰：'慎字本作滇，音真，後誤爲慎耳。今猶有真丘、真陽縣，字並單作真，知其音不改也。闞駰云永平五年失印更刻，遂誤以'水'爲'心'。'"

[6]安成令，漢舊縣：《漢書·地理志上》汝南郡、《晉書·地理志上》豫州汝南郡作"安成"，《續漢書·郡國志二》豫州汝南郡作"安城"。又本志"南豫州刺史汝南太守""司州刺史南汝南太守安城令"條並作"別見"。安成，縣名。治今河南汝南縣東南。

[7]南新息令，漢舊縣：參上"北新息令"條注釋。南新息，

縣名。治今河南息縣。

　[8]朗陵：縣名。治今河南確山縣西南。

　[9]陽安：縣名。治今河南確山縣東北。

　[10]西平：縣名。治今河南西平縣西。

　[11]瞿陽：縣名。治今河南遂平縣東。

　[12]漢舊縣作濯陽：張元濟《校勘記》曰：“濯陽”，宋本、三本作“濯陽”，殿本、北本、汲本作“瞿陽”，“濯字誤，見《晉·地理志》上”。按：《漢書·地理志上》汝南郡、《續漢書·郡國志二》豫州汝南郡、《晉書·地理志上》豫州汝南郡並作濯陽。張元濟所謂“濯字誤”者，恐誤。

　[13]安陽：縣名。治今河南正陽縣西南。

　　新蔡太守，[1]晉惠帝分汝陰立，今帖治汝南。[2]領縣四。戶二千七百七十四，口一萬九千八百八十。去州陸六百。去京都水二千五百，陸一千四百。

　[1]新蔡：郡名。帖治汝南郡，治懸瓠城，今河南汝南縣。

　[2]今帖治汝南：吳應壽《東晉南朝的雙頭州郡》略云：根據有關紀、傳記載，此帖治之郡確係兩郡同治，一人帶兩郡太守。如《宋書·殷琰傳》《宗越傳》等傳中所載之汝南新蔡二郡可證。其中《殷琰傳》云：泰始元年（465），“汝南新蔡二郡太守周矜起義於懸瓠”。懸瓠城即汝南郡治，新蔡帖治汝南。此汝南、新蔡二郡乃實土郡帖治實土郡。兩實土郡同治，主要由於戰守需要，故置於邊地衝要形勝之地，此新蔡郡帖治汝南郡上蔡縣，而上蔡縣治於歷史上有名的懸瓠城（今河南汝南縣），其地控帶潁洛，當時視爲淮泗遮蔽。又雙頭郡既爲兩郡同治，則兩郡去州與去京都水陸道里應該相同，但本書《州郡志》所載則多仍按未帖治前原郡去州與去京都水陸道里記載，故不相同，如豫州之汝南、新蔡二郡即是。又胡

阿祥《東晉南朝雙頭州郡考論》（《中國歷史地理論叢》1989 年第
2 期）略謂：新蔡郡帖治汝南，爲汝南、新蔡二郡，即雙頭郡。今
《宋志》於新蔡、汝南二郡下分載合爲雙頭郡之前的領縣情況，頗
不規範，易致誤解。汝南所領十一縣，與新蔡所領四縣，合十五
縣，實均隸於汝南、新蔡雙頭郡，不分彼此。按：新蔡郡本治新蔡
縣，今河南新蔡縣。又有關帖治與雙頭郡問題的討論，詳本志“南
豫州刺史南頓太守”條注釋。

　　　　鮦陽令，[1]漢舊縣。晋成帝咸康二年，省併新
蔡，後又立。
　　　　固始令，[2]故名寢丘之地也。漢光武更名。[3]晋
成帝咸康二年，併新蔡，後又立。
　　　　新蔡令，[4]漢舊縣。
　　　　苞信令，[5]前漢無，後漢屬汝南，《晋太康地
志》屬汝陰。後漢《郡國》《晋太康地志》並作
“襃”。

　　[1]鮦陽：縣名。治今安徽臨泉縣西鮦城鎮。
　　[2]固始：縣名。治今安徽臨泉縣。
　　[3]故名寢丘之地也。漢光武更名：《漢書·地理志上》汝南
郡領鮦縣，顔師古注引應劭曰：“孫叔敖子所邑之寢丘是也。世祖
更名固始。”又《續漢書·郡國志二》豫州汝南郡領固始，“侯國。
故寢也，光武中興更名。有寢丘”，劉昭注云：“《史記》曰楚莊王
封孫叔敖子，又蒙恬破楚軍。”又《晋書·地理志上》豫州汝陰郡
領固始縣。
　　[4]新蔡：縣名。治今河南新蔡縣。
　　[5]苞信：縣名。治今河南息縣東北包信鎮。

譙郡太守，[1]何志故屬沛，魏明帝分立。按王粲詩：
“既入譙郡界，[2]曠然消人憂。”粲是建安中亡，非明帝
時立明矣。[3]《永初郡國》無長垣縣。今領縣六。戶一
千四百二十四，口七千四百四。去州陸道三百五十。[4]
去京都水二千，陸一千二百。

[1]譙郡：治蒙縣，今安徽蒙城縣西北。

[2]既入譙郡界：成孺、孫彰所見本“既入譙郡”下有小注云
“舊作鄰”，成孺《宋州郡志校勘記》云：“毛本誤羼入正文，今訂
正。”孫彰《考論》卷二：“按《晉志》云‘魏武分沛立譙郡’，小
注三字，殿本無。”又成孺《宋州郡志校勘記》“既入譙郡界”云：
“界，毛誤東，從三本。”又張元濟《校勘記》曰：宋本、三本
“鄰”，殿本、北本作“郡”，汲本作“郡舊作鄰”。中華本校勘記
云：“《文選》作‘朝入譙郡界’。”

[3]粲是建安中亡，非明帝時立明矣：王粲生於東漢熹平六年
（177），卒於建安二十二年（217）。又《晉書·地理志上》“豫州”
條：“魏武分沛立譙郡”，則譙郡當是東漢建安中曹操立。

[4]去州陸道三百五十：依志前後例，“道”字衍。

蒙令，漢舊縣，屬沛。[1]

蘄令，[2]漢舊縣，屬沛。

寧陵令，[3]前漢屬陳留，後漢、《晉太康地志》
屬梁。

魏令，[4]故魏郡，流寓配屬。[5]

襄邑令。[6]

長垣令，[7]漢舊縣，屬陳留。《永初郡國》無。
何故屬陳留，徐新配。

　　［1］蒙令，漢舊縣，屬沛：成孺《宋州郡志校勘記》云：“《兩漢志》，蒙並屬梁，因此作沛者，涉左方而誤也。”中華本校勘記據此認爲“‘沛’當作‘梁’”。按：蒙舊縣治今河南商丘市東北，此蒙縣則爲僑縣。考本志云蒙縣“漢舊縣”，但“漢舊縣”並不一定即漢縣故地，如本郡“長垣令，漢舊縣，屬陳留”，宋之長垣即不可能爲漢舊縣原地。又據本志，譙郡治蒙，“去州陸道三百五十”，漢蒙縣去州治（今安徽壽縣）不止三百五十里，如爲僑縣（今安徽蒙城縣西北），則近是。又楊守敬《劉宋州郡圖》、譚其驤《晋永嘉喪亂後之民族遷徙》均認爲蒙縣爲僑縣，《嘉慶重修一統志》潁川府表蒙城縣則有東晋末僑置譙郡，治僑蒙縣。《晋書·地理志》蒙縣亦屬豫州梁國。蒙，縣名。治今安徽蒙城縣西北。

　　［2］蘄：縣名。治今安徽宿州市南蘄縣鎮。

　　［3］寧陵：縣名。治今河南寧陵縣。

　　［4］魏：縣名。確址無考，當治今安徽蒙城縣一帶。

　　［5］故魏郡，流寓配屬：當是先立僑魏郡，後降爲魏縣，屬譙郡。宋泰始中淮北之地没於北魏後，又於淮南僑立魏郡，《南齊書·州郡志》北徐州領有魏郡，永明元年省是也。

　　［6］襄邑令：《漢書·地理志上》陳留郡、《續漢書·郡國志三》兗州陳留郡、《晋書·地理志上》兗州陳留國並領襄邑縣；又本志“南豫州刺史陳留太守襄邑令”條注“別見”。依志前後例，“襄邑令”下當補“漢舊縣，屬陳留”六字。襄邑，縣名。治今河南睢縣。

　　［7］長垣：縣名。治今安徽亳州市東。

　　梁郡太守，[1]秦碭郡，漢高更名。孝武大明元年度徐州，二年還豫。[2]領縣二。户九百六十八，口五千五百。去州陸一百六十。去京都水九百。[3]

　　[1]梁郡：治下邑縣，今安徽碭山縣。

　　[2]孝武大明元年度徐州，二年還豫：孫虨《考論》卷二：
"按《孝武本紀》，是三年度，四年還。"中華本校勘記云："按本
書《孝武紀》：'大明三年春正月丁亥，割豫州梁郡屬徐州。''四
年五月乙酉，以徐州之梁郡還屬豫州。'此疑有誤。"

　　[3]去州陸一百六十。去京都水九百：據錢大昕《考異》卷二
三《宋書·州郡志二》："凡豫州屬郡，言去州水陸若干者，皆據
壽陽而言。"此梁郡治下邑，而云"去州陸一百六十"，如此之近，
決無可能，疑"一百"前脫"一千"二字，或"一"爲"七"之
訛。又"去京都水九百"，亦與形勢不合，道里偏近。按：本書
《州郡志》水陸道里與實際形勢不合的情形，尚有多例，不一一
辨正。

　　　下邑令，[1]漢舊縣。何云魏立，非也。
　　　碭令，[2]漢舊縣。

　　[1]下邑：縣名。治今安徽碭山縣。
　　[2]碭：縣名。治今河南永城市東北芒山鎮。

　　　陳郡太守，[1]漢高立爲淮陽國，章帝元和三年更
名，[2]晋初併，梁王肜薨，還爲陳。[3]《永初郡國》有
扶溝、前漢屬淮陽，後漢、《晋太康地志》屬陳留。[4]陽夏，別見。
而無谷陽、長平。[5]領縣四。户六百九十三，口四千一
百一十三。去州陸七百六十。去京都水一千四百五十。

　　[1]陳郡：治項城縣，今河南沈丘縣。

　　[2]章帝元和三年更名：成孺《宋州郡志校勘記》：“《續志》作二年，此作‘三’，疑字之誤。”中華本校勘記云：“‘元和三年’《續漢書·郡國志》作‘章和二年’。”按：《漢書·地理志下》淮陽國：“高帝十一年置。”《續漢書·郡國志二》豫州陳國：“高帝置爲淮陽，章和二年改。”又《後漢書》卷四《和帝紀》：章和二年（88）三月，“改淮陽爲陳國”。考漢章帝崩於章和二年二月壬辰，和帝即位於是日，三月“改淮陽爲陳國”。《宋州郡志校勘記》認爲本志“章帝元和三年更名”當作“章帝元和二年更名”，仍誤。

　　[3]梁王肜薨，還爲陳：《晉書》卷三《武帝紀》：泰始元年（265）十二月，封司馬肜爲梁王，司馬斌爲陳王；咸寧三年（277）八月，徙陳王司馬斌爲西河王。陳國當於是時除爲陳郡或省併，《晉書·地理志上》“豫州”條：“及武帝受命……合陳郡于梁國。”又據《晉書》卷三八《梁王肜傳》：“武帝踐阼，封梁王……咸寧中，復以陳國、汝南南頓增封爲次國。”惠帝永康二年或永寧二年司馬肜薨。“還爲陳”者，《晉書·地理志上》“豫州”條：“惠帝……分梁國立陳郡。”

　　[4]“《永初郡國》有扶溝”至“《晉太康地志》屬陳留”：孫彪《考論》卷二：“今《晉志》陳留無扶溝。”按《魏書·地形志中》鄭州許昌郡領扶溝縣，“前漢屬淮陽，後漢、晉屬陳留”，又此云扶溝“《晉太康地志》屬陳留”，則《晉書·地理志上》陳留國缺失扶溝縣。扶溝，縣名。治今河南扶溝縣。

　　[5]而無谷陽、長平：中華本校勘記云：“‘谷陽’各本並訛‘父陽’，今改正。”

　　　項城令，漢舊縣，屬汝南，《晉太康地志》屬陳郡。[1]

　　　西華令，[2]漢舊縣，屬汝南，晉初省，惠帝永康元年復立，屬潁川。江左度此。

谷陽令，[3]本苦縣，前漢屬淮陽，後漢屬陳，[4]《晉太康地志》屬梁，成帝咸康三年更名。

長平令，[5]前漢屬汝南，後漢屬陳，《晉太康地志》屬潁川。

[1]"項城令"至"《晉太康地志》屬陳郡"：孫虨《考論》卷二："按漢、晉皆曰項，齊亦曰項，隋以來始曰項城，此城字疑衍。又晉太康無陳郡，當云屬梁。"按：孫虨《考論》疑是，"城"字衍。參本志"南豫州刺史陳郡太守項城令"條注釋。項，縣名。治今河南沈丘縣。

[2]西華：縣名。治今河南西華縣西南後習陽集附近。

[3]谷陽令：中華本校勘記云："'谷陽'各本並作'父陽'，今改正。"谷陽，縣名。治今河南鹿邑縣東。

[4]本苦縣，前漢屬淮陽，後漢屬陳：各本並脫"屬淮陽後漢"五字。成孺《宋州郡志校勘記》："案《漢志》，苦縣屬淮陽國；《續志》，豫州陳國，高帝置爲淮陽，章帝元和二年改。《宋志》當云前漢屬淮陽，後漢屬陳。今本脫'屬淮陽後漢'五字。"中華本校勘記云"成校是，今補正"。又孫虨《考論》卷二："當云前漢屬淮陽，後漢屬陳，脫五字。"按：《宋州郡志校勘記》"章帝元和二年改"誤，檢《續漢書·郡國志二》"豫州陳國"條作"章和二年改"。

[5]長平：縣名。治今河南西華縣東北董城。

南頓太守，[1]故屬汝南，晉惠帝分立。領縣二。戶五百二十六，口二千三百六十五。去州七百六十。去京都陸一千四百五十。[2]

[1]南頓：郡名。帖治陳郡，今河南沈丘縣。

[2]去州七百六十。去京都陸一千四百五十：此水陸里程當與上述豫州陳郡同。按：本志"豫州刺史陳郡太守"條："去州陸七百六十。去京都水一千四百五十。"陳、南頓二郡爲雙頭郡，則去州與去京都水陸道里應當相同，是南頓太守水陸道里或當作"去州陸七百六十。去京都水一千四百五十"，即"去州"下脱一"陸"字，"去京都"下誤"水"爲"陸"。又關於南頓郡與陳郡的關係，吳應壽《東晉南朝的雙頭州郡》略云：陳南頓二郡，皆實土郡，南頓郡帖治陳郡項城（今河南沈丘縣），項城當南北交通要衝。本志南頓郡下失書"帖治"二字，致後世治歷史地理者，失其所在。楊守敬《劉宋州郡圖》與《南齊州郡圖》中陳郡與南頓郡皆分治：陳郡治項城，南頓郡治南頓（今河南項城市西），皆誤。此二郡爲雙頭郡，其根據有以下三方面。其一，《州郡志》南豫州之陳、南頓二郡，當由此豫州之陳、南頓二郡僑置，"南豫州之南頓郡"條注云"帖治陳郡"。其二，《州郡志》所載陳與南頓兩郡去州與去京都水、陸道里相同，衹有兩郡同治，纔有可能。雙頭郡即爲兩郡同治，則兩郡去州與去京都水陸道里應該相同。其三，本書紀傳如卷五《文帝紀》元嘉二十七年記事、卷八六《劉勔傳》泰始中記事有淮北之陳、南頓二郡，即此豫州之陳、南頓二郡，非南豫州之陳、南頓二郡。

南頓令，[1]漢舊縣，何故屬汝陽，晉武帝改屬汝南。按《晉太康地志》、王隱《地道》無汝陽郡。

和城令，[2]何江左立。

[1]南頓：縣名。治今河南項城市西南南頓鎮附近。

[2]和城：縣名。治今河南項城市北。

潁川太守，[1]秦立。魏分潁川爲襄城郡，[2]晋成帝咸康二年，省襄城還併潁川。《永初郡國》又有許昌、本名許，[3]漢舊縣。魏曰許昌。新汲、別見。鄢陵、長社、潁陰、陽翟四縣並漢舊縣。陽翟，魏、晋屬河南。六縣，而無曲陽。領縣三。户六百四十九，口二千五百七十九。去州一千。去京都陸一千八百。

[1]潁川：郡名。治邵陵縣，今河南漯河市郾城區東。

[2]魏分潁川爲襄城郡：《晋書·地理志上》豫州襄城郡“泰始二年置”，與此異。吳增僅《三國郡縣表附考證》襄城郡條略云：建安元年曹操用棗祗、韓浩議，始興屯田，州郡例置田官。襄城有典農中郎將。咸熙元年罷屯田官，諸典農皆爲太守。其時野王有典農，原武有典農，而據《晋書·宗室傳》，太原王輔魏末爲野王太守，河間王洪仕魏，歷典農中郎將、原武太守。野王、原武，曹魏盛時並無此郡，其爲典農所改無疑，然則襄城亦爲典農所改無疑也，其置郡在魏末。又本書《州郡志一》“揚州刺史淮南太守繁昌令”條：“魏分潁川爲襄城。”

[3]本名許：“名”各本並作“昌”。成孺《宋州郡志校勘記》云：“兩漢潁川郡並有許，無昌許，疑‘昌’爲‘名’字之誤。”中華本校勘記云“成校是”。今據此改正。

邵陵令，[1]漢舊縣，[2]屬汝南，《晋太康地志》屬潁川。

臨潁令，[3]漢舊縣。

曲陽令，[4]前漢屬東海，後漢屬下邳，《晋太康地志》無。

[1]邵陵：縣名。治今河南漯河市郾城區東。

[2]漢舊縣：《漢書·地理志上》汝南郡、《續漢書·郡國志二》豫州汝南郡並作"召陵"，《晋書·地理志上》豫州潁川郡作"邵陵"。

[3]臨潁：縣名。治今河南臨潁縣西北。

[4]曲陽：縣名。當爲宋所置僑縣。泰始失淮北後，又與潁川郡同僑置於淮南，即本志南豫州刺史潁川太守所領曲陽。確址無考，當治今河南漯河市郾城區、臨潁縣一帶。

汝陽太守，[1]《晋太康地志》、王隱《地道》無此郡，應是江左分汝南立。晋成帝咸康三年，省併汝南，後又立。領縣二。户九百四十一，口四千四百九十五。去州二百。去京都陸一千四百，水三千五百。

[1]汝陽：郡名。治汝陽縣，今河南商水縣西北。

汝陽令，[1]漢舊縣，屬汝南。[2]何故屬汝陰，晋武改屬汝南。按晋武分汝南爲汝陰，何所言非也。[3]

武津令，[4]何不注置立。

[1]汝陽：縣名。治今河南商水縣西北。

[2]漢舊縣，屬汝南：《漢書·地理志上》汝南郡作"女陽"，應劭曰："汝水出弘農，入淮。"顏師古曰："女讀曰汝。"《續漢書·郡國志二》豫州汝南郡作汝陽。

[3]"何故屬汝陰"至"何所言非也"："何故屬汝陰"，所言

不誤，魏時本有汝陰郡。詳下“汝陰太守”條注釋。

　　[4]武津：縣名。治今河南上蔡縣東。

　　汝陰太守，^[1]晉武帝分汝南立，^[2]成帝咸康二年，省併新蔡，後復立。領縣四。户二千七百四十九，口一萬四千三百三十五。

　　[1]汝陰：郡名。治汝陰縣，今安徽阜陽市。

　　[2]晉武帝分汝南立：《晉書・地理志上》豫州汝陰郡：“魏置郡，後廢，泰始二年復置。”又本志上“汝陽令”條：“何故屬汝陰，晉武改屬汝南。”又《元和郡縣圖志》卷七“河南道三潁州”條：“魏、晉於此置汝陰郡，司馬宣王使鄧艾於此置屯田……汝陰縣……魏文帝黄初三年屬汝陰郡。”然則魏時有汝陰郡明矣，後廢，晉泰始二年復分汝南郡立。本志蓋誤以復立時爲始置時也。

　　　　汝陰令，^[1]漢舊縣。^[2]
　　　　宋令，^[3]前漢名新郪，章帝建初四年，徙宋公國於此，改曰宋。^[4]
　　　　安城令，漢舊縣。^[5]
　　　　樓煩令，^[6]漢舊縣，屬雁門。流寓配屬。

　　[1]汝陰：縣名。治今安徽阜陽市。

　　[2]漢舊縣：《漢書・地理志上》汝南郡作“女陰”，《續漢書・郡國志二》豫州汝南郡、《晉書・地理志上》豫州汝陰郡並作“汝陰”。

　　[3]宋：縣名。治今安徽太和縣北。

　　[4]“前漢名新郪”至“改曰宋”：此據《續漢書・郡國志二》

"豫州汝南郡"條："宋公國，周名鄩丘，漢改爲新鄩，章帝建初四年徙宋公於此。"又《漢書·地理志上》汝南郡領"新鄩"，應劭曰："秦伐魏，取鄩丘。漢興爲新鄩。章帝封殷後，更名宋。"

[5]安城令，漢舊縣：中華本"安"作"宋"。按：成孺《宋州郡志校勘記》："'安'，毛作'宋'。案兩漢並無宋城縣，班志汝南郡有安成，《續志》作安城。安、宋形既相近，又涉右方宋令而訛。《南齊志》作安城。今據改。本書西汝陰太守領汝陰、安城、樓煩、宋四縣，亦正作安城。"今從。安城，縣名。確址無考，當治今安徽阜陽市一帶。

[6]樓煩：縣名。確址無考，當治今安徽阜陽市一帶。

陳留太守，[1]漢武帝元狩元年立，屬兗州，中原亂廢。晉成帝咸康四年復立，《永初郡國》屬兗州，何、徐屬豫州。《永初郡國》無浚儀，有酸棗。別見。今領縣四。戶百九十六，口二千四百一十三。寄治譙郡長垣縣界。[2]

[1]陳留：郡名。僑置今安徽亳州市東。

[2]寄治譙郡長垣縣界：此陳留郡"寄治譙郡長垣縣界"，爲僑郡，已非漢晉舊郡。按：長垣，《晉書·地理志上》兗州陳留國屬縣，治今河南長垣縣東北。本志"豫州刺史譙郡太守長垣令"條："漢舊縣，屬陳留。《永初郡國》無。何故屬陳留，徐新配。"據知長垣蓋東晉時僑置，先屬僑陳留郡，宋永初以後移屬譙郡。據清人洪亮吉《東晉疆域志》卷四《兗州陳留郡》引《一統志》，長垣廢縣在亳州東；唯《東晉疆域志》此條於僑亳州與僑壽縣之陳留郡（即本志南豫州刺史所領陳留太守）未予分別，誤。

浚儀令，[1]漢舊名。

小黃令，[2] 漢舊名。

白馬令，[3] 漢屬東郡，《晉太康地志》屬濮陽。

雍丘令，[4] 漢舊名。

[1]浚儀：縣名。僑今安徽亳州市東南。

[2]小黃：縣名。僑今安徽亳州市。按錢大昕《地名考異》
“小黃”條：“《魏書·地形志》南兗州陳留郡之小黃縣云：‘劉裕
置，魏因之。有曹騰墓、曹嵩墓、鄧艾祠。’此劉宋僑治之小黃也。
《隋志》：譙縣舊曰小黃，置陳留郡。開皇初郡廢，大業三年改爲
譙縣。”

[3]白馬：縣名。確址無考，當僑今安徽亳州市境。

[4]雍丘：縣名。確址無考，當僑今安徽亳州市境。

江州刺史，[1]晉惠帝元康元年，分揚州之豫章、鄱
陽、廬陵、臨川、南康、建安、晉安，荆州之武昌、桂
陽、安成十郡爲江州。初治豫章，成帝咸康六年，移治
尋陽，[2]庾悦又治豫章，尋還尋陽。[3]領郡九，縣六十
五。[4]户五萬二千三十三，口三十七萬七千一百四十
七。[5]去京都水一千四百。

[1]江州：治柴桑縣，今江西九江市西南。

[2]初治豫章：即初治豫章郡南昌，今江西南昌市。　移治尋
陽：即移治尋陽郡柴桑，今江西九江市西南。

[3]庾悦又治豫章，尋還尋陽：各本並作“庾悦”，中華本改
“庾翼”，中華本校勘記云：“‘庾翼’各本並作‘庾悦’，據《南齊
書·州郡志》改。成孺《宋書州郡志校勘記》云：‘庾悦蓋庾翼之
訛。’”檢《宋州郡志校勘記》：“案《南齊志》江州下云：庾亮領

刺史，表江州宜治尋陽，其後庾翼又還豫章，義熙後還尋陽。'庾悦'蓋庾翼之訛。"按：周一良《札記》之《州郡志諸問題》云："江州下云，'初治豫章，成帝咸康六年移治尋陽，庾翼又治豫章，尋還尋陽'。清成孺《宋州郡志校勘記》謂據《南齊志》庾悦蓋庾翼之誤。標點本《宋書》校勘記從其説。案：悦字不誤。《晋書》八五《劉毅傳》、《宋書》五二《庾悦傳》皆記毅與悦不協，盧循失敗後，劉毅表解江州軍府，移刺史治豫章，自以親將趙恢（《晋書》作恢）領兵守尋陽，可以爲證。《南齊志》之翼乃悦之誤也。唯彼文云，'其後庾翼又還豫章，義熙後還尋陽'。實則庾悦治豫章已是義熙中事，後字當作末爲是。李慈銘論劉毅、庾悦關係，訂正《晋書》奪悦豫章之誤，其説至細密，見同治十三年（1874）十二月十三日《越縵堂日記》。"

[4]領郡九，縣六十五：孫彪《考論》卷二："後列郡有十。"按：據以下志文數之，實領郡十，縣七十。

[5]口三十七萬七千一百四十七：張元濟《校勘記》曰：宋本、三本、北本、汲本"口三十七萬"云云，殿本作"口二十七萬"云云。按：據以下各郡領口統計，爲三十七萬七千餘，是殿本誤"三"爲"二"。

尋陽太守，[1]尋陽本縣名，因水名縣，水南注江。[2]二漢屬廬江，吳立蘄春郡，[3]尋陽縣屬焉。晋武帝太康元年，省蘄春郡，以尋陽屬武昌，改蘄春之安豐爲高陵及邾縣，皆屬武昌。二年，以武昌之尋陽復屬廬江郡。惠帝永興元年，分廬江、武昌立尋陽郡。[4]尋陽縣後省。[5]領縣三。户二千七百二十，口一萬六千八。

[1]尋陽：郡名。治柴桑縣，今江西九江市西南。
[2]尋陽本縣名，因水名縣，水南注江：清人吳卓信《漢書地

理志補注》卷一七"廬江郡尋陽"條云:"本書《州郡志》,尋水入江,因水以爲縣。《廬山記》,尋陽縣在大江北,尋水之陽也。咸和以後始移於江南。"

[3]吳立蘄春郡:東漢建安十三年(208)孫權破黃祖後,分江夏郡立蘄春郡,説詳清人吳增僅《三國郡縣表附考證》。

[4]惠帝永興元年,分廬江、武昌立尋陽郡:《晋書·地理志下》"揚州"條:"永興元年,分廬江之尋陽、武昌之柴桑二縣置尋陽郡,屬江州。"

[5]尋陽縣後省:《晋書·地理志下》"揚州"條:"安帝義熙八年,省尋陽縣入柴桑縣,柴桑仍爲郡。"又尋陽之名與地易致混淆,而清官修《嘉慶重修一統志》"九江府古迹潯陽故城"條所釋頗爲詳盡:"按漢時尋陽縣,本在江北,今湖北黃梅縣界。晋時移郡治柴桑,義熙八年,又省尋陽入之。自是以後,皆以郡治之。柴桑爲尋陽,而江北之尋陽始晦。隋廢柴桑,於溢口故城改置尋陽縣,唐因之,於是又以溢口爲尋陽,而名益淆。溢口在六朝,爲江濱鎮守要地,其地則屬柴桑。柴桑乃尋陽郡治,至隋時始移尋陽之名於溢口。後人多混爲一。"

　　柴桑男相,[1]二漢屬豫章,晋屬武昌。郡既立,治此。[2]

　　彭澤子相,漢、《晋太康地志》屬豫章,立尋陽郡後,割度。[3]

　　松滋伯相,前漢屬廬江,後漢無,《晋太康地志》屬安豐。[4]安豐縣名,前漢無,[5]後漢屬廬江,晋武帝立爲安豐郡。[6]江左流民寓尋陽,僑立安豐、松滋二郡,遙隸揚州,安帝省爲松滋縣。尋陽又有弘農縣流寓。文帝元嘉十八年,省併松滋。[7]

[1]柴桑：國名。治今江西九江市西南。

[2]郡既立，治此：各本並在尋陽郡户口數後。孫彪《考論》卷二：“此舛錯不可曉，今改正，‘郡既立治此’五字當謂柴桑，移入後行。”中華本校勘記云“孫説是，今訂正”。

[3]“彭澤子相”至“割度”：“彭澤子相”四字，各本並脱，據孫彪説補。《考論》卷二：“上條郡既立治此五字，當移入此晉屬武昌下，而漢晉太康以下十六字，則另謂彭澤縣，宋齊來彭澤並無廢省，據《南齊書》陳顯達封彭澤子，當宋時，是彭澤爲子相，當補‘彭澤子相’四字。”又成孺《宋州郡志校勘記》：“漢字疑衍。”按：據《考論》以上兩條，則“漢”字不衍。《漢書·地理志上》豫章郡、《續漢書·郡國志四》揚州豫章郡、《晉書·地理志下》揚州豫章郡並領彭澤。又《晉書·地理志下》“揚州”條：“懷帝永嘉元年，又以豫章之彭澤縣屬尋陽郡。”彭澤，國名。治今江西湖口縣東。

[4]“松滋伯相”至“《晉太康地志》屬安豐”：《漢書·地理志上》廬江郡領松兹，治今安徽宿松縣東北；《續漢書·郡國志》無，當已省併。又《三國志》卷五五《吴書·陳武傳》謂陳武“廬江松滋人”，疑東漢靈帝時復置松滋縣。李曉傑《東漢政區地理》（山東教育出版社 1999 年版）第十一章第三節“廬江郡沿革”（含六安國）以爲“吴廬江郡當領尋陽、皖、松滋三縣”。然則此松滋縣後廢。“《晉太康地志》屬安豐”之松滋縣，《晉書·地理志上》豫州安豐郡屬縣，爲另一松滋縣，治今安徽霍邱縣東。松滋，國名。治今江西九江市東。

[5]安豐縣名，前漢無：中華本校勘記云：“張森楷《校勘記》云：‘按前漢志六安國有安豐縣，此云前漢無，誤。’”又孫彪所見本“安豐縣名”以下另作一縣，《考論》卷二：“安豐以下云云，當連上松滋爲一，此因脱去彭澤，或乃分以足領縣三之數也。”

[6]晉武帝立爲安豐郡：此安豐郡實爲魏文帝所立，本志“南豫州刺史安豐太守”條：“魏文帝分廬江立。”此作晉武帝立，誤。

參本志"南豫州刺史安豐太守"條注釋。

[7]"江左流民寓尋陽"至"省併松滋"：譚其驤《晋永嘉喪亂後之民族遷徙》（《長水集》上册，人民出版社 1987 年版）謂：東晋僑立松滋、安豐、弘農三郡名。僑置地九江，後省爲縣。宋元嘉中，又以弘農省併松滋。按：安豐郡舊治安風，今安徽霍邱縣西南；東晋僑置。又《晋書·地理志下》"揚州"條："成帝初，蘇峻、祖約爲亂於江淮，胡寇又大至，百姓南渡者轉多，乃於江南僑立淮南郡及諸縣，又於尋陽僑置松滋郡，遥隸揚州……及何無忌爲刺史，表以……司州之弘農、揚州之松滋二郡寄在尋陽，人户雜居，並宜建督。安帝從之。後又省松滋郡爲松滋縣，弘農郡爲弘農縣，並屬尋陽郡。"又《南齊書·州郡志上》江州尋陽郡領柴桑、彭澤二縣，松滋當已廢。又《晋書·地理志上》"司州"條：元帝渡江，"後以弘農人流寓尋陽者僑立爲弘農郡"。按：所謂"僑立安豐、松滋二郡，遥隸揚州"者，其實並不具備實際的行政意義，其僑郡行政事務歸當地州兼督。土斷以後，則改隸當地州。參本志"徐州刺史淮陽太守"條注釋。

豫章太守，[1]漢高帝立，本屬揚州。《永初郡國》有海昏，漢舊縣。何志無。今領縣十二。户一萬六千一百三十九，口一十二萬二千五百七十三。去州水六百，陸三百五十。去京都水一千九百，陸二千一百。

[1]豫章：郡名。治南昌縣，今江西南昌市。

南昌侯相，[1]漢舊縣。
新淦侯相，[2]漢舊縣。
豐城侯相，[3]吳立曰富城，晋武帝太康元年更名。

建城侯相，漢舊縣。[4]

望蔡子相，[5]漢靈帝中平中，汝南上蔡民分徙此地，立縣名曰上蔡，晉武帝太康元年更名。

吳平侯相，[6]漢靈帝中平中立曰漢平，吳更名。[7]

永脩男相，[8]漢靈帝中平中立。

建昌公相，[9]漢和帝永元十六年，分海昏立。

豫寧侯相，[10]漢獻帝建安中立，吳曰西安，[11]晉武帝太康元年更名。[12]

康樂侯相，[13]吳孫權黃武中立曰陽樂，晉武帝太康元年更名。

新吳令，[14]漢靈帝中平中立。

艾侯相，[15]漢舊縣。

[1]南昌：國名。治今江西南昌市。

[2]新淦：國名。治今江西樟樹市。

[3]豐城：國名。治今江西豐城市西南。

[4]建城：國名。治今江西高安市。《漢書·地理志上》豫章郡作“建成”。

[5]望蔡：國名。治今江西上高縣。

[6]吳平：國名。治今江西樟樹市西南吳平。

[7]吳更名：中華本校勘記云：“《水經·贛水注》：‘牽水又東逕吳平縣，舊漢平也。晉太康元年，改爲吳平矣。’此作吳更名，誤。”按：楊守敬、熊會貞《水經注疏》云：“《宋志》：吳平侯相，漢靈帝中平中立，曰漢平，吳更名。此作晉太康元年改，別有所據，蓋以晉是年平吳爲是。”然則“吳更名”可能不誤。

［8］永脩：國名。治今江西永修縣西北艾城西南。

［9］建昌：國名。治今江西永修縣西北艾城。

［10］豫寧侯相：錢大昕《考異》卷二三《宋書·州郡志二》："案：《晋志》，豫章郡有豫章縣，無豫寧，此轉寫之訛。考王曇首以誅徐羨之等功追封豫寧縣侯，子僧綽、孫儉皆襲豫寧之封。此志以豫寧爲侯國，正相符合。《南史》僧綽及儉傳並稱豫寧侯，而《宋書·僧綽傳》《齊書·儉傳》乃作豫章，亦誤也。《南齊志》豫章郡亦有豫寧縣。《南史》王亮封豫寧縣公，裴之橫封豫寧侯，則豫寧縣名自晋訖梁未之改也。"孫彪《考論》卷二："晋、齊《志》皆作豫章，誤。"又《南齊書·州郡志上》江州豫章郡領豫章，中華本校勘記云："《晋書·地理志》同。本書《州郡志》作'豫寧'。按王曇首追封豫寧縣侯，見《宋書》本傳。然《宋書·王僧綽傳》《南齊書·王儉傳》均作襲封豫章縣侯，僧綽，曇首子，儉，曇首孫也。《南史·僧綽傳》《儉傳》則又並作襲封豫寧縣侯，與《宋志》合。又《文選》任昉《王文憲集序》稱儉襲爵豫寧縣侯，李善注引蕭子顯《齊書》亦作'豫寧'。則疑《齊書》舊本亦作豫寧。此豫章疑亦豫寧之訛。"豫寧，國名。治今江西武寧縣西。

［11］吳曰西安："西安"各本並作"要安"。成孺《宋州郡志校勘記》："《考異》：'要安當爲西安之訛。《太平寰宇記》，武寧縣，古西安縣也。後漢建安中，分海昏立西安縣。晋太康元年，改爲豫寧。《三國志·潘璋傳》'遷豫章西安長'，是吳時縣名西安之證。今據錢説正。《水經·贛水注》：'豫寧縣，故西安也。晋太康元年，更從今名。'亦其證。"又中華本校勘記引《考異》説改，並云："按《水經·贛水注》：'脩水東北逕豫寧縣，故要安也。晋太康元年，更從今名。'趙一清云：'要字誤，當作西。《吳書·太史慈傳》，數爲寇於艾、西安是也。'"按：中華本校勘記所引《水經·贛水注》之"循水"，當據善本作"脩水"。楊守敬、熊會貞《水經注疏》卷三九《贛水》："脩水出艾縣西。東北逕豫寧縣。"注："朱《箋》曰：《漢·地理志》豫章艾縣有脩水，此《注》作

循，誤也。錢坫亦云：字形相近而誤……守敬按：……今水曰脩河，出義寧州西南幕阜山。"

[12]晉武帝太康元年更名：晉武帝司馬炎字安世，更名"西安"爲"豫寧"，或與此相關。

[13]康樂：國名。治今江西萬載縣東北。

[14]新吳：縣名。治今江西奉新縣西故縣。

[15]艾：國名。治今江西修水縣西。

　　鄱陽太守，[1]漢獻帝建安十五年，孫權分豫章立，治鄱陽縣，赤烏八年，徙治吳芮故城。[2]《永初郡國》有歷陵縣，漢舊縣。何志無。領縣六。户三千二百四十二，口一萬九百五十。去州水四百四十。去京都水一千八百四十，陸二千六十。

[1]鄱陽：郡名。治廣晉縣，今江西鄱陽縣北石門街鎮。

[2]鄱陽：縣名。治今江西鄱陽縣東北古縣渡鎮。　吳芮故城：地名。今鄱陽縣。

　　　　廣晉令，[1]吳立曰廣昌，晉武帝太康元年更名。
　　　　鄱陽侯相，[2]漢舊縣。
　　　　餘干令，[3]漢舊縣。
　　　　上饒男相，[4]吳立。　《太康地志》有，王隱《地道》無。
　　　　葛陽令，[5]吳立。
　　　　樂安男相，[6]吳立。

[1]廣晉：縣名。治今江西鄱陽縣北石門街鎮。

[2]鄱陽：國名。治今江西鄱陽縣。

[3]餘干：縣名。治今江西餘干縣。按：中華本校勘記云："'餘干'《漢書·嚴助傳》《南齊書·州郡志》同。《漢書·地理志》《續漢書·郡國志》《水經·贛水注》作'餘汗'。楊守敬《隋書地理志考證》云：'《元和志》，漢餘汗縣，隋開皇九年，去水存干，名曰餘干。考宋、齊志已均作餘干，當是後人追改。'"

[4]上饒：國名。治今江西上饒市西北。

[5]葛陽：縣名。治今江西弋陽縣西。

[6]樂安：國名。治今江西德興市東北。

臨川内史，[1]吳孫亮太平二年，分豫章東部都尉立。領縣九。戶八千九百八十三，口六萬四千八百五。去州水一千一百，陸一千二十。去京都水二千八百三十，陸三千。

[1]臨川：國名。治臨汝縣，今江西撫州市西。

臨汝侯相，[1]漢和帝永元八年立。

西豐侯相，[2]吳立曰西平，晉武帝太康元年更名。

新建侯相，[3]吳立。

永城男相，[4]吳立。

宜黃侯相，[5]吳立。

南城男相，[6]漢舊縣，晉武帝太康元年，更曰新南城，江左復舊。

南豐令，[7]吳立。

東興侯相，[8]吳立。

安浦男相，[9]吳立。

[1]臨汝：國名。治今江西撫州市西。
[2]西豐：國名。治今江西撫州市南。
[3]新建：國名。治今江西崇仁縣西南。
[4]永城：國名。治今江西黎川縣西北。
[5]宜黃：國名。治今江西宜黃縣東。
[6]南城：國名。治今江西南城縣東南。
[7]南豐：縣名。治今江西廣昌縣東。
[8]東興：國名。治今江西黎川縣東北。
[9]安浦：國名。治今江西樂安縣西南。

廬陵太守，[1]廬陵本縣名，屬豫章，漢獻帝興平元年，孫策分豫章立。[2]領縣九。户四千四百五十五，口三萬一千二百七十一。去州水二千，陸一千六百。去京都水三千六百。

[1]廬陵：郡名。治石陽，今江西吉水縣東北。
[2]漢獻帝興平元年，孫策分豫章立：《續漢書·郡國志四》"揚州豫章郡廬陵"條劉昭注亦云："興平元年，孫策分立廬陵郡。"又《太平寰宇記》卷一〇九"吉州廬陵縣"條："後漢獻帝興平元年，孫策分立廬陵郡。"《水經》卷三九《贛水注》："漢獻帝初平二年，吳長沙桓王立廬陵郡。""初平"一作"興平"；又《元和郡縣圖志》卷二八"江南道吉州"條："獻帝興平二年，分豫章於此置廬陵郡。"考《三國志》卷四六《吳書·孫策傳》、卷五四《周瑜傳》及裴松之注，孫策以興平二年（195）渡江。按：廬陵置郡當在孫策渡江以後，如此，廬陵置郡不應在初平二年（191）及興平元年，因那時孫策尚未得豫章。郭黎安《讀史札記三

則》（《學海》1995 年第 1 期）略云：據《三國志》等史籍所載孫策生平事迹，建安四年（199）孫策攻劉勳，破皖城，劉勳求助於黃祖，策乃西進夏口攻打黃祖，從夏口東還經過豫章，豫章太守華歆幅巾奉迎。不久，又遣孫賁襲取割據廬陵的僮芝，遂分豫章立廬陵郡。據上，《通鑑》卷六三將此事繫於建安四年是正確的，與《三國志》合。

石陽子相，[1]前漢無，後漢有。

西昌侯相，[2]吳立。

東昌子相，[3]吳立。

吉陽男相，[4]吳立。

巴丘男相，[5]吳立。

興平侯相，[6]吳立。

陽豐男相，[7]吳曰陽城，晋武帝太康元年更名。

高昌男相，[8]吳立。

遂興男相，[9]吳立曰新興，晋武帝太康元年更名。《永初郡國》無此縣，何、徐並有。

[1]石陽：國名。治今江西吉水縣東北。

[2]西昌：國名。治今江西泰和縣西。

[3]東昌：國名。治今江西吉安縣東南永和鎮。

[4]吉陽：國名。治今江西吉水縣東。

[5]巴丘：國名。治今江西峽江縣。

[6]興平：國名。治今江西永豐縣東北。

[7]陽豐：國名。治今江西永豐縣西北。

[8]高昌：國名。治今江西吉安縣西南。

[9]遂興：國名。治今江西萬安縣西。

安成太守，[1]孫晧寶鼎二年，分豫章、廬陵、長沙立。《晉太康地志》屬荆州。領縣七。户六千一百一十六，口五萬三百二十三。去州水三千三百，陸三千六百。去京都水三千七百，[2]無陸。

[1]安成：郡名。治平都，今江西安福縣。

[2]去京都水三千七百：何德章《六朝建康的水陸交通——讀〈宋書·州郡志〉札記之二》（《魏晉南北朝隋唐史資料》第十五輯，武漢大學出版社 1997 年版）云：安成治今江西安福縣，其至建康水路當沿今贛江支流瀘水下贛江，再沿贛江至州治即今江西南昌市，再沿贛江至長江而達建康。但志稱江州"去京都水一千四百"，則安成郡去京都水路應爲四千七百之誤。

平都子相，[1]前漢曰安平，後漢更名，屬豫章。

新喻侯相，[2]吳立。

宜陽子相，[3]漢舊縣，本名宜春，屬豫章，晉孝武改名。[4]

永新男相，[5]吳立。

安復侯相，漢舊縣，本名安成，晉武帝太康元年更名，屬長沙。[6]

萍鄉侯相，[7]吳立。

廣興侯相，《晉太康地志》有此縣，[8]何云江左立，非也。

[1]平都：國名。治今江西安福縣。

[2]新喻：國名。治今江西新餘市西南。

[3]宜陽：國名。治今江西宜春市。

[4]本名宜春，屬豫章，晋孝武改名：宜春改宜陽年份有兩説。一説在西晋武帝太康元年（280）。《元和郡縣圖志》卷二八“江南道袁州宜春縣”條：“晋武帝太康元年，以太后諱春，改爲宜陽縣。”《太平寰宇記》卷一〇九“袁州”條：“晋太康元年平吴，改宜春爲宜陽，避太后諱。”一説在東晋孝武帝時。張駒賢《元和郡縣圖志考證》：宜作“晋孝武帝太元元年”，見杭州富陽縣及蘄州各叙，此傳鈔之誤。按《晋書》卷三一、卷三二《后妃傳》，有“宣穆張皇后諱春華……武帝受禪，追尊爲皇后”，有“簡文宣鄭太后諱阿春”，孝武太元十九年（394）詔上尊號曰簡文宣太后；又本書《州郡志一》“揚州刺史吴郡太守富陽令”條：“本名富春……晋簡文鄭太后諱‘春’，孝武改曰富陽。”清人多從東晋孝武帝説，今人則多從太康元年説。按：《通典》卷一八一《州郡典十一》“壽州壽春”條云：“東晋以鄭皇后諱，改爲壽陽，宜春曰宜陽，富春曰富陽。凡名‘春’，悉改之。”則東晋孝武帝説較勝。

[5]永新：國名。治今江西永新縣西。

[6]“安復侯相”至“屬長沙”：《晋書·地理志下》荆州安成郡領安復縣，而長沙郡領縣中無安成。按《漢書·地理志下》長沙國領安成，《續漢書·郡國志四》荆州長沙郡領安城；又安成郡爲吴分長沙等郡立，領有安成等縣。據此，志文有倒誤，當作：“安復侯相，漢舊縣，本名安成，屬長沙。晋武帝太康元年更名。”安復，國名。治今江西安福縣西。

[7]萍鄉：國名。治今江西萍鄉市東。

[8]廣興：國名。治今江西蓮花縣。

南康公相，[1]晋武帝太康三年，以廬陵南部都尉立。領縣七。[2]户四千四百九十三，口三萬四千六百八十四。

去州水三千七百四十。去京都水三千八十。

　　[1]南康公相：錢大昕《考異》卷二三《宋書·州郡志一》：
"案：劉穆之以佐命功追封南康郡公，子孫世襲。晋宋之制，郡爲
王國，則置内史，爲公國，則置公相，其職與太守同。"南康，國
名。治贛，今江西贛州市東北。
　　[2]領縣七：孫彪《考論》卷二："下列縣有八。"中華本校勘
記云："按下實領八縣，此云七縣，疑誤。"

　　　　贛侯相，[1]漢舊縣，屬豫章。
　　　　寧都子相，吳立曰楊都，晋武帝太康元年
更名。[2]
　　　　雩都侯相，[3]漢舊縣，屬豫章。
　　　　平固侯相，[4]吳立曰平陽，晋武帝太康元年
更名。
　　　　南康公相，吳立曰安南，晋武帝太康元年
更名。[5]
　　　　陂陽男相，[6]吳立曰揭陽，晋武帝太康五年，
以西康揭陽移治故陂陽縣，改曰陂縣，[7]然則陂陽
先已爲縣矣。後漢《郡國》無，疑是吳所立而改曰
揭陽也。
　　　　南野伯相，[8]漢舊縣，屬豫章。[9]
　　　　虔化男相，[10]孝武大明五年，以虔化屯立。

　　[1]贛：國名。治今江西贛州市東北。
　　[2]"寧都子相"至"晋武帝太康元年更名"：《晋書·地理志

下》揚州南康郡無寧都縣，畢沅《晉書地理志新補正》以爲《晉書·地理志》脫寧都縣。又《三國志》卷六四《吳書·諸葛恪傳》"進封恪陽都侯"，則吳立當作陽都。寧都，國名。治今江西寧都縣東北。

[3]雩都：國名。治今江西于都縣東北。

[4]平固：國名。治今江西興國縣南。

[5]"南康公相"至"晉武帝太康元年更名"：殿本《宋書》所附《考證》："按南康郡所領縣復有南康公相，或以爲疑。蓋劉茂之初封南康郡公，以郡守爲相，入齊降封南康縣公，又以縣令爲相，此志作於齊時，故兩存之耳。"錢大昕《考異》卷二三《宋書·州郡志二》："此郡既爲公國，而所領南康縣又稱公相，蓋其時別有封南康縣公者。"孫彪《考論》卷二："南康公相，郡縣皆云公相，《考證》：萬承蒼以爲劉穆之封，入齊降縣公，志作於齊時，故兩存之。按《齊書》，高帝即位，詔南康縣公、華容縣公可爲侯，以繼劉穆之、王弘，是劉穆之郡公封，當宋世已降縣，志兩存之。萬氏以爲入齊降縣，錢氏以爲時別有封縣公者，皆非也。"按：《南齊書》卷二《高帝紀》：建元元年詔曰"南康縣公、華容縣公可爲侯，萍鄉縣侯可爲伯，減戶有差，以繼劉穆之、王弘、何無忌後"。中華本校勘記云："《南史·齊紀》作'南康郡公爲縣公，華容縣公可爲侯'。按《劉祥傳》云'從祖兄彪，祥曾祖穆之正胤，建元初降封南康縣公'，與《南史·齊紀》降封縣公相應。然《南史·劉穆之傳》謂穆之曾孫彪，建元初降封南康縣侯，則又與此相應。二書紀傳自相違戾，未知孰是。"按：安南，《元和郡縣圖志》卷二八江南道虔州南康縣、《太平寰宇記》卷一〇八虔州南康縣並作"南安"，後人多從之。金兆豐《校補三國疆域志》（商務印書館1935年版）"廬陵南部都尉安南"條云："南監本《宋書·州郡志》南康公相下云吳立安南。南監本爲宋原刻，《通志》疑《寰宇記》作'南安'或後人據俗本所改，當以作'安南'爲是。"南康，國名。治今江西南康市。

[6]陂陽：國名。治今江西石城縣西南。

[7]“吳立曰揭陽”至“改曰陂縣”：《晋書地理志新補正》："沉案：沈志‘吳立曰揭陽，晋太康五年，以南康揭陽移治故陂陽縣，改曰陂縣’。"是"西康"爲"南康"之誤。又《太平寰宇記》卷一〇八“虔州廢陂陽縣”條："吳嘉禾五年置揭陽縣，晋太康五年改爲陂陽縣，以陂陽水爲名。"

[8]南野：國名。治今江西南康市西南章水南岸。

[9]屬豫章：南野縣，《晋書·地理志》屬揚州廬陵郡。按：晋太康三年（282）分廬陵郡立南康郡後，南野當屬南康郡，《晋書地理志新補正》以爲《晋書·地理志下》南康郡脱南野縣。

[10]虔化：國名。治今江西寧都縣西。

南新蔡太守，[1]江左立。[2]領縣四。户一千七百三十，口八千八百四十八。去州水二百。去京都水一千三百七十，[3]陸一千八百八十。

[1]南新蔡：郡名。治苞信縣，今湖北黄梅縣西。

[2]江左立：錢大昕《考異》卷二三《宋書·州郡志二》："《晋志》，孝武因新蔡郡人，於漢九江王黥布舊城置南新蔡郡，即此郡也。《元和郡縣志》：‘九江故城在黄梅縣西南七十里，漢九江王黥布所築。’"按：晋世當稱“新蔡郡”。

[3]去京都水一千三百七十：《通鑑》卷一六四胡三省注云："沈約《宋志》，江州所部有南新蔡郡，不言僑置之地，但云去京都水行一千三百七十六里有餘。以水程約言之，南新蔡郡當置於今蘄州界。《五代志》：蘄州黄梅縣，舊曰永興，隋開皇初改曰新蔡，蓋因南新蔡以名縣也。劉昫曰：黄梅縣，宋分置新蔡郡。"

苞信令，[1]別見。本作褒信，《永初郡國》作苞信。

慎令，[2]漢舊名，本屬汝南。

宋令，[3]別見。徐志云宋樂，後復舊。

陽唐左縣令，[4]孝武大明八年立。

[1]苞信：縣名。治今湖北黄梅縣西。

[2]慎：縣名。確址無考，當治今湖北黄梅縣、武穴市一帶。

[3]宋：縣名。確址無考，當治今湖北黄梅縣、武穴市一帶。

[4]陽唐左縣：確址無考，當治今湖北黄梅縣、武穴市一帶。

建安太守，[1]本閩越，秦立爲閩中郡。漢武帝世，閩越反，滅之，徙其民於江、淮間，虛其地。後有遁逃山谷者頗出，立爲冶縣，屬會稽。[2]司馬彪云，章安是故冶，然則臨海亦冶地也。[3]張勃《吳録》云：“閩越王冶鑄地，故曰安閩王冶。[4]此不應偏以受名，蓋句踐冶鑄之所，故謂之冶乎？閩中有山名湛，疑湛山之鑪鑄劍爲湛鑪也。”後分冶地爲會稽東、南二部都尉。東部，臨海是也；南部，建安是也。吳孫休永安三年，分南部立爲建安郡。[5]領縣七。[6]户三千四十二，口一萬七千六百八十六。去州水二千三百八十。去京都水三千四十，並無陸。[7]

[1]建安：郡名。治建安縣，今福建建甌市。

[2]“本閩越”至“屬會稽”：譚其驤《秦郡新考》（《長水集》，人民出版社1987年版）略云：閩越王無諸及越東海王摇者，其先皆越王句踐之後。秦已并天下，皆廢爲君長，以其地爲閩中

郡。又周振鶴《西漢政區地理》（人民出版社 1987 年版）第三章第四節略云：閩越國爲漢高帝五年所封之外諸侯，都東冶（今福建福州市），據有今福建全部。武帝元鼎六年（前 111），閩越反，元封元年（前 110）平之，徙其民於江淮間，空其地。但是徙民亦不能徹底，其後遺民又往往漸出，以是漢廷又以閩越故都東冶置冶縣，屬會稽郡。

[3]司馬彪云，章安是故冶，然則臨海亦冶地也：司馬彪《續漢書·郡國志四》“揚州會稽郡章安”條：“故冶。”按：《續漢書·郡國志四》“揚州會稽郡”下“章安，故冶，閩越地，光武更名。永寧，永和三年以章安縣東甌鄉爲縣。東部侯國”，頗有訛誤，中華本校勘記已有所辨正，又吳松弟《冶即東部候官辨——〈續漢書·郡國志〉會稽郡下一條錯簡》（《歷史地理》第四輯，上海人民出版社 1986 年版）認爲應訂正爲“章安。永寧，永和三年以章安縣東甌鄉爲縣。東部候官，故冶，閩越地，光武更名”。參本書《州郡志一》“揚州刺史臨海太守章安”條注釋。至於“臨海亦冶地也”，蓋沈約認爲，臨海郡地當漢時亦屬冶縣範圍。

[4]故曰安閩王冶：孫彪《考論》卷二：“‘故曰’句疑，按漢初立閩越王，王閩中故地，都冶，是冶名在王先，以此破張《錄》也。”

[5]“後分冶地爲會稽東、南二部都尉”至“分南部立爲建安郡”：《三國志》卷四八《吳書·孫亮傳》：太平二年“以長沙東部爲湘東郡，西部爲衡陽郡，會稽東部爲臨海郡，豫章東部爲臨川郡”，又《三國志》卷四八《吳書·孫休傳》：永安三年“以會稽南部爲建安郡”。另參本書《州郡志一》“揚州刺史東陽太守”條注釋。

[6]領縣七：成孺《宋州郡志校勘記》：“‘七’下原注‘疑’字。案《南齊志》，建安郡所屬縣全與《宋志》同，惟吳興下有建安縣。《晉志》建安居首，疑晉時建安爲附郭。此云領縣七，蓋本有建安縣，而傳寫遺之，故校者記其下云疑也，當據《南齊志》

補．"又《考論》卷二："按諸地書並言宋有建安縣，劉粹亦封建安縣侯，疑脱此一縣。又案粹封傳子，及孫以無子國除，殷孝祖於太始四年追改封建安縣侯，齊受禪，國除，是宋有建安甚明。又案下止六縣，故校者注疑，按建安郡有建安縣，《南齊書》亦然，此脱去。又案《太平寰宇記》，後漢建安初，分東侯官之地爲建安、南平、漢興三縣，吳永安三年爲郡。"又中華本校勘記云："按此云領縣七，而下衹吳興、將樂、邵武、建陽、綏成、沙村六縣，蓋脱建安一縣。《晉書·地理志》《南齊書·州郡志》並有建安縣。蓋本書傳寫時脱之。建安縣，漢獻帝建安初，孫策立。《宋書·劉粹傳》，宋世粹封建安縣侯，傳至孫無子國除。《殷孝祖傳》，泰始四年，封建安縣侯，齊受禪國除。是宋世有建安縣，且爲侯國，至確。疑吳興子相前一行，當補'建安侯相，漢末立，《晉太康地志》有'十三字。"按諸家之説是。

[7]並無陸：何德章《六朝建康的水陸交通——讀〈宋書·州郡志〉札記之二》云：建安郡與江州及建康之間有水路相通，但並無陸，説明當時地處福建的建安郡，還没有較爲通暢的陸路通向今江西南昌市及江蘇南京市，或者説當時建安郡要到州治和建康，還衹能利用自然河道斷續行進。

　　　吳興子相，[1]漢末立曰漢興，吳更名。
　　　將樂子相，[2]《晉太康地志》有。
　　　邵武子相，[3]吳立曰昭武，晉武帝更名。
　　　建陽男相，[4]《晉太康地志》有。
　　　綏成男相，[5]《永初郡國》、何、徐並有。何、徐不注置立。
　　　沙村長，[6]《永初郡國》、何、徐並有。何、徐不注置立。

[1]吳興：國名。治今福建浦城縣。
[2]將樂：國名。治今福建將樂縣。
[3]邵武：國名。治今福建邵武市。
[4]建陽：國名。治今福建建陽市東北。
[5]綏成：國名。治今福建建寧縣西南。
[6]沙村：縣名。治今福建沙縣東古縣。

晋安太守，晋武帝太康三年，分建安立。[1]領縣五。户二千八百四十三，口一萬九千八百三十八。去州水三千九百九十。去京都水三千五百八十。[2]

[1]"晋安太守"至"分建安立"：孫彪《考論》卷二："按《明帝紀》，泰始四年改晋平，志失載。"晋安，郡名。治今福建福州市。

[2]去州水三千九百九十。去京都水三千五百八十：何德章《六朝建康的水陸交通——讀〈宋書·州郡志〉札記之二》云：晋安郡與江州及建康之間有水路相通，但無陸，説明當時地處福建的晋安郡，還没有較爲通暢的陸路通向今江西南昌市及江蘇南京市，或者説當時晋安郡要到州治和建康，還祇能利用自然河道斷續行進。

候官□相，[1]前漢無，後漢曰東候官，屬會稽。
原豐令，[2]晋武帝太康三年，省建安典船校尉立。[3]
晋安男相，[4]吴立曰東安，晋武帝更名。
羅江男相，[5]吴立，屬臨海。晋武帝立晋安郡，度屬。

温麻令，[6]晋武帝太康四年，以温麻船屯立。《永初郡國》無，何、徐並有。

[1]候官□相：丁福林《校議》云：“候官，縣名，‘候官’後所缺之一字，應爲封國之爵號也。考之本書《孫處傳》，云孫處於晋安帝義熙七年卒後，‘追贈龍驤將軍、南海太守，封候官縣侯’，則候官，侯國也；候官之相，侯相耳。候官侯相，猶江州豫章之南昌侯相、新淦侯相，湘州長沙之臨湘侯相、醴陵侯相之類。本書《向靖傳》，向靖宋武帝永初元年封曲江縣侯，則湘州廣興有曲江侯相；本書《垣護之傳》，護之於宋孝武帝孝建初封益陽縣侯，則湘州衡陽有益陽侯相，皆是此例。可證‘候官’後之缺字乃‘侯’字，應據補。”按：《續漢書·郡國志五》涼州張掖屬國領候官，又并州上郡領候官，是候官在東漢爲縣級行政單位。此候官，清以後又通作侯官。候官，國名。治今福建福州市。

[2]原豐：縣名。治今福建福州市。

[3]省建安典船校尉立：《三國志》卷五三《吳書·張紘傳》：紘“後積他事下獄，皆追以此爲詰，送建安作船”。又《元和郡縣圖志》卷二九“江南道福州”條云：“主謫徙之人作船於此。”

[4]晋安：國名。治今福建南安市東豐州。

[5]羅江：國名。確址無考，疑在今福建連江、羅源二縣境。

[6]温麻：縣名。治今福建霞浦縣南沙江鎮古縣村。

青州刺史，[1]治臨淄。江左僑立，治廣陵。[2]安帝義熙五年，平廣固，北青州刺史治東陽城，而僑立南青州如故。後省南青州，而北青州直曰青州。[3]孝武孝建二年，移治歷城，[4]大明八年，還治東陽。明帝失淮北，於鬱洲僑立青州，[5]立齊、北海、西海郡。[6]舊州領郡

九，縣四十六。^[7]戶四萬五百四，口四十萬二千七百二
十九。去京都陸二千。

[1]青州：治東陽城，今山東青州市。

[2]江左僑立，治廣陵：《晉書·地理志下》"青州"條："自
永嘉喪亂，青州淪沒石氏……自元帝渡江，於廣陵僑置青州。"又
書《州郡志一》"南徐州刺史"條："晉永嘉大亂，幽、冀、青、
并、兗州及徐州之淮北流民，相率過淮，亦有過江在晉陵郡界
者……其徙過江南及留在江北者，並立僑郡縣以司牧之。徐、兗二
州或治江北，江北又僑立幽、冀、青、并四州。安帝義熙七年，始
分淮北爲北徐，淮南猶爲徐州。後又以幽、冀合徐，青、并合兗。"
又《南齊書·州郡志上》"南兗州"條："晉末以廣陵控接三齊，
故青兗同鎮。宋永初元年，罷青并兗。"又此青州曾僑淮陰、京口
等處，參本書《州郡志一》"南兗州刺史"條注釋。

[3]僑立南青州如故。後省南青州，而北青州直曰青州：錢大
昕《十駕齋養新餘錄》（《十駕齋養新錄》附《十駕齋養新餘錄》，
商務印書館1957年版）卷中《晉書地理志之誤》謂：此條"南青
字再見"，乃"史家變文示別，非當時有此稱也"。按：東晉義熙
中劉裕滅南燕，收復青州，"留長史羊穆之爲青州刺史，築東陽城
而居之……至是始置北青州，鎮東陽城"（《晉書·地理志下》），
而僑置之青州如故，不加"南"字。宋初省僑置之青州，北青州始
去"北"字。此云南青州者，蓋爲追稱，非是本號。又周一良
《札記》之《州郡志諸問題》："志於青州下叙南北青州，而不及東
青州。蓋如序中所云，'大較以大明八年爲正'也。據明帝紀，太
始四年（468）八月辛卯，分青州置東青州，以輔國將軍沈文靖爲
東青州刺史。卷八八《沈文秀傳》，以文靖統高密、北海、平昌、
長廣、東萊五郡軍事，海道救青州。"

[4]孝武孝建二年，移治歷城：胡阿祥《東晉南朝雙頭州郡考

論》謂：青冀二州，冀州爲僑州，割成實土，治歷城，青州實土州，宋孝建三年（456）至大明八年（464），青州帖治歷城，垣護之曾領二州刺史。青州移治歷城，本書《州郡志》"青州刺史"條作孝建二年，本書卷一〇〇《自序》作孝建元年，本書卷五〇《垣護之傳》及《通鑑》皆作孝建三年。按當以孝建三年爲是。據本書卷六《孝武帝紀》，孝建二年十一月以垣護之爲青、冀二州刺史，次年五月，"木連理生北海都昌，冀州刺史垣護之以聞"（本書《符瑞志下》）。考"北海都昌"，寄治青州東陽城，北海郡且常與齊郡（青州治）共一太守、合爲雙頭郡（詳本書《崔道固傳》《自序》，《南齊書·劉善明傳》），可見孝建三年五月時，青州尚未移治歷城。

[5]明帝失淮北，於鬱洲僑立青州：《南齊書·州郡志上》云："青州，宋泰始初淮北没虜，六年，始治鬱州上。鬱州在海中，周迴數百里，島出白鹿，土有田疇魚鹽之利……流荒之民，郡縣虛置，至於分居土著，蓋無幾焉。建元四年，移鎮朐山，後復舊。"

[6]立齊、北海、西海郡：此齊郡、北海郡、西海郡爲僑青州所領，皆爲僑郡（僑置始末可詳《南齊書·州郡志上》"青州"條、"青州齊郡"條、"青州北海郡"條，《魏書·地形志中》"海州武陵郡上鮮"條、"海州東海郡"條，本書《州郡志一》"徐州刺史東海太守"條），與下所列"舊州領郡九"之齊郡、北海郡不同。參本志"徐州刺史東海太守"條注釋。

[7]舊州領郡九，縣四十六：舊州指"明帝失淮北，於鬱洲僑立青州"前之青州，大明八年時治東陽城。又數青州以下所領郡縣，郡九，縣四十六（去太原郡之山茌縣，此縣宋孝武孝建元年度屬兗州濟北郡），與此正合。是則本志青州所領諸郡縣，乃依據青州未僑置時之舊簿，以此，以下所注今地，亦依其本來地望注出。

齊郡太守，[1]秦立。領縣七。户七千三百四十六，口萬四千八百八十九。

[1]齊郡：治臨淄縣，今山東淄博市東臨淄區北。

　　臨淄令，[1]漢舊縣。

　　西安令，[2]漢舊縣。

　　安平令，[3]六國時其地曰安平，二漢、魏、晋曰東安平。[4]前漢屬淄川，[5]後漢屬北海，魏度屬齊。

　　般陽令，[6]前漢屬濟南，後漢、《晋太康地志》屬齊。[7]

　　廣饒令，[8]漢舊縣。

　　昌國令，[9]漢舊縣。

　　益都令，[10]魏立。

[1]臨淄：縣名。治今山東淄博市東臨淄區北。

[2]西安：縣名。治今山東臨朐縣西南。

[3]安平：縣名。治今山東淄博市東臨淄區東。

[4]東安平：《漢書·地理志下》淄川國領東安平，顏師古曰："闞駰云博陵有安平，故此加東。"

[5]前漢屬淄川：成孺《宋州郡志校勘記》："淄，班志作甾。"

[6]般陽：縣名。治今山東臨朐縣東南。

[7]《晋太康地志》屬齊：《晋書·地理志下》青州齊國無般陽縣。據《魏書·地形志中》青州齊郡，則《晋書·地理志下》青州齊國脱般陽縣。

[8]廣饒：縣名。治今山東壽光市北。

[9]昌國：縣名。治今山東臨朐縣。

[10]益都：縣名。治今山東青州市。

濟南太守，[1]漢文帝十六年，分齊立。晉世濟岷郡，云魏平蜀，徙蜀豪將家於濟、河，故立此郡。安帝義熙中土斷，并濟南。案《晉太康地志》無濟岷郡。[2]《永初郡國》濟南又有祝阿、二漢屬平原，《晉太康地志》無。於陵縣，漢舊縣。而無朝陽、平陵二縣。領縣六。戶五千五十六，口三萬八千一百七十五。去州陸四百。去京都二千四百。

[1]濟南：郡名。治歷城縣，今山東濟南市歷城區。

[2]"晉世濟岷郡"至"案《晉太康地志》無濟岷郡"：成孺《宋州郡志校勘記》："案晉世無濟河地名。考《晉志》濟南郡下云：魏平蜀，徙其豪將家於濟河北，故改爲濟岷郡。'濟河'下有'北'字，於義爲優。"按：關於晉世之濟岷郡，《晉書·地理志下》青州濟南郡條亦云："或云魏平蜀，徙其豪將家於濟河北，故改爲濟岷郡。而《太康地理志》無此郡名，未之詳。"錢大昕《十駕齋養新錄》卷六《濟岷郡》謂："予謂此條亦《晉志》之誤。考《宋志》南兗州篇云，濟岷郡江左立領營城、晉寧江左立凡二縣。蒙上《永初郡國》之文，是濟岷郡本江左所立，而宋初尚有此郡也。又稱何《志》有平原郡，領茌平、臨菑、營城、平原四縣。《起居注》，元嘉十一年，以平原之濟岷、晉寧併營城先是省濟岷郡爲縣。是濟岷郡廢爲縣，并所領二縣，改隸平原，在元嘉十一年以前也。又稱徐《志》有南東平郡，領范、朝陽、歷城、樓煩、陰觀、廣武、茌平、營城、臨菑、平原十縣。是元嘉以後，又并平原郡及所領縣入南東平郡也。又稱孝武大明五年，以東平併廣陵。則并南東平之名亦不存矣。濟岷一郡，僑置并合之迹，《宋志》歷歷可考。修《晉史》者，采無稽之談，不一檢照正史，甚矣其無識也。濟岷

郡本江左立，則《太康地志》自不應有此郡；而徙蜀豪家之説，不辨而知其誣矣。"再按：唐史臣撰《晋書・地理志》，於本書《州郡志》多有參考，故上録《濟岷郡》所辯《晋書・地理志》之誤，同樣適用於本志此條。又濟岷郡者，實郡乃東晋於青州所立，義熙中土斷，併入濟南郡。僑置郡乃東晋咸和元年以前僑置於江南，詳參本書《州郡志一》"南兗州刺史"條注釋。

　　　　歷城令，[1]漢舊縣。

　　　　朝陽令，[2]前漢曰朝陽，後漢、晋曰東朝陽。二漢屬濟南，《晋太康地志》屬樂安。

　　　　著令，[3]漢舊縣。

　　　　土鼓令，[4]漢舊縣，晋無。

　　　　逢陵令，[5]二漢、晋無，《永初郡國》、何、徐有。

　　　　平陵令，[6]漢舊縣，至晋並曰東平陵。

　　[1]歷城令："歷城"各本並作"廣城"。錢大昕《考異》卷二三《宋書・州郡志二》："當作歷城。"楊守敬《校補宋書州郡志札記》："歷城令誤作廣城。"中華本校勘記云"《二漢志》濟南郡有歷城，錢説是，今改正"。歷城，縣名。治今山東濟南市歷城區。

　　[2]朝陽：縣名。治今山東鄒平縣西北。

　　[3]著：縣名。治今山東濟陽縣西。

　　[4]土鼓：縣名。治今山東淄博市西南淄川區西南。

　　[5]逢陵：縣名。治今山東淄博市西南淄川區西北。

　　[6]平陵：縣名。治今山東章丘市西。

　　　　樂安太守，[1]漢高立，名千乘，和帝永元七年更名。

領縣三。戶二千二百五十九，口一萬四千九百九十一。去州陸一百八十。去京都陸一千八百。

［1］樂安：郡名。治千乘縣，今山東廣饒縣北。

千乘令，^[1]漢舊縣。
臨濟令，^[2]前漢曰狄，安帝永初二年更名。
博昌令，^[3]漢舊名。

［1］千乘：縣名。治今山東廣饒縣北。
［2］臨濟：縣名。治今山東高青縣東南。
［3］博昌：縣名。治今山東壽光市。

高密太守，^[1]漢文帝分齊爲膠西，宣帝本始元年，更名高密。光武建武十三年，併北海，晉惠帝又分城陽立，^[2]城陽郡，前漢有，後漢無，魏復分北海立。宋孝武併北海。^[3]領縣六。戶二千三百四，口一萬三千八百二。去州陸二百。去京都陸一千六百。

［1］高密：郡名。治黔陬縣，今山東膠州市西南黔陬縣。
［2］晉惠帝又分城陽立：各本並脱“立”字。孫彪《考論》卷二：“按城陽下當有立字。”今據補。
［3］宋孝武併北海：既云“宋孝武併北海”，而本書《州郡志》又“大較以大明八年爲正”，則志文不應單出大明八年（464）時已無之高密郡，所領縣亦當併入北海郡；抑或大明八年前再分北海郡置高密郡，若不然，則此爲本書《州郡志》時間斷限不嚴又一例。

　　黔陬令，[1]前漢屬琅邪，後漢屬東萊，《晋太康地志》屬城陽。

　　淳于令，[2]二漢屬北海，《晋太康地志》屬城陽。

　　高密令，[3]前漢屬高密，後漢屬北海，《晋太康地志》屬城陽。

　　夷安令，[4]前漢屬高密，後漢屬北海，《晋太康地志》屬城陽。

　　營陵令，[5]二漢屬北海，《晋太康地志》屬城陽。

　　昌安令，[6]漢安帝延光元年立，屬高密，後漢屬北海，《晋太康地志》屬城陽。

[1]黔陬：縣名。治今山東膠州市西南黔陬縣。
[2]淳于：縣名。治今山東安丘市東北杞城。
[3]高密：縣名。治今山東高密市西南。
[4]夷安：縣名。治今山東高密市。
[5]營陵：縣名。治今山東昌樂縣東南。
[6]昌安：縣名。治今山東安丘市東南。

　　平昌太守，[1]故屬城陽，魏文帝分城陽立，後省，晋惠帝又立。領縣五。戶二千二百七十，口一萬五千五十。去州陸二百。去京都陸一千七百。

[1]平昌：郡名。治安丘縣，今山東安丘市西南。

安丘令，[1]二漢屬北海，《晋太康地志》屬琅邪。

平昌令，[2]前漢屬琅邪，後漢屬北海，《晋太康地志》屬城陽。

東武令，[3]二漢屬琅邪，《晋太康地志》屬東莞。

琅邪令，[4]二漢屬琅邪，《晋太康地志》無。

朱虚令，[5]前漢屬琅邪，安帝永初元年屬北海，《晋太康地志》屬城陽。

[1]安丘：縣名。治所在今山東安丘市西南。
[2]平昌：縣名。治今山東諸城市西北。
[3]東武：縣名。治今山東諸城市。
[4]琅邪：縣名。治今山東膠南市西南。
[5]朱虚：縣名。治今山東臨朐縣東。

北海太守，[1]漢景帝中二年立。領縣六。户三千九百六十八，口三萬五千九百九十五。寄治州下。[2]

[1]北海：郡名。僑治東陽城，今山東青州市。
[2]寄治州下：孫彪《考論》卷二："按《齊書·劉善明傳》，沈文季（按：'季'當作'秀'）以青州附晋安王，時州治東陽城，善明家在郭内，夜斬關奔北海。明北海不寄治州下，此謂失淮北後鬱洲僑立之州也。又按志於青州云，舊州領郡九，則北海不謂鬱洲僑立，故西海郡亦不列。"按：此云"寄治州下"，又都昌令，"漢舊縣。寄治州下，餘依本治"。據此，北海郡及都昌縣寄治東陽。此"寄治州下"，或以爲寄治鬱洲，誤。考本志青州九郡四十六縣

皆青州僑置鬱洲前之"舊州領"，北海郡、都昌縣在此九郡四十六縣內；且本志北海郡及都昌縣外，郡所領另五縣"依本治"，細揣文意，"依本治"者，所叙爲大明時情況，則北海郡、都昌縣"寄治州下"亦應爲大明時情況。北海郡僑鬱州，據本志"青州刺史"條："明帝失淮北，於鬱洲僑立青州，立齊、北海、西海郡。"又《南齊書·州郡志上》"青州"條："鬱州在海中……後爲齊郡治。建元初，徙齊郡治瓜步，以北海治齊郡故治，州治如舊。"又《考論》據《南齊書》卷二八《劉善明傳》，證明了泰始初北海郡不寄治於青州東陽城，但這並不能否定大明八年時北海郡寄治青州東陽城。又西晉時北海郡治平壽，今山東濰坊市西南。

都昌令，漢舊縣。[1]寄治州下，餘依本治。

膠東令，[2]本膠東國，後漢、《晋太康地志》屬北海。

劇令，[3]二漢屬北海，《晋太康地志》屬琅邪。

即墨令，[4]前漢屬膠東，後漢、《晋太康地志》屬北海。

下密令，[5]前漢屬膠東，後漢、《晋太康地志》屬北海。

平壽令，[6]漢舊縣。

[1]都昌：縣名。僑治東陽城，今山東青州市。又漢晋舊縣治今山東昌邑市西。

[2]膠東：縣名。治今山東平度市。

[3]劇：縣名。治今山東昌樂縣西。

[4]即墨：縣名。治今山東平度市東南。

[5]下密：縣名。治今山東昌邑市東。

[6]平壽：縣名。治今山東濰坊市西南。

東萊太守，[1]漢高帝立。領縣七。戶一萬一百三十一，口七萬五千一百四十九。去州陸五百。去京都二千一百。

[1]東萊：郡名。治曲城縣，今山東萊州市東北。

曲城令，[1]漢舊縣。[2]
掖令，[3]漢舊縣。
㧖令，[4]漢舊縣。
盧鄉令，[5]漢舊縣。
牟平令，[6]漢舊縣。
當利令，[7]漢舊縣。
黃令，[8]漢舊縣。

[1]曲城：縣名。治今山東萊州市東北。
[2]漢舊縣：《漢書·地理志上》《續漢書·郡國志四》作“曲成”。
[3]掖：縣名。治今山東萊州市。
[4]㧖：成孺《宋州郡志校勘記》：“㧖，《漢志》作㠔，《續志》《晋志》作惄，《北魏書·地形志》與班《志》同。”中華本校勘記云：“‘㧖’《漢書·地理志》《魏書·地形志》作‘㠔’。《續漢書·郡國志》《晋書·地理志》作‘惄’。”按㠔，漢東萊郡屬縣，出㠔布，則字應從巾。作‘惄’作‘㧖’者，並‘㠔’之或體。”按：《説文解字》：“㠔，㠔布也，出東萊。”段玉裁注：“《地理志》《郡國志》東萊郡皆有㠔縣，蓋以布得名也。”㧖，縣名。治

今山東龍口市西南。

　　[5]盧鄉：縣名。治今山東平度市西北。

　　[6]牟平：縣名。治今山東烟臺市福山區西北。

　　[7]當利：縣名。治今山東萊州市西南。

　　[8]黃：縣名。治今山東龍口市東黃城集村。

太原太守，[1]秦立，屬并州。文帝元嘉十年，割濟南、泰山立。領縣三。户二千七百五十七，口二萬四千六百九十四。去州陸五百。去京都一千八百。

　　[1]太原：郡名。治太原縣，今山東濟南市長清區西南。

山茌令，[1]漢舊縣，屬泰山。孝武孝建元年，度濟北。[2]

太原令，[3]晋安帝義熙中土斷立，屬泰山。[4]

祝阿令。[5]別見。

　　[1]山茌：縣名。治今山東濟南市長清區東南。

　　[2]孝武孝建元年，度濟北：宋文帝元嘉十年（433），割濟南郡祝阿與泰山郡山茌、太原立太原郡。此既云“山茌令……孝武孝建元年，度濟北”，則大明八年時，山茌已屬兗州濟北郡，不當列於此。

　　[3]太原：縣名。治今山東濟南市長清區西南。

　　[4]晋安帝義熙中土斷立，屬泰山：本書《州郡志一》“兗州刺史泰山太守”條：“《永初郡國》又有……太原，本郡，僑立此縣。”當是晋義熙六年平南燕後僑立，屬泰山郡。東晋有太原僑縣，而無太原僑郡。太原縣僑地，據《魏書·地形志中》“齊州太原郡

太原"條："司馬德宗置，魏因之，治升城。"

[5]祝阿：縣名。治今山東濟南市長清區東北。

長廣太守，[1]本長廣縣，前漢屬琅邪，後漢屬東萊，《晋太康地志》云故屬東萊。《起居注》，咸寧三年，以齊東部縣爲長廣郡。[2]領縣四。户二千九百六十六，口二萬二十三。去州五百。去京都一千九百五十。

[1]長廣：郡名。治不其縣，今山東青島市西北。

[2]咸寧三年，以齊東部縣爲長廣郡：東漢建安中有長廣郡，後廢；晋咸寧三年復置長廣郡。李曉傑《東漢政區地理》第三章第六節略云：《三國志》卷一二《魏書·何夔傳》載，建安三年（198）後，夔"遷長廣太守"，其時郡初置也。長廣郡實析東萊、北海地置。又據《三國志·魏書·何夔傳》及吴增僅《三國郡縣表》的考證，長廣郡領六縣，即長廣、牟平、東牟、昌陽、不其、挺。又《獻帝起居注》所載建安十八年已無長廣郡，則長廣郡置後不久即省，屬縣還東萊及北海。

不其令，[1]前漢屬琅邪，後漢屬東萊，《晋太康地志》屬長廣。

長廣令，[2]前漢屬琅邪，後漢屬東萊，《晋太康地志》屬長廣。

昌陽令，[3]晋惠帝元康八年，分長廣縣立。[4]

挺令，[5]前漢屬膠東，後漢屬北海，《晋太康地志》屬長廣。

[1]不其：縣名。治今山東青島市西北。

　　[2]長廣：縣名。治今山東萊陽市東。

　　[3]昌陽：縣名。治今山東萊陽市東南。

　　[4]晋惠帝元康八年，分長廣縣立：據《三國志》卷一二《魏書・何夔傳》，長廣郡領縣有昌陽。又《漢書・地理志上》東萊郡、《續漢書・郡國志四》青州東萊郡有昌陽，並治今山東文登市西南。《晋書・地理志下》青州東萊國無昌陽，當是已省併。及元康八年（298）又復置昌陽縣。

　　[5]挺：縣名。治今山東萊陽市南。

　　冀州刺史，[1]江左立南冀州，[2]後省。義熙中更立，治青州，又省。文帝元嘉九年，又分青州立，治歷城，割土置郡縣。[3]領郡九，縣五十。戶三萬八千七十六，口一十八萬一千一。去京都陸二千四百。

　　[1]冀州：治歷城，今山東濟南市歷城區。

　　[2]江左立南冀州：錢大昕《十駕齋養新餘録》卷中《晋書地理志之誤》謂：“南冀”乃“史家變文示別，非當時有此稱也”。

　　[3]治歷城，割土置郡縣：各本並脱“治”字，據孫虨説補。孫虨《考論》卷二：“歷城上當有治字。”中華本校勘記云“孫説是”。按：關於冀州及與青州的關係，吳應壽《東晋南朝的雙頭州郡》略謂：東晋宋時置於今山東的青冀二州爲雙頭州。此青州東晋時名北青州，治東陽城，爲實土州，冀州爲僑州。東晋義熙六年（410），劉裕平南燕，北青冀二州同治東陽城，劉裕回朝，以劉敬宣爲二州刺史。是東晋末北青冀二州爲雙頭州，本志“冀州刺史”條亦云：“義熙中更立，治青州。”宋元嘉九年（432）前，廢冀州。九年，復分青州置冀州，本志治歷城。第二年，以青州刺史段宏領冀州刺史，兩州同治東陽城。此後，元嘉二十一年又分（冀州移鎮歷城），二十四年又合（同治東陽城），三十年又分（冀州治

歷城）。及孝建三年（456），青州移治歷城，自此二州同治歷城，不治東陽。二州同治歷城的原因，爲歷城乃要害之地，戰守之需要，本書卷五〇《垣護之傳》云："青州（治東陽城）北有河、濟，又多陂澤，非虜所向；每來寇掠，必由歷城。二州并鎮，此經遠之略也。北又近河，歸順者易，近息民患，遠申王威，安邊之計也。"大明八年（464），青州復治東陽城，兩州又分。泰始四年（468），魏陷歷城，五年，東陽城又陷。青冀二州之地，盡入於魏。是泰始以前，宋在今山東所置青冀二州，離合不常：分時青州治東陽城，冀州治歷城；合時同治東陽城或歷城。但分治時間極短，絕大部分時間爲雙頭州。又宋泰始失淮北以後僑治鬱洲（今江蘇連雲港市東北雲臺山一帶）的青冀二州，《南齊書·州郡志上》説"二州共一刺史"，也是雙頭州；此雙頭州歷齊、梁皆見記載。又胡阿祥《東晋南朝僑州郡縣與僑流人口研究》（江蘇教育出版社2008年版）第七章《〈晋書·地理志〉冀幽平并雍涼秦梁益諸州之部僑州郡縣考表》"冀州"條謂：徐文範《東晋南北朝輿地表·州郡表》卷二"冀州"條："懷帝永嘉中，石勒已擾亂冀州，略據郡縣，然尚未有統屬。元帝太興二年，勒稱趙王。"以廣平、趙等二十四郡爲趙國。冀州自是悉歸石勒。其僑置也，據本書《州郡志一》"南徐州刺史"條：東晋時，"江北又僑立幽、冀、青、并四州。安帝義熙七年，始分淮北爲北徐，淮南猶爲徐州，後又以幽、冀合徐，青、并合兗"。是冀州僑於江北，當在今江蘇揚州、高郵、泰州一帶，後併入徐州。又晋義熙中劉裕平南燕，乃移冀州治青州，本志"冀州刺史"條："義熙中更立，治青州，又省。文帝元嘉九年，又分青州立，治歷城，割土置郡縣。領郡九，縣五十。"皆爲僑郡縣。泰始中，局勢又大變，《南齊書·州郡志上》"冀州"條云："泰始初，遇虜寇，並荒没。今所存者，泰始之後更置立也。（青冀）二州共一刺史。郡縣十無八九，但有名存，案《宋志》自知也。建元初，以東海郡屬冀州。全領一郡。"又《魏書·地形志中》"齊州"條："治歷城。劉義隆置冀州，皇興三年更名。"北魏皇興三年（469），當宋泰始五年。據此，冀州宋初僑歷城，泰始後僑鬱洲，與僑青州同治，二州合一刺史，而舊領郡縣盡失。梁侯景之亂，青冀之地又没於東魏。又胡阿祥《晋宋時期山東僑州郡縣考述》（《中國歷史地理論叢》1989年第3期）略云：東晋僑立冀州於江北。及太元九年（384）收復青州，乃徙置冀州焉。《通鑑》卷一一一隆安三年胡三省注云：“孝武太元之季，復取齊地，徙幽、冀二州於齊。是後鎮齊者，率領青冀二州刺史。”隆安三年（399），慕容德掠取青齊，冀州還僑江北。

　　廣川太守，[1]本縣名，屬信都，《地理志》不言始立。景帝二年，以爲廣川國，宣帝甘露三年復。明帝更名樂安，安帝延光中，改曰安平，[2]晋武帝太康五年，又改爲長樂。廣川縣，前漢屬信都，後漢屬清河，魏屬勃海，晋還清河。[3]何志，廣川江左所立。[4]又有蔣縣前漢屬信都，後漢、晋屬勃海。而無廣川。孝武大明元年，省廣川之棗强、前漢屬清河，後漢、晋江左無。勃海之浮陽、高城並漢舊縣。立廣川縣，[5]非舊廣川縣也。屬廣川郡。領縣四。户三千二百五十，口二萬三千六百一十四。去州陸一百六十。去京都陸一千九百八十。

　　[1]廣川：郡名。治廣川縣，今山東鄒平縣東長山鎮一帶。
　　[2]“景帝二年”至“改曰安平”：“樂安”應作“樂成”。按：《漢書·地理志下》“信都國”條：“景帝二年爲廣川國，宣帝甘露三年復故。”又《續漢書·郡國志二》“冀州安平國”條：“故信都，高帝置。明帝名樂成，延光元年改。”《後漢書》卷二《明帝紀》：永平十五年（72），“改信都爲樂成國”；又《後漢書》卷五〇《樂成靖王黨傳》：永平“十五年封樂成王……延光元年，以

河間孝王子得嗣靖王后。以樂成比廢絕，故改國曰安平，是爲安平孝王"。

[3]晋還清河：廣川，《晋書·地理志上》冀州勃海郡屬縣。當是太康後還屬清河也。

[4]何志，廣川江左所立："何志廣川江左所立"以下云云，指東晋所立廣川僑郡。據上"冀州刺史"條，當是宋元嘉九年（432）後有實土。又《魏書·地形志中》"齊州廣川郡"條云："劉裕置，魏因之。"則郡蓋置於東晋義熙平南燕後，及宋泰始中又没於魏。

[5]高城：《漢書·地理志上》勃海郡作"高成"。

廣川令。[1]已見前。

中水令，[2]前漢屬涿，後漢、《晋太康地志》屬河間。孝武大明七年，自河間割度。[3]

武强令，[4]何江左立。

索盧令，[5]何江左立。

[1]廣川：縣名。治今山東鄒平縣東長山鎮一帶。

[2]中水：縣名。確址無考，當在今山東鄒平、桓臺等縣一帶。

[3]"前漢屬涿"至"自河間割度"：此前、後漢及西晋所屬，爲中水舊縣（今河北獻縣西北）情況；大明七年云云，則東晋、宋中水新縣情況。本書《州郡志》合舊縣、新縣於一處而並叙之，易致誤解。本州以下類此者甚多，不再一一論及。

[4]武强：縣名。治今山東鄒平縣東長山鎮一帶。

[5]索盧：縣名。治今山東桓臺縣。

平原太守，[1]漢高帝立。舊屬青州，魏、晋屬冀州。

領縣八。戶五千九百一十三，口二萬九千二百六十七。[2]

[1]平原：郡名。僑治梁鄒城，今山東鄒平縣東北。

[2]口二萬九千二百六十七：殿本《宋書》所附《考證》云："諸郡皆記去州、京都水陸道里，此條獨無之，當是闕文。"按：殿本《考證》誤，《州郡志》冀州有多郡不記去州去京都水陸道里，蓋時無實土也。又本書《州郡志》"大較以大明八年爲正"，本注釋所釋本書《州郡志》州郡縣之今地，亦"大較以大明八年爲正"，而於此前此後治所之變遷，一般不作考述，以免煩贅。又此平原郡疑置於東晉義熙平南燕後。初寄治歷城，《讀史方輿紀要》卷三一稱在宋孝武帝孝建二年（455）移治梁鄒。

廣宗令，[1]前漢無，後漢屬鉅鹿，《晉太康地志》屬安平，《永初郡國》、何無，孝武大明元年復立。

平原令，[2]漢舊縣。

鬲令，[3]漢舊縣。

安德令，[4]漢舊縣。

平昌令，[5]漢舊縣。後漢、《晉太康地志》曰西平昌。[6]

般縣令，[7]漢舊縣。

茌平令，[8]前漢屬東郡，後漢屬濟北，《晉太康地志》屬平原。

高唐令，[9]漢舊縣。

[1]廣宗：縣名。僑治今山東章丘市南。

[2]平原：縣名。僑治今山東鄒平縣東南。

[3]鬲：縣名。僑治今山東鄒平縣東北。

[4]安德：縣名。確址無考，當僑治今山東鄒平縣、章丘市一帶。

[5]平昌：縣名。確址無考，當僑治今山東鄒平縣、章丘市一帶。

[6]後漢、《晋太康地志》曰西平昌：中華本作“後漢無。《晋太康地志》曰西平昌。”其校勘記云：“各本並脱‘無’字。成孺《宋書州郡志校勘記》云：‘《續漢志》無西平昌，後漢下當是脱無字。’按成校是，今補。”按：各本不誤。考《續漢書·郡國志四》“青州平原郡”條下緊接之“樂安國”條云：“高帝西平昌置，爲千乘。”錢大昕《考異》卷一四《續漢書·郡國志四》略云：文當云“高帝置”，不應有“西平昌”三字。據《後漢書》卷七八《孫程傳》“彭愷爲西平昌侯”，注云：“西平昌縣屬平原郡。”則“西平昌”三字本當屬上文“平原郡”，後錯入樂安國注中。又北海有平昌縣，故稱“西”以別之；《晋書·地理志上》平原國亦有西平昌縣。按錢説至確，如此則“平昌令，漢舊縣。後漢、《晋太康地志》曰西平昌”不誤。

[7]般縣：確址無考，當僑治今山東鄒平縣、章丘市一帶。

[8]茌平：縣名。確址無考，當僑治今山東鄒平縣、章丘市一帶。

[9]高唐：縣名。僑治今山東章丘市西北。

清河太守，[1]漢立，桓帝建和二年，改曰甘陵，魏復舊。何有重合縣。別見。領縣七。户三千七百九十四，口二萬九千二百七十四。去州一百一十。去京都陸一千八百。

[1]清河：郡名。治盤陽城，今山東淄博市西南淄川區。按《魏書·地形志中》"齊州東清河郡"條："劉裕置，魏因之。"據此，則清河僑郡蓋置於東晉義熙中劉裕平南燕後（宋元嘉九年（432）後有實土），及宋泰始中没於北魏。

清河令，[1]二漢無，《晋太康地志》有。

武城令，[2]漢舊縣，並曰東武城。[3]

繹幕令，[4]漢舊縣。

貝丘令，[5]漢舊縣。

零令，[6]漢舊縣作靈。[7]

鄃令，[8]漢舊縣。

安次令，[9]前漢舊縣，屬勃海，後漢屬廣陽，《晋太康地志》屬燕國。

[1]清河：縣名。治今山東淄博市西南淄川區。

[2]武城：縣名。治今山東淄博市西南淄川區東。

[3]漢舊縣，並曰東武城：《晋書·地理志上》冀州清河國亦爲東武城。

[4]繹幕：縣名。確址無考，當治今山東淄博市西南淄川區與章丘市之間。

[5]貝丘：縣名。治今山東淄博市西南淄川區一帶。

[6]零：縣名。確址無考，當治今山東淄博市境。

[7]漢舊縣作靈：《漢書·地理志》《續漢書·郡國志》《晋書·地理志》並作"靈"。

[8]鄃：縣名。治今山東淄博市東南。

[9]安次：縣名。治今山東淄博市東北。

樂陵太守，[1]晋武帝分平原立。舊屬青州，[2]今來
屬。[3]領縣五。户三千一百三，口一萬六千六百六十一。
去州一百四十。去京都陸一千八百。

[1]樂陵：郡名。治樂陵縣，今山東博興縣境。按：《魏書·
地形志中》"青州樂陵郡"條："故千乘地，劉義隆置，
魏因之。"據此，則樂陵郡宋泰始中没於北魏。

[2]晋武帝分平原立。舊屬青州：《晋書·地理志》序云魏武
置郡十二，其中有樂陵；又《晋書·地理志上》冀州樂陵國"漢
置"。如此，則樂陵郡當置於東漢建安年間。吴增僅《三國郡縣表
附考證》推測樂陵郡或置於建安十八年（213）五月魏國初建時。
又本志有關樂陵郡的叙述本身就存在矛盾，此既云"樂陵太守，晋
武帝分平原立"，"南徐州刺史南平昌太守新樂令"條又曰"新樂
令，二漢無，魏分平原爲樂陵郡，屬冀州，而新樂縣屬焉"。當以
"南徐州刺史南平昌太守新樂令"條爲是，且魏、西晋樂陵當屬
冀州。

[3]今來屬：張元濟《校勘記》曰：宋本、三本作"今來屬"，
殿本、北本、汲本作"今度屬"。按："今來屬""今度屬"皆通，
而以"今度屬"更合本書《州郡志》志例。

　　樂陵令，[1]漢舊縣，故屬平原。
　　陽信令，[2]二漢屬勃海，《晋太康地志》屬
樂陵。
　　新樂令。[3]別見。
　　厭次令，[4]前漢曰富平，明帝更名，屬平原，
《晋太康地志》屬樂陵。
　　溼沃令，[5]前漢屬千乘，後漢無。何云魏立，

當是魏復立也。《晋太康地志》屬樂陵。

[1] 樂陵：縣名。治今山東博興縣境。
[2] 陽信：縣名。確址無考，當治今山東博興、高青二縣間。
[3] 新樂：縣名。確址無考，當治今山東博興、廣饒等縣一帶。
[4] 厭次：縣名。確址無考，當治今山東博興等縣一帶。
[5] 湿沃：縣名。確址無考，當治今山東博興縣、濱州市之間。
按：湿沃，《漢書·地理志上》“千乘郡”條作“湿沃”，《晋書·地理志上》“冀州樂陵國”作“漯沃”。作“漯沃”疑是，漢晋有漯水，縣在漯水近旁，當因水而名。

魏郡太守，[1]漢高帝立。二漢屬冀州，魏、晋屬司隸，江左屢省置，[2]宋孝武又僑立，何無。領縣八。戶六千四百五，口三萬三千六百八十二。

[1] 魏郡：僑治今山東濟南市一帶。
[2] 江左屢省置：魏郡陷没後，向未恢復，此所謂“江左屢省置”者，當指僑郡。僑郡蓋東晋義熙中平南燕後所置。宋泰始中郡没於魏，《魏書·地形志中》“齊州東魏郡”條：“劉駿置，魏因之，治歷城。”

魏令，[1]漢舊縣。
安陽令，[2]《晋太康地志》有。
聊城令，[3]漢屬東郡，晋屬平原。
博平令，[4]漢屬東郡，晋屬平原。
肥鄉令，[5]《晋太康地志》屬廣平。[6]
蠡吾令，[7]前漢屬涿，後漢屬中山，《晋太康地志》屬高陽。孝武始立，屬高陽，大明七年度此。

　　頓丘令，[8]別見。文帝元嘉二十八年，流民歸順，孝武孝建二年立。

　　臨邑令，[9]漢屬東郡，晋屬濟北。孝武孝建二年，與頓丘同立。[10]

[1]魏：縣名。僑治今山東鄒平縣東北。

[2]安陽：縣名。僑治今山東鄒平縣東。

[3]聊城：縣名。僑治今山東濟南、章丘二市間。

[4]博平：縣名。僑治今山東章丘市東。

[5]肥鄉：縣名。僑治今山東濟南、章丘二市間。

[6]《晋太康地志》屬廣平：《元和郡縣圖志》卷一五“河東道洺州肥鄉縣”條：“魏黄初二年分邯鄲、列人等縣立肥鄉，屬廣平郡。”

[7]蠡吾：縣名。僑治今山東章丘市西。

[8]頓丘：縣名。僑治今山東濟南市東。

[9]臨邑：縣名。僑治今山東濟陽縣西南。

[10]孝武孝建二年，與頓丘同立：漢、晋臨邑縣治今山東東阿縣，又見本書《州郡志一》“兗州刺史濟北太守”條，並云“孝武大明元年省”。此宋孝建二年（455）立者，則新置僑縣。

　　河間太守，[1]漢文帝二年，分趙立。[2]江左屢省置，宋孝武又僑立，何無。[3]領縣六。户二千七百八十一，口一萬七千七百七。

[1]河間：郡名。治樂城縣，僑治今山東壽光市一帶。

[2]漢文帝二年，分趙立：此據《漢書·地理志下》“河間國”

條：“故趙，文帝二年别爲國。”周振鶴《西漢政區地理》第八章第四節以爲：據《史記·高祖功臣侯者年表》趙衍、張相如相繼爲河間守，河間郡之析置至遲不過高帝九年（前198），可能即在高帝九年張敖國除之後，劉如意王趙之前，乃析自故秦巨鹿郡。文帝二年（前178），分趙之河間郡置國；十五年國除，分爲河間、廣川、勃海三郡。又此後爲郡爲國，蓋無一定。

[3]江左屢省置，宋孝武又僑立，何無：《晉書》卷一〇《安帝紀》：義熙六年（410）“秋七月庚申，盧循遁走。甲子，使輔國將軍王仲德、廣川太守劉鍾、河間内史蒯恩等帥衆追之”。按：河間陷没後，向未恢復，此所謂“江左屢省置”者，當指僑郡。僑郡蓋東晉義熙中劉裕平南燕時所置，而既言“内史”，則爲國也。僑郡宋泰始中没於魏。又《魏書·地形志中》“青州河間郡”條注：“劉義隆置，魏因之。”與本志“宋孝武又僑立”者異。按何承天《宋書·州郡志》迄元嘉二十年（443），既無河間郡，則“宋孝武又僑立”的可能性較大。

　　樂城令，[1]漢舊縣。

　　城平令，[2]前漢屬勃海，後漢、《晉太康地志》屬河間。

　　武垣令，[3]前漢屬涿，後漢、《晉太康地志》屬河間。

　　章武令，[4]二漢屬勃海，《晉太康地志》屬章武。江左立，屬廣川，孝武大明七年度此。

　　南皮令，[5]漢舊縣，屬勃海。孝武始立，屬勃海，大明七年度此。

　　阜城令，[6]前漢勃海有阜城縣，《續漢》安平有阜城縣，注云“故昌成”。漢信都有昌成，未詳孰是。[7]

[1]樂城：縣名。僑治今山東壽光市一帶。成孺《宋州郡志校勘記》：“《兩漢志》作樂成，《晋志》《魏志》作樂城。”

[2]城平：縣名。確址無考，當僑治今山東壽光市一帶。《宋州郡志校勘記》：“《兩漢》《晋志》並作成平。”中華本校勘記云：“‘城平’《漢書·地理志》《續漢書·郡國志》《晋書·地理志》《魏書·地形志》並作‘成平’。”按：《魏書·地形志中》“青州河間郡”條作“城平”。

[3]武垣：縣名。確址無考，當僑治今山東壽光市、濰坊市一帶。

[4]章武：縣名。確址無考，當僑治今山東壽光市、淄博市一帶。

[5]南皮：縣名。僑治今山東壽光市東北。

[6]阜城：縣名。確址無考，當僑治今山東壽光市一帶。

[7]“《續漢》安平有阜城縣”至“未詳孰是”：《宋州郡志校勘記》：“《漢志》信都國有昌成，無昌城，右北平郡昌城乃作城。”又張元濟《校勘記》曰：宋本、三本兩處作“昌成”，殿本、北本、汲本皆作“昌城”。按：《續漢書·郡國志二》“冀州安平國阜城”條注云：“故昌城。”又“未詳孰是”者，李曉傑《東漢政區地理》第五章第五節以爲其實根本不成問題，《漢書·地理志》信都之昌成與勃海之阜城本爲兩地，且相距甚遠，了不相涉；東漢時，昌成改阜城，而西漢阜城已於東漢初年省併。

頓丘太守，[1]別見。江左屢省置，孝武又僑立，[2]何無。領縣四。户一千二百三十八，口三千八百五十一。

[1]頓丘：郡名。僑治今山東章丘市一帶。

　　[2]江左屢省置，孝武又僑立：此所謂“江左屢省置”者，當指僑郡。僑郡蓋東晉義熙中平南燕後所置。“孝武又僑立”者，謂宋孝武帝，及宋泰始中没於魏。

　　頓丘令。[1]別見。
　　衛國令，[2]《晉太康地志》有。[3]
　　肥陽令，[4]何志以前無。
　　陰安令，[5]二漢屬魏，魏屬陽平，晉屬頓丘。[6]

　　[1]頓丘：縣名。確址無考，當僑治今山東章丘市一帶。
　　[2]衛國：縣名。僑治今山東章丘市西南。
　　[3]《晉太康地志》有：孫虨《考論》卷二：“‘有’字下當脱‘衛’字，今《晉書》頓丘有衛，可證也。”按：《晉書‧地理志上》司州頓丘郡領衛縣，方愷《新校晉書地理志》據《左傳》杜預注、《三國志》、《魏書‧地形志上》等考之，以爲“衛”下脱“國”字。
　　[4]肥陽令：孫虨所見本“肥陽令”連上，與“衛國令”作一條，《考論》卷二：“按肥陽令當别提行，以爲四縣數。”肥陽，縣名。確址無考，當僑治今山東章丘市一帶。
　　[5]陰安：縣名。確址無考，當僑治今山東章丘市一帶。
　　[6]二漢屬魏，魏屬陽平，晉屬頓丘：“屬魏”下，各本並脱“魏屬”二字，“陽平”下，毛本、殿本衍“令”字。《考論》卷二云：“‘陽平’下殿本有‘令’字，此後人誤加以足四縣數，而不知晉頓丘無陽平，且言晉屬，不言二漢屬，亦非志例。考陽平、頓丘二漢並爲縣，屬東郡，自魏始立陽平郡，晉復立頓丘郡，舊魏郡之陰安縣，當是魏以屬陽平，晉以屬頓丘。志文‘陰安令，二漢屬魏’，魏，魏郡也，下當更有‘魏屬’二字，連陽平爲句，魏則曹魏也，傳寫訛脱耳。”中華本校勘記云“孫説是，今補‘魏屬’二

字，删‘令’字”。又張元濟《校勘記》曰：宋本、嘉靖本、北本、汲本並作“陽平晋屬頓丘”，殿本作“陽平令晋屬頓丘”，“殿本疑是”。按：張元濟“殿本疑是”誤，《考論》、中華本校勘記是。

高陽太守，[1]高陽，前漢縣名，屬涿，後漢屬河間。晋武帝泰始元年，分涿爲范陽，又屬焉。後又分范陽爲高陽。[2]江左屢省置，孝武又僑立，何無。[3]領縣五。户二千二百九十七，口一萬四千七百二十五。

[1]高陽：郡名。僑治今山東淄博市東臨淄區東北。

[2]“晋武帝泰始元年”至“後又分范陽爲高陽”：《晋書·地理志上》“幽州范陽國”條：“漢置涿郡。魏文更名范陽郡。武帝置國。”又高陽國“泰始元年置”，並與此異。

[3]江左屢省置，孝武又僑立，何無：此所謂“江左屢省置”者，當指僑郡。僑郡蓋東晋義熙中平南燕後所置。“孝武又僑立”者，謂宋孝武帝，宋泰始中没於魏。又《魏書·地形志中》青州高陽郡“劉義隆置，魏因之”，與本志“孝武又僑立”互異，然既云“何無”，則當以“孝武又僑立”的可能性較大。

安平令，[1]前漢屬涿，後漢屬安平，《晋太康地志》屬博陵。

饒陽令，[2]前漢屬涿，《續漢》安平有饒陽縣，注云“故名饒，屬涿”。按《地理》涿唯有饒陽縣，[3]無饒縣。

鄴令，[4]漢舊縣，屬魏郡。江左避愍帝諱，[5]改曰臨漳。孝武始立，屬魏郡，大明七年度此。

高陽令。[6]已見。

　　新城令，[7]前漢屬中山，後漢屬涿，《晋太康地志》屬高陽，[8]並曰北新城。[9]

[1]安平：縣名。僑治今山東淄博市東臨淄區境。

[2]饒陽：縣名。確址無考，當僑治今山東淄博市一帶。

[3]《地理》：指《漢書・地理志》。

[4]鄴：縣名。確址無考，當僑治今山東淄博市、章丘市一帶。

[5]愍帝諱：晋愍帝名司馬鄴。

[6]高陽：縣名。僑治今山東淄博市東北。

[7]新城：縣名。僑治今山東淄博市一帶。

[8]《晋太康地志》屬高陽：各本並脱"屬"字。孫彪《考論》卷二："地志下脱'屬'字。"中華本校勘記云"孫説是"。今據補。

[9]並曰北新城：成孺《宋州郡志校勘記》："《漢志》作北新城。"按：此"城"字應作"成"，《漢書・地理志下》"中山國"條作"北新成"。

　　勃海太守，[1]漢高帝立，屬幽州，後漢、晋屬冀州。江左省置，[2]孝武又僑立，[3]何無。領縣三。户一千九百五，口萬二千一百六十六。

[1]勃海：郡名。僑治今山東高青縣東南。

[2]江左省置：孫彪《考論》卷二："'江左'下脱'屢'字。"

[3]孝武又僑立：勃海僑郡蓋東晋義熙中平南燕後所置。"孝武又僑立"者，謂宋孝武帝。又《魏書・地形志中》青州勃海郡

領重合、脩、長樂三縣，"勃海郡"下注云："故臨淄地，劉駿置，魏因之。"當是宋泰始中没於魏。

長樂令，[1]晋之長樂郡也。[2]疑是江左省爲縣，至是又立。

蓨令。[3]別見。何志屬廣川。徐志屬此。

重合令，[4]漢舊縣。

[1]長樂：縣名。僑治今山東高青縣東南。

[2]晋之長樂郡也："晋之長樂郡"係西晋太康五年（284）改安平國置，參上"廣川太守"條。

[3]蓨：縣名。僑治今山東高青縣一帶。

[4]重合：縣名。僑治今山東高青縣一帶。

司州刺史，[1]漢之司隸校尉也。晋江左以來，淪没戎寇，雖永和、太元王化暫及，太和、隆安還復湮陷。牧司之任，示舉大綱而已。縣邑户口，不可具知。武帝北平關、洛，河南底定，置司州刺史，治虎牢，領河南、漢舊郡。滎陽、晋武帝泰始元年，分河南立。弘農漢舊郡。實土三郡。[2]河南領洛陽、河南、鞏、緱氏、新城、梁、並漢舊縣。河陰、《晋太康地志》有。陸渾、漢舊縣，屬弘農，《晋太康地志》屬河南。東垣、二漢、《晋太康地志》河東有垣縣。新安、二漢屬弘農，《晋太康地志》屬河南。西東垣新立。凡十一縣。[3]滎陽領京、密、滎陽、卷、陽武、苑陵、中牟、開封、成皋並漢舊縣。屬河南。凡九縣。[4]弘農領弘農、陝、宜陽、黽池、盧氏、並漢舊縣。曲陽前漢屬東海，後漢屬下邳，《太康地志》無。凡七縣。[5]三郡合二十七縣，[6]一萬六千三百六户。又有河内、漢舊郡。東京兆京兆別見雍州，東京兆新立。二僑郡。河内寄治河南，領溫、野王、軹、河陽、沁水、山陽、懷、平皋、並漢舊名。朝歌二漢屬河内，《晋太康地志》屬汲郡。晋武太康元年始立。凡十縣。[7]東京兆寄治榮陽，領長安、漢舊縣。萬年、別見。新豐、別見。藍田、別見。蒲阪二漢、《晋太康地志》屬河東。凡六縣。[8]合十六縣，[9]一千九百九十二户。少帝景平初，司州復没北虜。文帝元嘉末，僑立於汝南，尋亦省廢。明帝復於南豫州之義陽郡立司州，漸成實土焉。[10]領郡四，縣二十。去京都水二千七百，陸一千七百。

[1]司州：治平陽，今河南信陽市。

[2]領河南、漢舊郡：中華本校勘記云：“‘郡’各本並作‘縣’。張森楷《校勘記》云：‘縣當作郡。’按張説是，今改正。”　　榮陽、晋武帝泰始元年，分河南立：《晋書·地理志上》司州榮陽郡“泰始二年置”。考《三國志》卷二一《魏書·傅嘏傳》，魏正始年間，“起家拜榮陽太守”，則榮陽郡魏時已置。《水經注》卷七《濟水》：“魏正始三年，歲在甲子，被癸丑詔書，割河南郡自鞏、闕以東，創建榮陽郡，並户二萬五千。”楊守敬《水經注疏》云：“《晋志》《宋志》皆言晋泰始初置榮陽郡，《寰宇記》同。蓋魏建郡旋廢而晋復置也。《魏志·傅嘏傳》，爲榮陽太守，在正始末年。又《晋書·魏舒傳》，遷宜陽、榮陽二郡太守，在晋文王時。”又洪亮吉《補三國疆域志》亦云：“榮陽郡，魏正始三年分河南置……沈《志》、《晋·地理志》等皆以爲晋太始元年置，豈魏末暫廢晋復立邪？”

[3]新城：張元濟《校勘記》曰：殿本、北本、汲本作“新

城”，宋本、三本作“新成”，“城字疑是，見《晉·地志上》”。
《漢書·地理志上》河南郡作“新成”。　　二漢、《晉太康地志》河
東有垣縣：“河東有垣縣”各本並作“河有東垣縣”。成孺《宋州
郡志校勘記》：“《兩漢》《晉志》並無東垣，疑‘地志’下脱
‘無’字。”又楊守敬《晦明軒稿·垣、東垣考》略云：前漢河東
郡垣縣（前漢之垣，以真定有東垣知之。《漢書·地理志下》“真
定國真定縣”條：“故東垣。”《十三州志》：河東有垣，此加東），

後漢作東垣（後漢因前漢之東垣已廢，故垣上加東字），魏、晉亦
作東垣；《續漢書·郡國志》《晉書·地理志》作“垣”，所以脱
“東”字，或因前漢而誤奪，或因唐人於河東立垣縣，遂因習而省
之。又若兩漢、晉本作垣縣，則本書《州郡志》此河南郡之東垣縣
爲初立，不得牽涉漢、晉河東之縣。考本書《州郡志》往往於僑立
縣叙漢晉實土沿革，知此河南郡東垣縣爲僑縣，而本縣即《漢書·
地理志上》河東郡垣縣及《續漢書·郡國志》《晉書·地理志上》
河東郡東垣縣，而僑地在今河南新安縣，故《魏書·地形志中》新
安郡有東垣縣。又“何有東垣縣”孫彪《考論》卷二：“按何有東
垣縣，當作河東有垣縣。”中華本校勘記云：“按二漢、晉河東郡並
有垣縣。孫説是，今改正。”按：以上成孺、楊守敬、孫彪三説觀
點不同。河東郡之垣縣，東漢改東垣縣，魏、晉亦爲東垣縣，並治
今山西垣曲縣東南；此東晉末年河南郡之東垣縣，治今河南新安縣
東。又據本州下云“少帝景平初，司州復没北虜”，則成孺、孫彪
所見本之“何”（依志例，“何”指何承天《宋書·州郡志》，所記
迄宋文帝元嘉中）當爲“河”之誤，又成孺之疑作“二漢、《晉太
康地志》無，何有東垣縣”亦誤；至於孫彪之作“二漢、《晉太康
地志》河東有垣縣”，雖與河東郡垣縣、東垣縣之實際沿革不合，
但與《漢書·地理志》《續漢書·郡國志》《晉書·地理志》合，
應爲《州郡志》原文，故孫彪所改是。又楊守敬《晦明軒稿》之
説雖近是，但若依之而改《州郡志》本文爲“前漢河東有垣縣，
後漢、《晉太康地志》河東有東垣縣”，則與《州郡志》原文不合。

新安、二漢屬弘農，《晋太康地志》屬河南："河南"各本並作"河東"。《宋州郡志校勘記》云："新安不得屬河東郡，《晋志》新安屬河南郡，疑東爲南字之訛。"中華本校勘記云"成校是"。今改正。

[4]並漢舊縣："並"各本訛作"北"，《宋州郡志校勘記》："並，毛誤北。今訂正。"又張元濟《校勘記》曰：宋本、汲本作"北漢舊縣"，殿本、三本、北本同誤，"當作並"。今據此改正。

[5]曲陽前漢屬東海，後漢屬下邳：考《漢書·地理志上》東海郡、《續漢書·郡國志三》徐州下邳國領有曲陽，則本志不誣也。而以弘農實郡領東土舊縣，其爲僑縣無疑。宋少帝景平初，司州及弘農郡覆没。　凡七縣：錢大昕《考異》卷二三《宋書·州郡志二》："今數之，祇六縣。"

[6]三郡合二十七縣：王鳴盛《十七史商榷》卷五七《司州縣數不合》："案'合二十七縣'，則弘農當七縣，今此雖云七縣，實六縣。"

[7]晋武太康元年始立：此"晋武太康元年始立"者，指汲郡，《水經注》卷九《清水》："又東過汲縣北。"注："縣故汲郡治，晋太康中立。"而《晋書·地理志上》"司州汲郡"條注云："泰始二年置。"與此異。　凡十縣：《考異·宋書·州郡志二》云："今數之，河内止九縣。"按：河内郡寄治河南，即僑治今河南洛陽市一帶，所領十縣，數之祇九縣，當有脱漏，對照《晋書·地理志上》司州河内郡，疑脱"州"縣。州，《漢書·地理志上》《續漢書·郡國志一》爲河内郡鄰縣，與温、野王等縣一樣，"並漢舊名"。

[8]蒲阪：《漢書·地理志上》河東郡作"蒲反"，《續漢書·郡國志一》司隸河東郡、《晋書·地理志上》司州河東郡作"蒲坂"。　凡六縣：《考異·宋書·州郡志二》云："今數之……東京兆止五縣。"按：東京兆郡寄治滎陽，即僑治今河南滎陽市一帶。又孫彪《考論》卷二於弘農、河内、東京兆三郡總結云："按弘農

領祇見六縣，河內見九縣，東京兆見五縣，皆欠一縣。”

[9]合十六縣：《十七史商榷》卷五七《司州縣數不合》：“案‘合十六縣’，今河內十縣，實九縣；東京兆六縣，實五縣，合之實祇十四縣。”

[10]“文帝元嘉末”至“漸成實土焉”：周一良《札記》之《州郡志諸問題》：“案：魯爽於元嘉廿八年爲司州，而鎮義陽。明帝於義陽立司州事，《宋書》《南史》本紀並失書。《通鑑》一三一記太始二年正月置司州於義陽，以義陽內史龐孟虯爲司州刺史。《南齊書》二九《呂安國傳》載，太始四年‘虜陷汝南，司州失守。以安國爲司州刺史。六年，義陽立州治，仍領義陽太守’。《州郡志》義陽郡下言太始五年度郢州，司州始移州治。未知孰是。”按：“未知孰是”云云，參下義陽太守條注釋。又東晉、宋司州之僑置，《晉書·地理志上》司州云：“永嘉之亂，司州淪没劉聰……元帝渡江，亦僑置司州於徐（按：東晉初，徐州之淮北淪没，“僑置司州於徐”之“徐”，或指僑於江北之徐州。楊守敬《東晉疆域圖》作“其地無考”），非本所也。”又《讀史方輿紀要》卷三：“大興四年，司州僑治合肥，尋治滎陽。咸康五年又治襄陽。”其治襄陽，《通鑑》卷九六咸康五年云：“征西將軍庾亮欲開復中原，表桓宣爲都督沔北前鋒諸軍事、司州刺史，鎮襄陽。”胡三省注曰：“自李矩以司州刺史退屯卒于魯陽，司州已寄治荊州界，今始以司州治襄陽。”後司州舊地曾經收復，還復湮陷，本志“司州刺史”條云：“晉江左以來，淪没戎寇，雖永和、太元王化暫及，太和、隆安還復湮陷……武帝北平關、洛，河南底定，置司州刺史，治虎牢……少帝景平初，司州復没北虜。文帝元嘉末，僑立於汝南（據《南齊書·州郡志下》“司州”條，“僑立州於汝南縣瓠”），尋亦省廢。明帝復於南豫州之義陽郡立司州，（元徽中）漸成實土焉。”其立州於義陽，據《南齊書·州郡志下》“司州”條及《南齊書》卷二九《呂安國傳》，在泰始六年（470）。

義陽太守，[1]魏文帝立，後省，晉武帝又立。《太康地志》、《永初郡國》、何志並屬荆州，徐則南豫也。[2]明帝泰始五年，度郢州，後廢帝元徽四年，屬司州。[3]領縣七。戶八千三十一，[4]口四萬一千五百九十七。

[1]義陽：郡名。治平陽，今河南信陽市。

[2]徐則南豫也：本書《州郡志》"大較以大明八年爲正"，是年，義陽郡屬南豫州。

[3]"明帝泰始五年"至"屬司州"：吳應壽《十六國漢、後趙及南朝齊司州治》（《歷史地理研究》第二輯，復旦大學出版社1990年版）謂：據《水經注》，義陽郡治仁順城（今河南信陽市舊城），始於東晉。據《州郡志》司州沿革，司州治義陽郡始於宋明帝泰始中失淮北司州之後（泰始以前，司州治淮北汝南郡之懸瓠城，今河南汝南縣，泰始四年（468）陷於魏）。本志義陽太守沿革云："《太康地志》、《永初郡國》、何志並屬荆州，徐則南豫也。明帝泰始五年，度郢州，後廢帝元徽四年（476），屬司州。"考明帝於義陽郡置司州後，司州刺史即帶義陽太守，義陽屬司州必早於元徽四年，可能元徽四年以前司州無實土，至元徽四年後始有。據本書卷八《明帝紀》：泰始五年閏十一月戊子，以"義陽太守呂安國爲司州刺史"。《南齊書》卷二九《呂安國傳》：泰始四年"虜陷汝南，司州失守，仍以安國爲督司州諸軍事、寧朔將軍、司州刺史。六年，義陽立州治，仍領義陽太守"。疑義陽屬司州在泰始六年，而非元徽四年，本志義陽太守沿革有訛誤。又自宋泰始以迄梁初，司州刺史均領義陽太守。梁天監初，據《魏書》卷一九《中山王英傳》分析，司州仍在仁順城之義陽郡。梁天監三年（505），魏陷司州，司州移於義陽三關之南。按：吳應壽所考是，參本志尾"附：《南齊書·州郡志》司州南義陽郡：孝昌、平興、義昌、平陽、南安、平春"條注釋。

[4]户八千三十一：成孺《宋州郡志校勘記》："一，殿本作二。"又張元濟《校勘記》曰：宋本、三本、北本、汲本作"户八千三十一"，殿本作"户八千三十二"。

　　平陽侯相，[1]前漢無，後漢屬江夏曰平春，《晋太康地志》屬義陽，晋孝武改。[2]

　　鄳令，[3]二漢屬江夏，《晋太康地志》屬義陽，並作鄳，音盲。《永初郡國》、何並作鄳。[4]

　　鍾武令，[5]前漢屬江夏，後漢、《晋太康地志》無，《永初郡國》屬義陽。

　　寶城令，[6]孝武孝建三年，分鄳立。

　　義陽令，[7]《晋太康地志》有，後省。孝武孝建三年，分平陽立。

　　平春令，[8]孝武孝建三年，分平陽立。

　　環水長，[9]《永初郡國》、何、徐並無，明帝泰始三年，度屬宋安郡，後省宋安，還此。宋安，本縣名，孝武大明八年，省義陽郡所統東隨二左郡立爲宋安縣，[10]屬義陽。明帝立爲郡。[11]

[1]平陽：國名。治今河南信陽市。

[2]《晋太康地志》屬義陽，晋孝武改：《晋書·地理志下》荆州江夏郡領平春縣。又方愷《新校晋書地理志》江夏郡云："案孝武以母鄭太后名春，凡縣名春者皆改。弋陽郡之蘄春、江夏郡之平春、安成郡之宜春、淮南郡之壽春、吳郡之富春等縣，悉改春爲陽。散見《州郡志》《元和志》《寰宇記》中。"

[3]鄳：縣名。治今河南羅山縣西澀河北岸。

[4]《晋太康地志》屬義陽，並作鄳，音盲。《永初郡國》、何

並作郹：孫彪《考論》卷二：“郹字必有異，故志詳之，魏收書作郿，蓋此字又有盟音也。”按《晉書·地理志下》荆州江夏郡領郹縣。

[5]鍾武：縣名。治今河南信陽市東南。

[6]寶城：縣名。治今河南羅山縣西。

[7]義陽：縣名。治今河南信陽市西北。

[8]平春：縣名。治今河南信陽市西北。

[9]環水：縣名。治今湖北廣水市東。

[10]省義陽郡所統東隨二左郡立爲宋安縣：《考論》卷二：“按《南齊書》，司州有東隨安左郡、北隨安左郡。”又胡阿祥《南朝寧蠻府、左郡左縣、俚郡僚郡述論》略謂：“東隨二左郡”當作“東隨安左郡”。東隨安左郡何時置無考，隸屬義陽郡。大明八年（464）省爲宋安縣，屬義陽郡。齊復置東隨安左郡，領西隨、高城、牢山三縣。郡治今湖北廣水市、大悟縣一帶。

[11]明帝立爲郡：本書《州郡志三》“荆州刺史”條：“文帝世，又立宋安左郡，領拓邊、綏慕、樂寧、慕化、仰澤、革音、歸德七縣，後省改。”錢大昕《考異》卷二三《宋書·州郡志三》：“案：司州環水縣下云：‘宋安，本縣名，孝武大明八年，省義陽郡所統東隨二左郡立爲宋安縣，屬義陽，明帝立爲郡。’而《豫州蠻傳》亦云：世宗（按：宋無“世宗”，《南史》作明帝，則“世宗”當云“太宗”）初即位，西陽蠻田益之、義之等起兵反宋，攻郢州，克之，以蠻户立宋安、光城二郡，以義之爲宋安太守。是宋安郡實明帝所立矣。此云‘文帝立宋安左郡’，而南豫州光城左郡下亦云，‘大明八年，省光城左郡爲縣，屬弋陽’，則兩郡先已有之，孝武時省爲縣，至明帝而復立也。”又《考論》卷二：“元嘉二十八年，魯爽爲司州刺史，《傳》稱加督豫州之義陽、宋安二郡軍事。”又《南朝寧蠻府、左郡左縣、俚郡僚郡述論》略謂：宋安左郡，宋文帝立，領拓邊、綏慕、樂寧、慕化、仰澤、革音、歸德七縣。後省。泰始初又置。後又省又置。齊世領樂寧、仰澤、襄城三

縣，郡治今河南信陽市南，並分置東義陽左郡、南淮安左郡等。

　　隨陽太守，[1]晋武帝分南陽義陽立義陽國，[2]太康九年，又分義陽爲隨國，[3]屬荆州。孝武孝建元年度屬郢，前廢帝永光元年度屬雍，[4]明帝泰始五年還屬郢，改爲隨陽，[5]後廢帝元徽四年，度屬司州。徐志又有革音縣，今無。領縣四。户四千六百。去京都三千四百八十。

　　[1]隨陽：郡名。治隨陽縣，今湖北隨州市。

　　[2]晋武帝分南陽義陽立義陽國：成孺《宋州郡志校勘記》：
“《晋志》荆州下云：武帝平吴，分南陽立義陽郡。又義陽郡，太康中置。字並作‘郡’，此作‘國’，字之誤也。”又孫彪《考論》卷二：“按《寰宇記》，晋武帝泰始元年，割南陽之東鄙置義陽郡，封安平王子望爲義陽王。又案分南陽義陽，依《水經·淮水注》引闞駰説，蓋有脱字。”按：本志不誤，《宋州郡志校勘記》非，參上“義陽太守”條注釋。又《太平寰宇記》卷一三二“信陽軍”條：“晋武帝泰始元年，割南陽之東鄙復置義陽郡，封安平獻王孚次子望爲義陽王。”又《水經注》卷三〇《淮水》云：“闞駰言：晋太始中，割南陽東鄙之安昌、平林、平氏、義陽四縣，置義陽郡於安昌城。”

　　[3]太康九年，又分義陽爲隨國：“太康九年”各本並作“太康年”。《元和郡縣圖志》卷二一“山南道隨州”條：“晋太康九年，分義陽置隨郡。”又《晋書》卷三七《隨穆王整傳》：“武帝以義陽國一縣追封爲隨縣王。子邁嗣。太康九年，以義陽之平林益邁爲隨郡王。”據知此“太康年”當作“太康九年”，補“九”字。

　　[4]前廢帝永光元年度屬雍：本書《州郡志》“大較以大明八年爲正”，是年，隨郡屬郢州。

　　[5]明帝泰始五年還屬郢，改爲隨陽：洪頤煊《諸史考異》卷

四《隨陽郡》："案《明帝紀》，泰始五年四月辛未，割雍州隨郡屬郢州，未嘗改名隨陽。《後廢帝紀》，元徽四年九月丁亥，割郢州之隨郡屬司州。《順帝紀》，昇明二年十一月甲子，改封南陽王翽爲隨郡王，改隨陽郡。《志》誤。"按：宋昇明二年（478）隨郡改隨陽郡。而據《南齊書·州郡志下》司州領有隨郡，則隨陽郡後又改回隨郡。

隨陽子相，[1]漢隨縣屬南陽，《晋太康地志》屬義陽。後隨國與郡俱改。[2]

永陽男相，[3]徐志有。

闞西令，[4]別見荆州，作厥西。宋末新立。[5]

西平林令，[6]宋末新立。[7]

[1]隨陽：國名。治今湖北隨州市。

[2]後隨國與郡俱改：孫彪《考論》卷二："後隨國，後下疑脫爲字，又按後當爲故。"

[3]永陽：國名。治今湖北廣水市西北。"永陽"各本並作"水陽"。成孺《宋州郡志校勘記》："'水'《南齊志》作'永'。"楊守敬《校補宋書州郡志札記》："永陽令誤作水陽。"《考論》卷二："《南齊志》作永陽。"中華本校勘記云"據《南齊書·州郡志》改"。

[4]闞西：縣名。治今湖北隨州市西北。"闞西"各本並作"關西"。《宋州郡志校勘記》："關，《南齊志》作闞。據本志原注云別見荆州，作厥西。闞、厥聲相近，知關爲闞字之誤，當據以改正。"《校補宋書州郡志札記》："厥西令誤作關西。"《考論》卷二："《南齊書》作闞西，以厥音證之，闞字是也。"中華本校勘記云"據《南齊書·州郡志》改"。

[5]宋末新立：本書《州郡志三》"荆州刺史南義陽太守厥西

令"條："二漢無,《晋太康地志》屬義陽。"按：荆州南義陽郡爲僑郡，領厥西、平氏兩僑縣。就厥西言，此闕西縣實爲本縣。如此，則志作"宋末新立"不妥，當是宋末以厥西改名闕西。

[6]西平林：縣名。治今湖北隨州市東北。

[7]宋末新立：《晋書·地理志下》荆州義陽郡領縣有平林，又《南齊書·州郡志下》司州東新安左郡領有平林縣，此西平林縣，疑是宋末以平林縣改名，後又改回平林。若果然如此，則志作"宋末新立"亦不妥。

安陸太守，[1]孝武孝建元年，分江夏立，屬郢州，後廢帝元徽四年度司州。[2]徐志有安蠻縣，《永初郡國》、何並無，當是何志後所立。尋爲郡，孝武大明八年，省爲縣，屬安陸，明帝泰始初，又立爲左郡，宋末又省。領縣二。[3]戶六千四十三，口二萬五千八十四。去京都水二千三百。

[1]安陸：郡名。治安陸，今湖北安陸市。

[2]後廢帝元徽四年度司州：本書《州郡志》"大較以大明八年爲正"，是年，安陸郡屬郢州。

[3]領縣二：孫虨《考論》卷二："《孔季公傳》言大明中安陸應城縣民張江陵。按安陸應城縣，《元和志》《通典》及《太平寰宇記》俱云宋分安陸置，今《宋書》志乃無此縣名，蓋脱去矣。"又楊守敬《校補宋書州郡志札記》："'領縣二'當作'領縣一'，下文安陸、江夏二縣平列誤也。江夏立縣始於隋，故《齊志》亦無江夏縣。《隋志》江夏縣但云'舊置江夏郡'，不云何代置縣。《寰宇記》，隋平陳後，以江夏郡爲縣，居舊汝南縣界，開皇十年使人韋焜就州東南焦渡樓下置江夏縣。此《志》江夏下不注置立朝代，下接又有曲陵縣，本名石陽，吳立。《晋起居注》，太康元年，改江

夏石陽曰曲陵，明帝泰始六年，併安陸，則知石陽已併安陸，故安陸郡祇領安陸一縣，所云‘改江夏石陽曰曲陵’者，謂江夏郡之石陽，非謂江夏縣也，足知此‘又有’上‘江夏’二字爲衍文，‘又有’以下直接上安陸縣下不知何時誤叠‘江夏’二字，淺人遂以江夏爲縣，而提行書之，又改安陸郡領縣二，而江夏乃誤爲宋置矣。”又中華本校勘記云：“按此云領縣二而下實安陸一縣，疑脱去應城縣。《南齊書・州郡志》有應城縣。《元和志》《寰宇記》並云分安陸立。本書《孔季恭傳》言‘大明中安陸應城縣民張江陵’云云，則宋世安陸郡有應城縣至確，今《宋志》無之，蓋脱去。”按：楊守敬所辨“安陸江夏二縣平列誤也”是，所辨“領縣二當作領縣一”以及“又有上江夏二字爲衍文”則非。按本志“司州刺史”條云：“領郡四，縣二十。”數之，則四郡、十九縣，脱一縣。所脱一縣爲應城，《考論》、中華本校勘記是。應城，宋置，治今湖北應城市。

安陸公相，[1]漢舊縣，屬江夏。江夏又有曲陵縣，[2]本名石陽，吳立。《晉起居注》，太康元年，改江夏石陽曰曲陵，[3]明帝泰始六年，併安陸。

[1]安陸：國名。治今湖北安陸市。

[2]江夏又有曲陵縣：孫彪《考論》卷二：“‘江夏又有曲陵’云云，疑與上安陸實一條，後人誤分之以足領縣二之數。”又《〈宋州郡志校勘記〉校補》楊守敬曰：“當接上爲一條。此江夏無令、公、侯、子、相字樣，觀下文泰始併安陸，知安陸祇領一縣，並無江夏縣。上文領縣二者，係後人據誤本改。”又《〈宋州郡志校勘記〉校補》譚其驤曰：“楊説非也。休文志州郡大較以孝武大明八年爲正，曲陵，明帝泰始六年始併於安陸，當自爲一條。上文領縣二不誤，惟‘江夏又有’四字衍，‘縣’字當易以令、長、

侯、相等字樣。"又中華本校勘記云："楊守敬云：'安陸、江夏二縣平列，誤也。江夏立縣始於隋，故《齊志》無江夏縣。不知何人遂以江夏爲縣而提行書之。'孫彪《宋書考論》云：'案江夏與安陸實一條，後人誤分之以足領縣二之數。'按楊、孫二家説是。今訂正爲一條。"按：本書《州郡志》雖"大較以孝武大明八年爲正"，但"其後分派，隨事記列"，且本志於時間斷限多有爲例不純者。即以此司州言，據上相關注釋，乃泰始六年（470）所立；又此安陸郡屬司州，更遲至元徽四年（476）。據此，中華本校勘記補"應城"較之"《校補》譚其驤曰"以"曲陵"自爲一條更勝。又有可以與此比照者，在"安陸太守"條中叙安蠻（縣、郡、左郡），而若依"《校補》譚其驤曰"的推論，則安陸郡當領有安蠻縣，而事實上，安蠻（縣、郡、左郡）並未"自爲一條"。

[3]改江夏石陽曰曲陵："曲陵"各本並作"曲陽"。成孺《宋州郡志校勘記》："陵，毛作陽。蓋涉石陽而誤，今據上文訂正。"中華本校勘記云"成校是，今改正"。按：據本志"郢州刺史江夏太守"條"又有安陸、曲陵"，則各本並作之"曲陽"確爲"曲陵"之誤。

南汝南太守。[1]汝南郡別見。

[1]南汝南：郡名。確址無考，當僑治今河南信陽市、湖北安陸市一帶。

平輿令。[1]
北新息令。[2]
真陽令。[3]
安城令。[4]

南新息令。[5]

安陽令。[6]並別見。

臨汝令，新立。[7]

[1]平輿：縣名。確址無考，當僑治今河南信陽市、湖北安陸市一帶。

[2]北新息：縣名。確址無考，當僑治今河南信陽市、湖北安陸市一帶。

[3]真陽：縣名。確址無考，當僑治今河南信陽市、湖北安陸市一帶。

[4]安城：縣名。確址無考，當僑治今河南信陽市、湖北安陸市一帶。

[5]南新息：縣名。確址無考，當僑治今河南信陽市、湖北安陸市一帶。

[6]安陽：縣名。確址無考，當僑治今河南信陽市、湖北安陸市一帶。

[7]臨汝令，新立：臨汝，此作“新立”，本志“南豫州刺史汝南太守臨汝令”條則注“漢舊名”。注“漢舊名”誤，作“新立”是。參“南豫州刺史汝南太守臨汝令”條注釋。臨汝，縣名。確址無考，當僑治今河南信陽市、湖北安陸市一帶。

附：《南齊書·州郡志》司州南義陽郡：孝昌、平輿、義昌、平陽、南安、平春。

吳應壽《十六國漢、後趙及南朝齊司州治》謂：《南齊書·州郡志》司州治義陽，領南義陽、北義陽、隨、安陸、汝南、安蠻左等十九郡。其司州之南義陽、北義陽、隨、安陸、汝南、安蠻左諸郡，皆因宋之舊。本志司州領義陽、隨陽、安陸、南汝南四郡。其義陽郡即《南齊書·州郡志》之北義陽郡；隨陽郡，本隨郡，明帝泰始五年改，南齊復故名；南汝南郡乃僑郡，即《南齊書·州郡志》之汝南郡（寄州治）；安陸郡即《南齊書·州郡志》安陸郡。又《志》"安陸郡安蠻縣"條云："明帝泰始初，又立爲左郡，宋末又省。"是《南齊書·州郡志》之安蠻左郡，亦仍宋之舊，不過宋時曾一度省廢。唯《南齊書·州郡志》之南義陽郡不見本書《州郡志》，蓋本書《州郡志》脱此郡也。其證有二：其一，本書卷八《明帝紀》："泰始五年三月乙卯，於南豫州立南義陽郡。"又云："夏四月乙酉，割豫州義陽郡屬郢州。"此豫州之義陽郡，本書《州郡志》引《徐志》屬南豫州。本書《州郡志》又説："明帝復於南豫州之義陽郡立司州。"是泰始中，淮北没於北魏後，於淮南置豫州與南豫州，並於南豫州之義陽郡置司州。南義陽郡亦當於義陽郡置司州後改屬司州。其二，《南齊書·州郡志》司州沿革：宋"泰始既遷，領義陽，僑立汝南，領三郡。元徽四年，又領安陸、隨、安蠻三郡"。即是説宋時司州領六郡。但數之，祇有五郡，其中泰始時實領二郡，缺一郡。泰始時當脱南義陽一郡。又由以上所考可知：本志司州脱南義陽郡，須以《南齊書·州郡志》之司州及有關紀、傳來補正。

宋書　卷三七

志第二十七

州郡三

荆州　郢州　湘州　雍州　梁州　秦州

荆州刺史，[1]漢治武陵漢壽，魏、晋治江陵，[2]王敦治武昌，陶侃前治沔陽，後治武昌，王廙治江陵，庾亮治武昌，庾翼進襄陽，復還夏口，桓溫治江陵，桓沖治上明，王忱還江陵，[3]此後遂治江陵。宋初領郡三十一，[4]後分南陽、順陽、襄陽、新野、竟陵爲雍州，[5]湘川十郡爲湘州，江夏、武陵屬郢州，[6]隨郡、義陽屬司州，[7]北義陽省，[8]凡餘十一郡。[9]文帝世，又立宋安左郡，[10]領拓邊、綏慕、樂寧、慕化、仰澤、革音、歸德七縣，後省改。[11]汶陽郡又度屬。今領郡十二，[12]縣四十八。户六萬五千六百四。去京都水三千三百八十。

[1]荆州：治江陵，今湖北荆州市荆州區。
[2]魏、晋治江陵：錢大昕《考異》卷二三《宋書·州郡志

三》："案：魏之荆州治襄陽，不能得江陵也。《志》誤。"按：魏荆州所治，説法不一。《水經》卷三一《淯水注》：古宛城"荆州刺史治，故亦謂之荆州城"；又《水經注》卷二八《沔水》：襄陽郡"荆州刺史治"。楊守敬《水經注疏》云："《通鑑》漢初平元年，劉表爲荆州刺史，徙治襄陽。《通典》魏荆州理宛，晋初理襄陽，平吴，理南郡。"《通典》卷一七一《州郡典一》：後漢荆州治漢壽，魏荆州治襄陽，吴荆州治南郡，西晉荆州初治襄陽，後治江陵；又《通典》卷一八三《州郡典十三》：後漢荆州初理武陵郡漢壽縣，後理南郡，魏荆州理宛，吴荆州理江陵，晋荆州初理襄陽，平吴，理南郡。又吴增僅《三國郡縣表附考證》：荆州故治漢壽。劉表領荆州，治襄陽。建安十三年（208）劉琮舉州降操，尋爲吴破，荆州遂分。魏初荆州治宛，正始中移治新野；又吴荆州治樂鄉。謝鍾英《三國疆域表》：魏荆州治宛及新野，吴荆州治江陵。又洪亮吉《補三國疆域志》：魏荆州治宛，"沈志魏荆州治江陵，今考《三國志》，江陵屬吴，爲吴荆州治，不得云魏。沈志蓋微誤"。謝鍾英《補三國疆域志補注》：吴荆州治南郡，"《通典》吴荆州理江陵，沈志謂魏荆州刺史治江陵，非是"。"按《水經注》，魏荆州刺史治襄陽，《通典》理宛，二説未知孰是"。金兆豐《校補三國疆域志》（商務印書館1935年版）：魏荆州，《通典》治宛，《水經注》治襄陽；吴荆州治江陵。

[3]王忱：各本並作"王説"。洪頤煊《諸史考異》卷四《王忱治江陵》："'王説'是'王忱'之訛。《南齊書·州郡志》，太元十四年，王忱還江陵，自忱以來，不復動移。《晉書·王忱傳》，太元中，出爲荆州刺史。"孫彪《考論》卷二："'王説'應作'王忱'。"中華本校勘記引洪頤煊之説並據《南齊書·州郡志》改。

[4]宋初領郡三十一：《考論》卷二："《寰宇記》引盛弘之《荆州記》云：'元嘉十四年，荆州所隸三十郡。'"

[5]後分南陽、順陽、襄陽、新野、竟陵爲雍州：《考論》卷二："按竟陵是封郢州。"又丁福林《校議》云：此"竟陵"應移

置下句"武陵"後。按：孫彪、丁福林之説是，即分立爲雍州者，
爲南陽、順陽、襄陽、新野四郡。參本志"郢州刺史"條及"雍
州刺史"條注釋。

[6]武陵：各本並作"武陽"。《考論》卷二："武陽當是武
陵。"中華本校勘記云"孫説是，今改正"。今從。

[7]隨郡、義陽屬司州：義陽郡先屬荆州，再屬南豫州，最後
始屬司州；又隨郡先屬荆州，再屬郢州，再屬雍州，再屬郢州，最
後始屬司州。參本書《州郡志二》"司州刺史義陽太守"條注釋、
"隨陽太守"條注釋。

[8]北義陽省：《考論》卷二："觀此，則荆州有三義陽，北義
陽蓋以屬雍州。徐志云，晋安帝立，是也。因除北字，且後亦省，
故沈不詳。"按：《考論》"荆州有三義陽"者，改屬司州之義陽
郡，一也，省廢之北義陽郡，二也，荆州仍領之南義陽郡，三也；
又《考論》"徐志云，晋安帝立"者，見本志"雍州刺史"條：
"徐志雍州有北上洛、北京兆、義陽三郡……義陽，云晋安帝立
……今並無此三郡。"又北義陽郡當僑置在雍州襄陽一帶，及宋大
明土斷中省，參本志"雍州刺史"條注釋。

[9]凡餘十一郡：胡阿祥《東晋南朝地方州鎮略説》（《東北亞
歷史地理研究》，中州古籍出版社1998年版）分析宋初以來荆州之
連續分割云：東晋南朝地方州鎮，"莫過荆、揚"（《南齊書·州郡
志下》）。本書卷六六《何尚之傳》："荆、揚二州，户口半天下。
江左以來，揚州根本，委荆以闡外。"沈約《宋書》卷六六"史臣
曰"發揮之云："江左以來，樹根本於揚越，任推轂於荆楚。揚土
自廬蠡以北，臨海而極大江；荆部則包括湘、沅，跨巫山而掩鄧
塞。民户境域，過半於天下。晋世幼主在位，政歸輔臣，荆、揚司
牧，事同二陝。宋室受命，權不能移，二州之重，咸歸密戚。"又
荆揚相較，荆州居建康上流，甲兵所聚，爲用武之國；揚州乃王畿
之地，穀帛所出，是文治之邦，故荆州軍力更在揚州之上，以此
"荆州一地，關係六朝政局者甚大"。傅樂成《荆州與六朝政局》

（載於傅樂成《漢唐史論集》，聯經出版事業公司 1987 年版）指出："孫吳之堅強有賴荆州之穩固。東晉、宋、齊對荆州之猜防削弱，尤繫乎六朝國運。東晉之不能有爲，宋文以後南朝武力之不振，皆與此種荆州政策有關。而梁、陳衰亡，更顯受宋以來割裂荆州之影響。内外不同心，則防制愈工，而爲禍亦愈烈。一切花樣，皆適足爲他人謀也。"據此，東晉南朝荆州影響中央與地方關係及疆域之伸縮甚大。晉自南渡以後，"享國百年，五胡雲擾，竟不能窺江漢，苻堅以百萬之衆，至於送死肥水"（洪邁《容齋隨筆》卷八《東晉將相》），就實因寄大權於方伯，方伯之任又莫過荆州。《容齋隨筆·東晉將相》云："荆州爲國西門，刺史常都督七、八州，事力雄強，分天下半。自渡江迄於太元，八十餘年，荷閫寄者，王敦，陶侃，庾氏之亮、翼，桓氏之温、豁、沖、石民，八人而已。非終於其軍不輒易。將士服習於下，敵人敬畏於外。"然而另一方面，荆州在東晉内部紛爭中的地位也極爲重要。荆州"刺史常都督七、八州"，因此有荆州即等於割江左之半，其都督刺史據上流，握強兵，遥制朝權，時或"羈縻而已……士衆資調殆不爲國家用"（《晉書》卷九八《桓温傳》），甚至稱兵作亂，謀奪中央政權。這種外重之局，予朝廷以莫大威脅，故朝廷對荆州每有猜防，庾翼、桓温欲以荆州之資北伐中原，均歸無功，其原因即在於朝廷阻撓以敗其事。如桓温伐前燕，"衆強士整，乘流直進"，而申胤料其必敗，"何則？晉室衰弱，温專制其國，晉之朝臣，未必皆與之同心，故温之得志，衆所不願也，必將乘阻以敗其事"（《通鑑》卷一○二太和四年）。而"東晉多次北伐之無功，皆此種相制相克之局面所造成"（《荆州與六朝政局》）。且不獨外不能攘，中央與荆州相互疑忌，也釀成了王敦的問鼎之心，桓玄的卒以篡晉，結果内亦不能安。東晉的這種"荆揚之争"，幾乎與國始終。及劉裕憑藉北府兵力相晉後，即誅討了都督荆寧秦雍交廣六州司州之河東河南廣平揚州之義成四郡諸軍事、荆州刺史劉毅。劉裕建宋伊始，又予荆州以多方面的防制：永初二年（421）初限荆州將吏數目（本書《武帝紀》："荆州府置將不得過二千人，吏不得過一萬人。州置將不得過五百人，吏不得過五千人，兵士不在此限。"），使不得自由擴充武力；三年，割荆州南部立湘州，以縮小荆州面積；又"以荆州上流形勝，地廣兵强，遺詔諸子次第居之"（本書卷六八《南郡王義宣傳》），以防異姓二心。文帝繼承了武帝政策，以宗室出鎮荆州，元嘉二十六（449）年又割荆州北部襄陽等郡爲雍州。然宗室過久其任，也生不端，孝武帝時劉義宣即以荆州發難，於是孝武改易"諸子次第居之"的高祖遺詔，並繼續分割荆州，以東部及南部地立郢州，又罷南蠻校尉（荆州内懷百蠻，故荆州除軍府之外，另設有南蠻校尉，以鎮撫蠻族。荆州軍府及南蠻校尉府兵力雄厚，及罷南蠻校尉，荆州軍備也告削弱）。及昇明元年（477），荆州刺史沈攸之反，東、北兩面，即因受郢、雍二州的牽制，而迅速敗滅。至蕭齊，於宗室亦不敢相信，更加重典籤之權，用以鉗制出鎮諸王，由是終蕭齊之世，荆州相當穩定。按荆州的連續分割，多方防制，使之"因此虛耗"（本書卷六六《何尚之傳》）。而"藩城既剖，盜寘人單，闖外之寄，於斯而盡"（本書卷六六"史臣曰"），於是荆州的地位爲雍州所取代。

[10]文帝世，又立宋安左郡：錢大昕《考異》卷二三《宋書·州郡志三》云："案：司州環水縣下云：'宋安，本縣名，孝武大明八年，省義陽郡所統東隨二左郡立爲宋安縣，屬義陽，明帝立爲郡。'而《豫州蠻傳》亦云：世（按：'世'當作'太'）宗初即位，西陽蠻田益之、義之等起兵，攻郢州，克之，以蠻户立宋安、光城二郡，以義之爲宋安太守。是宋安郡實明帝所立矣。此云'文帝立宋安左郡'，而南豫州光城左郡下亦云，'大明八年，省光城左郡爲縣，屬弋陽'，則兩郡先已有之，孝武時省爲縣，至明帝而復立也。"

[11]後省改：宋安本宋文帝元嘉年間所立左郡，領拓邊、綏慕等七縣，後省（省宋安左郡的時間，或在宋孝武帝大明八年），及宋明帝泰始三年（467）前又改置宋安郡。後又省又置。參本書

《州郡志二》"司州刺史義陽太守環水長"條注釋。

[12]今領郡十二：按據下"天門太守"條"孝武孝建元年，度郢州，明帝泰始三年復舊"，而此爲荆州所領十二郡中歸屬荆州時間最晚者，則此"今"謂泰始三年，非大明八年（464），此亦本書《州郡志》爲例不純之證。

　　南郡太守，[1]秦立。漢高帝元年，爲臨江國，景帝中二年復故。[2]晋武帝太康元年改曰新郡，尋復故。宋初領縣九，後州陵、監利度屬巴陵；[3]旌陽文帝元嘉十八年省併枝江。二漢無旌陽，見《晋太康地志》，疑是吳所立。凡餘六縣。[4]户一萬四千五百四十四，口七萬五千八十七。

[1]南郡：治江陵，今湖北荆州市荆州區。

[2]漢高帝元年，爲臨江國，景帝中二年復故：成孺《宋州郡志校勘記》："'高帝'，毛作'文帝'。案《漢志》，南郡，秦置，高帝元年，更爲臨江郡。又《高帝紀》，元年，懷王柱國共敖爲臨江王。孟康曰：本南郡，改爲臨江國。知'文'爲'高'之誤。今據正。"又中華本校勘記云："'漢高帝'各本作'漢文帝'，'中二年'各本作'中元年'，並據《漢書·地理志》改。《漢書·地理志》南郡下云：'秦置，高帝元年，更爲臨江郡，五年，復故。景帝二年（當作"七年"），復爲臨江，中二年復故。'《宋志》略去高帝五年省臨江國復置南郡，景帝七年復爲臨江國一節，'高帝'又訛'文帝'，'中二年'又訛'中元年'。《漢書·高帝紀》，元年以懷王柱國共敖爲臨江王，則《宋志》作臨江國是，《漢志》作臨江郡者誤。景帝七年復爲臨江國，以廢太子榮爲臨江王，至中二年榮自殺，國除。"按：中華本校勘記之"景帝二年（當作七年）"誤。《漢書》卷五《景帝紀》：二年"春三月，立皇子德爲河間王，

閼爲臨江王」；四年「秋七月，臨江王閼薨」；七年「春正月，廢皇太子榮爲臨江王」；中元二年「三月，臨江王榮坐侵太宗廟地，征詣中尉，自殺」。據此，則南郡此段沿革如下：南郡，秦立。漢高帝元年（前206），爲臨江國。五年臨江國除，南郡復故。景帝二年（前155），復以南郡置臨江國，四年國又除，再爲郡，七年又復置臨江國，中元二年（前148）臨江國又再除，爲南郡。然則本志所略去者，高帝五年至景帝七年間沿革。按：本志類此者頗衆，實難一一補出，此所以補者，既爲中華本校勘記之誤，不可不辨，亦聊作一例耳。

[3]後州陵、監利度屬巴陵：本志「郢州刺史」條云：孝武孝建元年（454），「又以南郡之州陵、監利二縣度屬巴陵」。

[4]凡餘六縣：張元濟《校勘記》曰：宋本、三本作「凡餘六縣」，殿本、北本、汲本作「凡領六縣」，「領字誤。宋初領縣九，後省並三縣，故言餘」，前「荊州刺史」條有「凡餘十一郡」。按：「凡領六縣」亦可通，且本書《州郡志》例多作「領」。

江陵公相，[1]漢舊縣。

華容公相，[2]漢舊縣，晉武太康元年省，後復立。[3]

當陽男相，[4]漢舊縣。

臨沮伯相，[5]漢舊縣。《晉太康》《永寧地志》屬襄陽，後度。

編縣男相，[6]漢舊縣。

枝江侯相，[7]漢舊縣。

[1]江陵：國名。治今湖北荆州市荆州區。
[2]華容：國名。治今湖北潛江市西南馬場湖村。

　　[3]晋武太康元年省，後復立：《晋書・地理志下》荆州南郡有華容縣，蓋太康元年（280）省後，旋復置。
　　[4]當陽：國名。治今湖北當陽市。
　　[5]臨沮：國名。治今湖北當陽市西北。
　　[6]編縣：國名。治今湖北當陽市東北。
　　[7]枝江：國名。治今湖北枝江市西南。

　　南平内史，[1]吴南郡治江南，領江陵、華容諸縣。晋武帝太康元年，分南郡江南爲南平郡，治作唐，後治江安。領縣四。户一萬二千三百九十二，口四萬五千四十九。去州水二百五十。去京都水三千五百，無陸。

　　[1]南平：國名。治今湖北公安縣西北。

　　　　江安侯相，[1]晋武帝太康元年立。
　　　　孱陵侯相，[2]二漢舊縣，屬武陵，《晋太康地志》屬南平。
　　　　作唐侯相，[3]前漢無，後漢屬武陵，《晋太康地志》屬南平。
　　　　南安令，晋武帝分江安立。[4]

　　[1]江安：國名。治今湖北公安縣西北。
　　[2]孱陵：國名。治今湖北公安縣西。
　　[3]作唐：國名。治今湖南安鄉縣北。
　　[4]南安令，晋武帝分江安立：成孺《宋州郡志校勘記》：“南安，毛作安南。案《晋志》作南安。《水經・澧水注》：澧水又東逕南安縣南。即此。今據乙正。”又中華本校勘記云：“‘南安’各

本並作‘安南’，據成孺《宋書州郡志校勘記》説乙正。按《水經·油水注》：‘晋太康元年，分屠陵立南安縣。’”按：《水經注》卷三七《澧水》：“澧水又東逕安南縣南，晋太康元年分屠陵立。”《水經注疏》熊會貞曰：“《元和志》《舊唐志》亦作南安，《宋志》、《齊志》、《隋志》、宋本《寰宇記》、《輿地廣記》則作安南，與此同。錯出已久，未能定爲孰是，當兩存之。《宋志》晋武帝分江安立，與此微異。”又方愷《新校晋書地理志》云：“《水經注·澧水》篇：‘澧水又東逕安南縣南，晋太康元年分屠陵立。’此作南安，未詳。”吳翊寅案曰：“《州郡志》亦作南安，云‘晋武帝分江安立’，《水經注》作安南誤。又云‘分屠陵立’，亦非是。考南安，分南郡之江安，故曰南安，則不當作安南矣。”綜上，各本並作之“安南”，以不改“南安”爲妥。南安，縣名。當作安南，治今湖南華容縣。

天門太守，[1]吳孫休永安六年，分武陵立。充縣有松梁山，[2]山有石，石開處數十丈，其高以努仰射不至，其上名“天門”，因此名郡。[3]充縣後省。[4]孝武孝建元年，度郢州，明帝泰始三年復舊。[5]領縣四。户三千一百九十五。去州水一千二百，陸六百。去京都水三千五百。

[1]天門：郡名。治澧陽縣，今湖南石門縣。

[2]松梁山：成孺《宋州郡志校勘記》：“《水經·澧水注》‘松’作‘嵩’。”

[3]“山有石”至“因此名郡”：關於天門郡的得名，《水經注》卷三七《澧水》記載：“武陵郡嵩梁山，高峰孤竦，素壁千尋，望之苕亭，有似香爐。其山洞開，玄朗如門，高三百丈，廣二百丈，門角上各生一竹，倒垂下拂，謂之天帚。孫休以爲嘉祥，分

武陵，置天門郡。"松梁山又作嵩梁山，即石門山，在今湖南張家界市南三十里。"努"通"弩"。

[4] 充縣：《漢書·地理志上》武陵郡、《續漢書·郡國志四》荊州武陵郡、《晋書·地理志下》荊州武陵郡領縣。治今湖南桑植縣。《水經注》卷三七《澧水》："充縣廢省，臨澧縣即其地，臨澧縣之故治，臨側澧水，即爲縣名，晋太康四年置。"是充縣晋武帝太康四年（283）改爲臨澧縣。

[5] 孝武孝建元年，度郢州，明帝泰始三年復舊：本書《州郡志》"大較以大明八年爲正"，是年，天門郡屬郢州。

澧陽令，[1]晋武帝太康四年立。
臨澧令，[2]晋武帝太康四年立。
零陽令，[3]漢舊縣，屬武陵。
漊中令，[4]二漢無，《晋太康地志》有，疑是吴立。

[1]澧陽：縣名。治今湖南石門縣。
[2]臨澧：縣名。治今湖南桑植縣。
[3]零陽：縣名。治今湖南慈利縣東北。
[4]漊中：縣名。治今湖南慈利縣西三官寺。

宜都太守，[1]《太康地志》、王隱《地道》、何志並云吴分南郡立；張勃《吴録》云劉備立。按《吴志》，呂蒙平南郡，據江陵，陸遜別取宜都，獲秭歸、枝江、夷道縣。初權與劉備分荊州，而南郡屬備，則是備分南郡立宜都，非吴立也。習鑿齒云，魏武平荊州，分南郡枝江以西爲臨江郡，建安十五年，劉備改爲宜都。[2]領縣四。户一千八百四十三，口三萬四千二百二十。去州水三百五十，無陸。去京都水三千七百三十。

[1]宜都：郡名。治夷道縣，今湖北宜都市。
[2]魏武平荆州，分南郡枝江以西爲臨江郡，建安十五年，劉備改爲宜都：《晋書·地理志下》“荆州”條云：“後漢獻帝建安十三年，魏武盡得荆州之地……分枝江以西立臨江郡。”及建安十五年（210），劉備易臨江郡爲宜都郡。後地入吴。

　　夷道令，[1]漢舊縣。
　　佷山男相，[2]前漢屬武陵，後漢屬南郡，晋武帝太康元年改爲興山，後復舊。
　　宜昌令，[3]何志晋武帝立。按《太康》《永寧地志》並無，疑是此後所立。
　　夷陵令，[4]漢舊縣，吴改曰西陵，晋武帝太康元年復舊。

[1]夷道：縣名。治今湖北宜都市。
[2]佷山：國名。治今湖北長陽土家族自治縣西州衙坪村。
[3]宜昌：縣名。治今湖北宜昌市西北長江南岸。
[4]夷陵：縣名。治今湖北宜昌市東南。

　　巴東公相，[1]譙周《巴記》云，初平元年，[2]荆州帳下司馬趙韙建議分巴郡諸縣安漢以下爲永寧郡。[3]建安六年，劉璋改永寧爲巴東郡，[4]以涪陵縣分立丹興、漢葭二縣，立巴東屬國都尉，後爲涪陵郡。[5]《晋太康地志》，巴東屬梁州，惠帝太安二年度益州，穆帝永和初平蜀，度屬荆州。《永初郡國志》無巴渠、宣陽二縣。
領縣七。戶一萬三千七百九十五，口四萬五千二百三十
七。去州水一千三百。去京都水四千六百八十。

[1]巴東：國名。治今重慶奉節縣東白帝城。

[2]初平元年：“元年”各本並作“六年”。錢大昕《考異》卷
二三《宋書·州郡志三》：“初平紀元無六年，《巴記》誤。”成孺
《宋州郡志校勘記》云：“案獻帝初平紀元僅四年，六字疑有誤。
《晋志》益州下云，獻帝初平元年，劉璋分巴郡立永寧郡。知
‘六’爲‘元’字之誤，當據正。”又中華本校勘記據《晋書·地
理志》改，並引成孺《宋州郡志校勘記》爲説。按：《晋書·地理
志上》“益州”條：“獻帝初平元年，劉璋分巴郡立永寧郡。”《考
異》卷一九《晋書·地理志上》略云：《華陽國志》《水經注》《晋
書·地理志》皆言初平元年，而考劉焉以興平元年卒，子璋始爲益
州牧，則初平元年璋尚未牧益州，諸書之初平或當爲興平之訛。又
《晋書·地理志上》中華本校勘記直言“‘初平’當爲‘興平’之
訛”。又吳增僅《三國郡縣表附考證》、今人劉琳《華陽國志校注》
（巴蜀書社1984年版）亦以爲應作興平元年。如此，則上引之《宋
州郡志校勘記》、中華本校勘記並誤，此各本並作之“初平六年”
當爲“興平元年”之訛。又任乃强《華陽國志校補圖注》（上海古
籍出版社1987年版）略云：初平無六年，是元字之訛而改之也。
蓋蜀亂道閉，頒朔不至，蜀人猶奉初平年號。六年，即興平二年
也。李曉傑《東漢政區地理》（山東教育出版社1999年版）第九
章第二節以爲“任説極是”。此亦可備一説。

[3]荆州帳下司馬趙韙：《考異》卷二三《宋書·州郡志三》：
“荆州當作益州。”《宋州郡志校勘記》云：“《三國志·劉焉傳》：
州太吏趙韙等共上璋爲益州刺史，詔書因以韙爲征東中郎將。疑趙
韙當是益州下司馬。且《志》注引《英雄記》曰：璋使趙韙進攻

荆州。其非荆州帳下司馬甚明。故《考異》云荆州當作益州。"
建議分巴郡諸縣安漢以下爲永寧郡：據《華陽國志·巴志》，安漢
人趙韙欲得巴舊名，故白益州牧劉璋，以墊江以上爲巴郡，治安
漢；以江州至臨江爲永寧郡，朐忍至魚復爲固陵郡。《東漢政區地
理》第九章第二節以爲：趙韙分巴郡之議，是以墊江以上諸縣爲巴
郡，治安漢，以江州以東諸縣爲巴東郡；劉璋從其墊江以上諸縣爲
巴郡之議，而改以江州至臨江爲永寧郡，朐忍至魚復爲固陵郡。然
則巴郡既以墊江爲治，而安漢在墊江以上，永寧郡在墊江下游，安
漢自不能越境而隸屬永寧。據此知譙周《巴記》之文及本志此云
"分巴郡諸縣安漢以下爲永寧郡"者並誤。

　　[4]劉璋改永寧爲巴東郡：《考異·宋書·州郡志三》："考晋、
宋二《志》，安漢屬巴西，不屬巴東也。據《華陽國志》，魚復、
朐忍諸縣，初平中，始分爲固陵郡。建安六年，魚復蹇允白璋争巴
名，乃改固陵爲巴東。若永寧之分，雖與固陵同時，其後改稱巴
西，與巴東不相涉。"中華本校勘記引錢大昕《考異》出校。《東
漢政區地理》第九章第二節以爲：錢大昕《考異》雖正確指出了
本書《州郡志》所載永寧郡改稱巴東郡之誤，但認爲永寧郡後改稱
巴西郡，則又誤矣。其實，永寧郡後改稱巴郡（同時改固陵郡爲巴
東郡，巴郡爲巴西郡，合稱"三巴"）。《華陽國志·巴志》："建安
六年，魚復蹇胤白璋，争巴名。璋乃改永寧爲巴郡，以固陵爲
巴東。"

　　[5]"以涪陵縣分立丹興"至"後爲涪陵郡"：《東漢政區地
理》第九章第二節略云：建安六年（201），析巴郡置巴東屬國，領
涪陵、永寧、丹興、漢葭四縣。至於巴東屬國改爲涪陵郡的時間，
《元和郡縣圖志》卷三〇、《太平寰宇記》卷一二〇以爲在劉備時，
《輿地廣記》卷三三、《輿地紀勝》卷一七四引《晏公類要》以爲
在建安二十一年，《華陽國志校注》以爲在延熙十一年（248）至
景耀元年（258）間，抑或即在延熙十三年。又云"劉説當是"。
按：綜合以上注釋，本志此段所叙永寧郡、巴東屬國、涪陵郡云

云，與此巴東國並無直接關係，當移入"益州刺史巴郡太守"條下。而與此巴東國直接有關者，爲固陵郡。固陵郡，東漢興平元年（194）或二年劉璋分巴郡朐忍至魚復置，治魚復縣，建安六年改爲巴東郡。又《東漢政區地理》第九章第二節據《華陽國志·巴志》以爲：建安二十年，劉備據有益州，改巴東郡爲江關都尉；次年，復改江關都尉爲固陵郡；及章武元年（221），又改固陵郡爲巴東郡。

　　　　魚復侯相，[1]漢舊縣，屬巴郡，劉備章武二年，改爲永安，晋武帝太康元年復舊。

　　　　朐忍令，[2]漢舊縣，屬巴郡。

　　　　新浦令，[3]何志新立。

　　　　南浦令，[4]劉禪建興八年十月，益州牧閻宇表改羊渠立。[5]羊渠不詳，何志吳立。[6]

　　　　漢豐令，[7]何志不注置立。《太康地志》巴東有漢昌縣，疑是。[8]

　　　　巴渠令，[9]何志不注置立。

　　　　黽陽令，[10]何志不注置立。晋末平吳時，[11]峽中立武陵郡，有黽陽、黔陽縣，咸寧元年並省。

　　[1]魚復：國名。治今重慶奉節縣東白帝城。

　　[2]朐忍：縣名。治今重慶雲陽縣西。成孺《宋州郡志校勘記》："朐，《兩漢志》作忍。"《晋書·地理志上》梁州巴東郡作"朐忍"。

　　[3]新浦：縣名。治今重慶開縣西南。

　　[4]南浦：縣名。治今重慶萬州區東長江東岸。

　　[5]劉禪建興八年十月，益州牧閻宇表改羊渠立：中華本校勘

記云："《華陽國志》：'南浦縣，晋初置。'"又林國贊《讀三國志雜志》卷二："《宋書·州郡志》三載劉禪建興八年有益州牧閻宇，自有疏誤。彼時（諸葛）亮方牧益州，安所得閻宇乎？"

[6]羊渠不詳，何志吳立：《華陽國志·巴志》所載建安二十一年（216）固陵郡所領六縣中有羊渠，而《漢書·地理志》《續漢書·郡國志》無此縣，吳增僅《三國郡縣表附考證》疑建安二十一年置漢豐縣同時置羊渠縣。"何志吳立"疑誤。

[7]漢豐：縣名。治今重慶開縣南。中華本校勘記云："《華陽國志》：'漢豐縣，建安二十一年置。'"

[8]《太康地志》巴東有漢昌縣，疑是：考《晋書·地理志上》梁州巴西郡領漢昌縣，巴東郡則無漢昌縣。方愷《新校晋書地理志》以爲："《太康地志》所云'漢昌'當屬'漢豐'之誤。"又以爲西晋有漢豐縣，《晋書·地理志》失載。

[9]巴渠：縣名。治今重慶開縣東北。

[10]黽陽：縣名。治今重慶巫山縣南。

[11]晋末平吳時：有誤。晋起泰始元年（265），及泰始八年，以王濬爲益州刺史，濬造大船，準備伐吳。咸寧五年（279）十一月，晋伐吳，次年三月吳亡。又所謂"西晋"，止建興四年（316），至於所謂"東晋"，更延至元熙二年（420）。如此，"平吳時"及下所云之"咸寧元年"都決非"晋末"。疑此處"晋末平吳時"當作"晋未平吳時"，"未""末"蓋形近致訛。

　　汶陽太守，[1]何志新立。[2]先屬梁州，文帝元嘉十一年度。宋初有四縣，後省汶陽縣。今領三縣。户九百五十八，口四千九百一十四。去州水七百，陸四百。去京都四千一百。

[1]汶陽：郡名。治僮陽縣，今湖北保康縣南。

[2]何志新立：錢大昕《考異》卷二三《宋書·州郡志三》："案：《南齊書·蠻傳》，汶陽本臨沮西界，二百里中，水陸迂狹，魚貫而行，有數處不通騎，而水白田甚肥腴。桓溫時割以爲郡，西北接梁州新城，東北接南襄陽（按：'陽'當作'城'），南接巴巫。然則汶陽郡晋時已有之，何承天以爲新立者，非也。"按：《南齊書·州郡志下》"荆州"條亦云："桓溫平蜀，治江陵。以臨沮西界，水陸紆險，行逕裁通，南通巴、巫，東南出州治，道帶蠻、蜑，田土肥美，立爲汶陽郡，以處流民。"而《晋書·地理志上》"梁州"條："及安帝時，又立新巴、汶陽二郡。"則與《南齊書·蠻傳》及《南齊書·州郡志下》荆州異。當以《南齊書·蠻傳》及《南齊書·州郡志下》"荆州"條所云爲是。

　　僮陽令，何志新立。[1]
　　沮陽，[2]何志新立。[3]
　　高安令，[4]何志新立。[5]

　　[1]僮陽令，何志新立：《水經注》卷三二《沮水》："沮水東南流，逕沮陽縣東南。縣有潼水，東逕其縣南，下入沮水。沮水又東南逕汶陽郡北，即高安縣界……義熙初分新城立。"按《水經注疏》楊守敬云：沮陽縣，宋置，屬汶陽郡；義熙初分新城郡立汶陽郡，分臨沮縣立高安縣，《宋志》稱何志郡縣並新立，非也。又《水經注疏》熊會貞云：宋置潼陽縣，取潼水之陽爲名，今本《宋志》《南齊志》並訛作僮。僮陽，縣名。治今湖北保康縣南。
　　[2]沮陽：縣名。治所在今湖北保康縣南。
　　[3]何志新立：疑誤，參上"僮陽令"條注釋。
　　[4]高安：縣名。治今湖北遠安縣西北。
　　[5]何志新立：疑誤，參上"僮陽令"條注釋。

南義陽太守，[1]義陽郡別見。晋末以義陽流民僑立。[2]宋初有四縣，[3]孝武孝建二年，以平陽縣併厥西。平陽本爲郡，江左僑立。魏世分河東爲平陽郡，晋末省爲縣。[4]今領縣二。戶一千六百七，口九千七百四十一。

[1]南義陽：郡名。僑治今湖南安鄉縣西南。

[2]晋末以義陽流民僑立：孫虨《考論》卷二："《晋志》言，穆帝時，以義陽流人在南郡者立義郡（按：當作'義陽郡'），則非晋末。"按：《晋書・地理志下》"荆州"條："穆帝時……以義陽流人在南郡者立爲義陽郡……安帝又僑立南義陽、東義陽、長寧三郡。"其南義陽郡即此，而穆帝時所立義陽郡，疑與此南義陽郡別，爲另一郡；洪亮吉《東晋疆域志》卷四"荆州僑郡"條即同時有義陽郡（穆帝時立）、南義陽郡（安帝時立）。《考論》疑誤。

[3]宋初有四縣：可考者三，即平陽、厥西、平氏。

[4]魏世分河東爲平陽郡，晋末省爲縣：中華本校勘記云："洪亮吉《東晋疆域志》云：'平陽本平春，晋太元中，避鄭太后諱乃改，與河東郡之平陽迥別，沈志合以爲一，非是。'"又《考論》卷二："義陽本有平陽，即漢之午春（按：當作'平春'），故屬江夏。"按：平陽郡，《晋書・地理志上》司州領郡，治平陽（今山西臨汾市西南）；東晋僑立，後省爲縣，隸此。據本志"荆州刺史南義陽太守"條，平陽郡僑地當在南義陽郡内，今湖南安鄉縣西南一帶。又據本志"荆州刺史南河東太守"條，頗疑平陽僑郡領有永安、臨汾等縣，及平陽僑郡省爲縣，永安、臨汾二縣遂度屬河東郡。《東晋疆域志》卷四"荆州南義陽郡平陽縣"條："漢縣名。《史記正義》：故城即晋州城西面，今平陽故城東面也。沈志：平陽本爲郡，江左僑立。魏世分河東爲平陽郡，晋末省爲縣。"如此，則本志不誤。所謂"晋末省爲縣"者，指"江左僑立"之平陽郡，而標點應作"魏世分河東爲平陽郡。晋末省爲縣。"

厥西令，[1]二漢無，《晋太康地志》屬義陽。[2]
平氏令，[3]漢舊名，屬南陽。

[1]厥西：縣名。確址無考，當僑治今湖南安鄉縣西南一帶。

[2]二漢無，《晋太康地志》屬義陽：此厥西縣爲僑縣，"二漢
無，《晋太康地志》屬義陽"云云，當移於司州刺史隨陽太守闕西
令下，而此厥西令注"別見"可矣。參本書《州郡志二》"司州刺
史隨陽太守闕西令"條注釋。

[3]平氏：縣名。確址無考，當僑治今湖南安鄉縣西南一帶。

新興太守，[1]《魏志》建安二十年，省雲中、定襄、
五原、朔方四郡，郡立一縣，合爲此郡，[2]屬并州。[3]晋
江左僑立。[4]宋初六縣，後省雲中，漢舊名，屬雲中。孝武
孝建二年，又省九原縣漢舊名，屬五原。併定襄，宕渠流
寓立。併廣牧。凡今領縣三。户二千三百一，口九千五
百八十四。

[1]新興：郡名。治定襄縣，僑今湖北荆州市荆州區東北。

[2]"省雲中"至"合爲此郡"：《三國志》卷一《魏書·武
帝紀》：建安二十年（215），"省雲中、定襄、五原、朔方郡，郡
置一縣領其民，合以爲新興郡"。又《晋書·地理志上》"并州"
條："靈帝末，羌胡大擾，定襄、雲中、五原、朔方、上郡等五郡
並流徙分散……（建安）二十年，始集塞下荒地立新興郡。"按：
"郡置一縣"者，即省雲中郡（舊治雲中，今内蒙古托克托縣東北
古城）立雲中縣（今山西原平市西南），省定襄郡（舊治善無，今
山西右玉縣南）立定襄縣（《續漢書·郡國志》屬雲中郡，治今内

蒙古呼和浩特市東南，後移治今山西定襄縣東南），省五原郡（舊治九原，今內蒙古烏拉特前旗東南黑柳子鄉三頂帳房村古城）立九原縣（今山西忻州市），省朔方郡（舊治朔方，今內蒙古杭錦旗西北黃河南岸）立廣牧縣（舊朔方郡領縣，治杭錦旗西北黃河南岸，後移治今山西壽陽縣西北），合置爲新興郡，以安集僑流，治九原（今山西忻州市）。

〔3〕屬并州：《晋書·地理志上》"并州"條："建安十八年，省入冀州……魏黃初元年，復置并州。"據此，新興郡先屬冀州，再屬并州。

〔4〕晋江左僑立：新興郡之僑立，《晋書·地理志下》"荆州"條："元帝渡江，又僑立新興、南河東二郡。"

定襄令，^[1]漢舊名。

廣牧男相，^[2]漢舊名，屬朔方。

新豐令，^[3]漢舊名，屬京兆。僑流立。

〔1〕定襄：縣名。僑今湖北荆州市荆州區東北。

〔2〕廣牧：國名。僑今湖北荆州市荆州區東。

〔3〕新豐：縣名。確址無考，當僑今湖北荆州市荆州區境。

南河東太守，^[1]河東郡，秦立。晋成帝咸康三年，征西將軍庾亮以司州僑户立。宋初八縣，^[2]孝武孝建二年，以廣戚前漢屬沛，後漢、《晋太康地志》屬彭城。江左流寓立。併聞喜，弘農、江左立僑郡，後併省爲縣。臨汾併松滋，安邑併永安。臨汾、安邑漢舊名。臨汾後屬平陽。^[3]今領縣四。户二千四百二十三，口一萬四百八十七。去州水一百二十。去京都水三千五百。

[1]南河東：郡名。治聞喜縣，今湖北松滋市西北。

[2]"晋成帝咸康三年"至"宋初八縣"：錢大昕《考異》卷二三《宋書·州郡志三》："案：《晋志》，渡江後，以河東人南寓於漢武陵郡屪陵縣界上明地，僑立河東郡，即此郡也。桓沖爲荊州刺史、都督司州之河東軍事，亦指此。宋初僑立諸郡，例加'南'字。"又胡阿祥《兩晋南朝山西州郡縣僑置及人口遷徙考》（《山西地圖》1989年第2期）："《晋志》司州：元帝渡江，後'又以河東人南寓者，於漢武陵郡屪陵縣界上明地僑立河東郡，統安邑、聞喜、永安、臨汾、弘農、譙、松滋、廣戚八縣，並寄居焉'。考《宋志》荊州南河東太守：河東郡'晋成帝咸康三年，征西將軍庾亮以司州僑户立。宋初八縣'，較確……按河東郡加'南'字在宋初，詳見《廿二史考異》卷二三、《十駕齋養新餘錄》卷中。"

[3]"安邑併永安"至"臨汾後屬平陽"："平陽"各本並作"陽平"。成孺《宋州郡志校勘記》云："案《晋志》，司州平陽郡臨汾，今據乙正。"中華本校勘記云"成校是，今訂正"。按：此永安、臨汾二縣，《晋書·地理志上》司州平陽郡領縣，頗疑僑置亦先屬平陽僑郡，及東晋末年平陽僑郡省爲縣，遂以二縣度屬河東郡，參上"南義陽太守"條注釋。又"臨汾後屬平陽"者，《三國志》卷四《魏書·齊王芳紀》：正始八年（247）"五月，分河東之汾北十縣爲平陽郡"，臨汾縣之屬平陽郡，即在正始八年時。

聞喜令，[1]故曲沃，秦改爲左邑，漢武帝元鼎六年，行幸至此，聞南越破，改名聞喜。

永安令，[2]前漢彘縣，順帝陽嘉二年更名，後屬平陽。[3]

松滋令，[4]前漢屬廬江，後漢無，晋屬安豐。疑是有流民寓荊土，故立。[5]

譙縣令，[6]別見。譙流民寓立。

[1]聞喜：縣名。治今湖北松滋市西北。

[2]永安：縣名。治今湖北公安縣西南。

[3]後屬平陽：永安縣之屬平陽郡，在魏正始八年（247）立平陽郡時。

[4]松滋：縣名。治今湖北松滋市西北。

[5]“前漢屬廬江”至“故立”：孫彪《考論》卷二：“文帝鎮荊州，言督揚州之松滋，則晉末立郡後省爲縣也。”按：孫彪所云“晉末立郡後省爲縣”之松滋，見本書《州郡志二》“江州刺史尋陽太守松滋伯相”條，與此松滋令別，《考論》誤。此松滋令，王隱《晉書·地道記》云：“咸康三年，以松滋流户在荊土者立松滋縣。”又“前漢屬廬江，後漢無，晉屬安豐”云云，本書《州郡志二》“江州刺史尋陽太守松滋伯相”條已叙，此處不必重複，蓋沈約失檢耳。參本志“南豫州刺史安豐太守”條注釋、“江州刺史尋陽太守松滋伯相”條注釋。

[6]譙縣：僑置確址無考，當治今湖北松滋市一帶。

建平太守，[1]吳孫休永安三年，分宜都立，領信陵、興山、秭歸、沙渠四縣。晉又有建平都尉，領巫、北井、泰昌、建始四縣。晉武帝咸寧元年，改都尉爲郡，於是吳、晉各有建平郡。太康元年吳平，併合。五年，省建始縣，後復立。《永初郡國》有南陵、建始、信陵、興山、永新、永寧、平樂七縣，今並無。按《太康地志》無南陵、永新、永寧、平樂、新鄉五縣，疑是江左所立。信陵、興山、沙渠，疑是吳立。建始，晉初所立也。[2]領縣七。户一千三百二十九，口二萬八百一十四。

去州水陸一千。去京都水四千三百八十。

[1]建平：郡名。治巫縣，今重慶巫山縣。

[2]"五年，省建始縣"至"晋初所立也"：洪亮吉《補三國疆域志》云："疑縣係吳永安中與郡同立，後又屬晋，至太康五年方省。"吳增僅《三國郡縣表附考證》則以爲：孫吳建平郡領巫、秭歸、興山、信陵、沙渠、建始六縣。其建始縣，吳、魏各有建始縣，魏建始縣屬上庸郡，見本志"梁州刺史上庸太守微陽令"條"魏立曰建始，晋武帝改"，吳建始縣屬建平郡，見《方輿勝覽》"吳置建平，建始隸焉"。此云太康"五年省建始縣，後復立"，又云"建始，晋初所立也"，蓋縣立於晋國初建時（時爲魏咸熙初），至太康五年（284）省，故本志於太康五年省縣之後又追書之曰"建始，晋初所立也"。晋建平亦有建始者，蓋初屬魏之上庸，晋泰始初改屬建平都尉，平吳之後，吳、晋建平既合爲一，其時南北各有建始，故晋武帝改建始之在北者曰微陽，至太康五年又省吳時所立之建始，省後旋又復置，故《晋書·地理志下》上庸郡有微陽，建平郡有建始。又吳、魏各有建始，猶各有巫、秭歸、夷陵也。

巫令，漢舊縣。[1]

秭歸侯相，漢舊縣[2]

歸鄉公相，[3]何志，故屬秭歸，吳分。按《太康地志》云，秭歸有歸鄉，故夔子國，楚滅之，而無歸鄉縣，何志所言非也。[4]

北井令，[5]《晋太康地志》有。先屬巴東，晋武帝泰始五年度建平。

泰昌令，[6]《晋太康地志》有。

沙渠令，[7]《晋起居注》，太康元年立。按沙渠是吳建平郡所領，吳平不應方立，不詳。[8]

新鄉令。[9]

[1]巫令，漢舊縣：《漢書·地理志上》南郡、《續漢書·郡國志四》荊州南郡有巫縣。巫，縣名。治今重慶巫山縣。

[2]秭歸侯相，漢舊縣：《漢書·地理志上》南郡、《續漢書·郡國志四》荊州南郡有秭歸縣。秭歸，國名。治今湖北秭歸縣西北歸州鎮。

[3]歸鄉公相：孫馝《考論》卷二："《志》言縣公者六，建昌，到彥之也，華容，王弘也，江陵，魏詠之也，歸鄉，毛璩也，南康，劉穆之也，安陸無考。而宋降王導封始興縣公，謝安封柴桑縣公，《志》並不見。"歸鄉，國名。治今湖北秭歸縣西。

[4]而無歸鄉縣，何志所言非也：中華本校勘記云："洪亮吉《東晉疆域志》云：'考《晉書·劉弘傳》有仇勃爲歸鄉令，是晉有此縣矣。何志所言不誣，沈非之，誤也。'"按：《晉書·地理志》無歸鄉縣。可能爲吳分秭歸立歸鄉縣，後廢，及晉太康後復置。

[5]北井：縣名。治今重慶巫山縣北大昌鎮東南。

[6]泰昌：縣名。治今重慶巫山縣北大昌鎮。

[7]沙渠：縣名。治今湖北恩施市。

[8]按沙渠是吳建平郡所領，吳平不應方立，不詳：《元和郡縣圖志》卷三〇"江南道施州"條：巫縣"吳分立沙渠縣，至梁、陳不改"。

[9]新鄉：縣名。確址無考，當治今湖北恩施土家族苗族自治州北境。

永寧太守，[1]晉安帝僑立爲長寧郡，宋明帝以名與文帝陵同，[2]改爲永寧。宋初五縣，後省綏安。晉安帝立。[3]孝武孝建二年後，以僮陽晋安帝立。併長寧，綏寧晋安帝立。併上黄。[4]今領縣二。户一千一百五十七，口四千二百七十四。去州陸六十。[5]去京都三千四百三十。

[1]永寧：郡名。治長寧縣，今湖北荆門市西北。

[2]晋安帝僑立爲長寧郡，宋明帝以名與文帝陵同：《晋書·地理志下》“荆州”條：“安帝又僑立南義陽、東義陽、長寧三郡。”按：《晋書·地理志上》涼州西平郡有長寧縣，然與此僑置長寧郡無涉。長寧當是新立僑郡，郡名雖新，而初無實土。又本書卷五《文帝紀》：元嘉三十年（453）三月，劉義隆“葬長寧陵”。

[3]後省綏安：中華本校勘記云：“‘綏安’各本並作‘經安’。巴陵郡下云，明帝泰始四年，以綏安縣併州陵，即此縣。今改正。”按本志“郢州刺史巴陵太守”條：宋孝建二年（455），“度長寧之綏安屬巴陵”。又本書卷八三《宗越傳》：“泰始四年，綏安縣省。”

[4]綏寧：孫彪《考論》卷二：“綏寧當作綏安，見巴陵下，《宗越傳》言泰始四年省綏安。”按：孫彪之說誤，綏寧、綏安爲二縣。所謂“宋初五縣”者，綏安、僮陽、長寧、綏寧、上黄。

[5]去州陸六十：疑誤。荆州治江陵，割實後的永寧郡（宋割上黄縣爲郡實土）治長寧，今湖北荆門市西北，距離超過六十里。

長寧侯相，[1]晋安帝立。

上黄男相，[2]宋初屬襄陽，後度。二漢、晋並無此縣。[3]

[1]長寧：國名。治今湖北荆門市西北。

[2]上黄：國名。治今湖北南漳縣東南。

[3]“宋初屬襄陽”至“晋並無此縣”：上黄本屬襄陽郡，大

明元年立華山郡時度屬（參本志"雍州刺史華山太守上黃令"條）。此"後度"者，大明八年（464）後又自華山郡度屬永寧郡耶？果如此，則本志於上黃兩載之。然《南齊書·州郡志下》荊州永寧郡與雍州華山郡皆領上黃縣，未詳。又《水經注》卷二八《沔水》："晋武帝平吳，割臨沮之北鄉、中廬之南鄉，立上黃縣，治軨鄉。"《水經注疏》熊會貞按："《宋志》晋無上黃縣，誤。《晋志》亦脱此縣。《寰宇記》引郭仲産《南雍州記》，晋平吳，割臨沮之北鄉，立上黃縣。而酈説尤備。晋屬襄陽郡，宋屬華山郡，齊、梁因。"

武寧太守，[1]晋安帝隆安五年，桓玄以沮、漳降蠻立。[2]領縣二。户九百五十八，口四千九百一十四。

[1]武寧：郡名。治樂鄉縣，今湖北荊門市北。

[2]"晋安帝隆安五年"至"漳降蠻立"：此亦見載於《晋書》卷九九《桓玄傳》，所謂桓玄"移沮、漳蠻二千户於江南，立武寧郡"即是。武寧郡雖以蠻户立，但不以左稱，不是左郡。

樂鄉令，[1]晋安帝立。
長林男相，[2]晋安帝立。

[1]樂鄉：縣名。治今湖北荊門市北。

[2]長林：國名。治今湖北荊門市。

郢州刺史，[1]魏文帝黃初三年，以荊州江北諸郡爲郢州，其年罷并荊，非今地。[2]吳又立郢州。[3]孝武孝建元年，分荊州之江夏、竟陵、隨、武陵、天門，湘州之巴陵，江州之武昌，豫州之西陽，又以南郡之州陵、監利二縣度屬巴陵，立郢州。天門後還荆。[4]領郡六，縣三十九。[5]戶二萬九千四百六十九，口十五萬八千五百八十七。去京都水二千一百。

[1]郢州：治夏口城，今湖北武漢市武昌區。

[2]"魏文帝黃初三年"至"非今地"：《三國志》卷二《魏書·文帝紀》：黃初三年（222）"五月，以荆、揚江表八郡爲荆州，孫權領牧故也，荆州江北諸郡爲郢州"，十月，"孫權復叛。復郢州爲荆州"。

[3]吳又立郢州：《通典》卷一七一《州郡典一》："吳主北據江，南盡海，置交、廣、荆、郢、揚五州。"其中郢州治江夏。又顧祖禹《讀史方輿紀要》卷二，吳有州五，郢州爲分荆州之江夏以東置，治江夏，而領郡未詳。又吳增僅《三國郡縣表附考證》楊守敬《補正》，"按吳無郢州，未識《通典》何據"。又金兆豐《校補三國疆域志·吳疆域志》"郢州"條云：郢州似初置而後廢，約統江夏、武昌、蘄春、安城、彭澤五郡，其刺史則莫可考云。按：郢州乃魏制，非孫吳所建。

[4]"孝武孝建元年"至"天門後還荆"：周一良《札記》之《州郡志諸問題》："州郡志三記孝武孝建元年分荆州立郢州，治於夏口。當時江夏王義恭以爲宜治巴陵，何尚之建議治夏口，具陳其形勢云'夏口在荆江之中，正對沔口，通接雍凉，實爲津要。由來舊鎮，根基不易'，'鎮在夏口，既有見城，浦大容舫'，'諸郡至夏口，皆從流，並爲便利'。遂從其議，見卷六六何尚之本傳。"又胡阿祥《東晉南朝地方州鎮略説》云：郢州之立，一則"分荆楚之勢"（《南齊書·州郡志下》），二則郢州"控帶荆、湘，西注漢、沔"（《梁書·武帝紀》），當荆雍、江揚之間，"據上下之中，於事爲便"（《南齊書·州郡志下》），可以起到平衡東西的作用。按：

據本志，天門郡還荆州在泰始三年（467），若依本書《州郡志》
"大較以大明八年爲正"，則天門郡仍屬郢州。又隨郡，大明八年
（464）時亦屬郢州，及永光元年（465）度屬雍州，泰始五年還屬
郢州，元徽四年（476）又度屬司州。又孝建元年（454），分江夏
郡立安陸郡，亦屬郢州，及元徽四年方度屬司州。本志"豫州之西
陽"後，當補"又分江夏立安陸"，於意方全。參本志"荆州刺史
天門太守"條、本書《州郡志二》"司州刺史隨陽太守"條、"安
陸太守"條及其注釋。

　　[5]領郡六，縣三十九：數之實領四十縣。又按本志郢州的時
間斷限不是大明八年，據郢州隨郡、安陸郡元徽四年又度屬司州，
而此所領六郡中無隨、安陸二郡，則時間斷限實爲元徽四年後。又
胡阿祥《六朝疆域與政區研究》（西安地圖出版社 2001 年版）第
十三章第二節考出宋大明八年時，郢州領九郡、五十縣，如下：江
夏郡，汝南、沌陽、孝昌、惠懷、沙陽、灄陽、蒲圻；安陸郡，安
陸、安蠻、應城、曲陵；竟陵郡，石城、竟陵、新市、宵城、新
陽、云杜；隨郡，隨、永陽；武陵郡，臨沅、龍陽、漢壽、沅南、
遷陵、辰陽、舞陽、酉陽、黚陽、沅陵；天門郡，澧陽、臨澧、零
陽、漊中；巴陵郡，巴陵、下雋、監利、州陵、綏安；武昌郡，武
昌、陽新、鄂；西陽郡，西陽、西陵、孝寧、蘄水左縣、東安左
縣、建寧左縣、希水左縣、陽城左縣、蘄陽。

　　江夏太守，漢高帝立，本屬荆州。《永初郡國》及
何志並治安陸，此後治夏口。[1]又有安陸、曲陵，曲後
別郡。[2]領縣七。户五千七十二，口二萬三千八百一十。

　　[1]《永初郡國》及何志並治安陸，此後治夏口：《晋書·地
理志下》荆州江夏郡即治安陸。按：江夏郡漢時治西陵（今湖北武
漢市新洲區）；三國時，魏、吴各置江夏郡，魏江夏郡治安陸上昶

城（今湖北雲夢縣西南），吳江夏郡治武昌（今湖北鄂州市），各屬荊州。晋平吳，原魏江夏郡移治安陸（今湖北雲夢縣），並改吳江夏郡爲武昌郡。

　　[2]曲後別郡：成孺《宋州郡志校勘記》：“據上文又有安陸、曲陵，知此‘曲’下亦當有‘陵’字。”孫彪《考論》卷二：“‘曲後別郡’有脱字，謂後別爲安陸郡也。”中華本校勘記云：“‘曲後別郡’四字費解。按安陸、曲陵二縣，曾屬江夏郡，孝武帝孝建元年，别爲安陸郡。‘曲後爲（按：“爲”當作“别”）郡’或是‘後别爲郡’之誤。”按：據本書《州郡志二》“安陸太守”條，“孝武孝建元年，分江夏立”，領有安陸、曲陵；及泰始六年（470），曲陵併入安陸。中華本校勘記、《考論》是。

　　　　汝南侯相，[1]本沙羨土，晋末汝南郡民流寓夏口，因立爲汝南縣。[2]沙羨令，漢舊縣，吳省。[3]晋武太康元年復立，治夏口。孝武太元三年，省併沙陽，後以其地爲汝南實土。

　　　　沌陽子相，[4]江左立。

　　　　孝昌侯相，[5]《永初郡國》、何志並無，徐志有，疑是孝武世所立。

　　　　惠懷子相，[6]江左立。

　　　　沙陽男相，[7]二漢舊縣，本名沙羨，屬武昌，晋武帝太康元年更名，又立沙羨，而沙陽徙今所治。[8]文帝元嘉十六年度巴陵，[9]孝武孝建元年度江夏。

　　　　羨陽子相，[10]晋惠帝世，安陸人朱伺爲陶侃將，求分安陸東界爲此縣。[11]

　　　　蒲圻男相，[12]晋武帝太康元年立。[13]本屬長沙，文帝元嘉十六年度巴陵，孝武孝建元年度江夏。

[1]汝南：國名。僑治今湖北武漢市武昌區。

[2]"本沙羨土"至"因立爲汝南縣"：《水經注》卷三五《江水》：塗水"西北流逕汝南僑郡故城南。咸和中，寇難南逼，戶口南渡，因置斯郡，治於塗口"；又《元和郡縣圖志》卷二七"江南道鄂州江夏縣"條："本漢沙羨縣地，屬江夏郡。東晉以汝南流人僑立汝南郡，後改爲汝南縣。隋開皇九年改爲江夏縣，屬鄂州。"參考本志此條，則汝南僑郡立於東晉咸和中，而汝南僑縣立於東晉末年，當是先立僑郡，後省爲僑縣，屬江夏郡。

[3]沙羨令，漢舊縣，吳省：孫彪《考論》卷二："令字誤衍。"按據《三國志》卷五一《吳書·孫奐傳》，奐封沙羨侯，卒後，庶子壹嗣，後壹奔魏。是吳有沙羨，爲侯國，當是太平元年孫壹奔魏後省。

[4]沌陽：國名。治今湖北武漢市蔡甸區東臨嶂山下。

[5]孝昌：國名。治今湖北孝昌縣。

[6]惠懷：國名。治今湖北仙桃市南。

[7]沙陽：國名。治今湖北嘉魚縣東北。

[8]"二漢舊縣"至"而沙陽徙今所治"：兩漢有沙羨無沙陽，沙羨於《漢書·地理志》《續漢書·郡國志》屬江夏郡，此"二漢舊縣，本名沙羨"間不可斷句，又"屬武昌"者，孫權曾短期置有武昌郡，後改江夏郡，及西晉太康元年（280）又改爲武昌郡。又"晉武帝太康元年更名"者，舊沙羨縣更名沙陽縣也。又《水經注》卷三五《江水》：沙陽"縣本江夏之沙羨矣。晉太康中改曰沙陽縣"；《水經注疏》楊守敬云："晉初之沙陽，仍沙羨故治，旋復徙治也。"

[9]文帝元嘉十六年度巴陵：沙陽縣度屬巴陵郡前，已屬江夏郡，詳下"巴陵太守"條注釋。

[10]羡陽：《考論》所見本“羡陽”作“灄陽”。洪亮吉《東晉疆域志》卷二“荆州江夏郡”條、《南齊書·州郡志下》“郢州江夏郡”條亦作“灄陽”。按：作“灄陽”是，楊守敬《水經注疏》云：“晉置縣，屬江夏郡，宋、齊、梁因。在今黃陂縣南。”即治今湖北武漢市黃陂區西南。灄陽縣名蓋取意於灄水。灄水，《水經注》卷三一《涢水》：“涢水又南，分爲二水，東通灄水，西入于沔。”又《水經注》卷三五《江水》：“又東合灄口，水上承涢水于安陸縣，而東逕灄陽縣北，東流注于江。”羡陽，當作灄陽，國名。治今湖北武漢市黃陂區西南。

[11]求分安陸東界爲此縣：中華本校勘記云：“‘安陸’各本並作‘安陵’，據洪亮吉《東晉疆域志》改。孫彭《宋書考論》亦云：‘陵當作陸。’”今從。

[12]蒲圻：國名。治今湖北嘉魚縣西南長江中。

[13]晉武帝太康元年立：《元和郡縣圖志》卷二七“江南道鄂州蒲圻縣”條云：“吳大帝分立蒲圻縣，因蒲圻湖爲名。”又《太平寰宇記》卷一一二“鄂州蒲圻縣”條亦云：“吳黃武二年於沙羡縣置蒲圻縣。”吳增僅《三國郡縣表附考證》“疑吳末所廢，至晉復立”，故本志云晉太康元年立。

竟陵太守，[1]晉惠帝元康九年，分江夏西界立。何志又有宋縣，[2]徐無。領縣六。户八千五百九十一，口四萬四千三百七十五。去州水一千四百。去京都水三千四百。

[1]竟陵：郡名。治萇壽縣，今湖北鍾祥市。
[2]何志又有宋縣：孫彭《考論》卷二：“‘宋’下當脱一字。”

萇壽令，[1]明帝泰始六年立。

竟陵侯相，[2]漢舊縣，屬江夏。

新市子相，漢舊縣，屬江夏。[3]

霄城侯相，[4]《永初郡國》有，何、徐不注置立。

新陽男相，[5]《永初郡國》有，何、徐不注置立。

雲杜侯相，[6]漢舊縣，屬江夏。

[1]萇壽：縣名。治今湖北鍾祥市。

[2]竟陵：國名。治今湖北潛江市西北。

[3]新市子相，漢舊縣，屬江夏：《漢書·地理志上》江夏郡無新市縣，《續漢書·郡國志四》"荊州江夏郡"條、《晉書·地理志下》"荊州江夏郡"條並作"南新市"。新市，國名。治今湖北京山縣東北。

[4]霄城侯相：中華本校勘記云："'霄城'各本並作'宵城'，《魯爽傳》《水經·沔水注》亦作'宵城'。《趙倫之傳》《南齊書·州郡志》《梁書·范雲傳》《隋書·地理志》並作'霄城'。今改作'霄城'。"今從。霄城，國名。治今湖北天門市東北。

[5]新陽：國名。治今湖北京山縣。

[6]雲杜：國名。治今湖北仙桃市西。

武陵太守，[1]《前漢·地理志》，高帝立。《續漢·郡國志》云，秦昭王立，名黔中郡，高帝五年更名。本屬荊州。領縣十。户五千九十，口三萬七千五百五十五。去州水一千。去京都水三千。

[1]武陵：郡名。治臨沅縣，今湖南常德市。

臨沅男相，[1] 漢舊縣。

龍陽侯相，[2] 《晋太康地理志》、何志吳立。

漢壽伯相，[3] 前漢立，[4] 後漢順帝陽嘉三年更名。吳曰吳壽，晋武帝復舊。

沅南令，[5] 漢光武建武二十六年立。

遷陵侯相，[6] 漢舊縣。

辰陽男相，[7] 漢舊縣。

舞陽令，[8] 前漢作無陽，後漢無，《晋太康地志》有。

酉陽長，[9] 漢舊縣。

黚陽長，[10] 二漢無，《晋太康地志》有。

沅陵令，[11] 漢舊縣。

[1]臨沅：國名。治今湖南常德市。

[2]龍陽：國名。治今湖南漢壽縣。

[3]漢壽：國名。治今湖南常德市東北。

[4]前漢立：成孺《宋州郡志校勘記》云：“《漢志》，武陵郡索。應劭曰：順帝更名漢壽。《續志》，武陵郡漢壽，故索，陽嘉三年更名。據志例推之，疑‘前漢立’下當脫‘曰索’二字。”孫彪《考論》卷二：“‘立’字誤。按漢壽本前漢索縣，當云‘前漢曰索’。”中華本校勘記引成孺《宋州郡志校勘記》。

[5]沅南：縣名。治今湖南桃源縣東。

[6]遷陵：國名。治今湖南保靖縣東北。

[7]辰陽：國名。治今湖南辰溪縣西南。

[8]舞陽：縣名。治今湖南靖州苗族侗族自治縣南。

[9]酉陽：縣名。治今湖南永順縣東南。

[10]黚陽：縣名。治今湖南龍山縣南。

[11]沅陵：縣名。治今湖南沅陵縣西南。

巴陵太守，[1]文帝元嘉十六年，分長沙之巴陵、蒲圻、下雋，江夏之沙陽四縣立，屬湘州，孝武孝建元年，割南郡之監利、州陵度江夏，[2]屬郢州。二年，又度長寧之綏安屬巴陵。何志訖元嘉二十年，巴陵郡以十六年立，應在何志而闕。領縣四。戶五千一百八十七，口二萬五千三百一十六。去州水五百。去京都水二千五百。

[1]巴陵：郡名。治巴陵縣，今湖南岳陽市。

[2]孝武孝建元年，割南郡之監利、州陵度江夏：成孺《宋州郡志校勘記》："案監利、州陵二縣，歷代未隸江夏郡。考本志'郢州刺史'條下云，孝武孝建元年，又以南郡之州陵、監利二縣度屬巴陵，立郢州。據此，則'江夏'二字當爲'巴陵'之誤文，蓋涉左方江夏而訛耳。"孫虨《考論》卷二："'度江夏'疑是'度巴陵'，當云以蒲圻、沙陽度江夏，並脱。"中華本校勘記引《宋州郡志校勘記》。按："江夏"當作"巴陵"；又《考論》"當云以蒲圻、沙陽度江夏"是，考本志"郢州刺史江夏太守"條，蒲圻、沙陽二縣，孝武孝建元年（454）度江夏，則此句後當補"以巴陵之蒲圻、沙陽度江夏"。

巴陵男相，[1]晋武帝太康元年立，屬長沙。本領度支校尉，立郡省。

下雋侯相，[2]漢舊縣，屬長沙。

監利侯相，[3]按《晋起居注》，太康四年，復立南郡之監利縣，尋復省之。言由先有而被省也，疑是吳所立，又是吳所省。孝武孝建元年度。

　　州陵侯相，[4]漢舊縣，屬南郡，晋武帝太康元年復立，疑是吳所省也。孝武孝建元年度。明帝泰始四年，以綏安縣併州陵。

[1]巴陵：國名。治今湖南岳陽市。
[2]下儁：國名。治今湖北通城縣西北。
[3]監利：國名。治今湖北監利縣東北。
[4]州陵：國名。治今湖北洪湖市東北。

　　武昌太守，[1]《晋起居注》，太康元年，改江夏爲武昌郡。[2]領縣三。户二千五百四十六，口一萬一千四百一十一。去京都水一千一百。

[1]武昌：郡名。治武昌，今湖北鄂州市。
[2]太康元年，改江夏爲武昌郡：《三國志》卷四七《吳書·吳主傳》：魏黄初二年（221），“權自公安都鄂，改名武昌，以武昌、下儁、尋陽、陽新、柴桑、沙羨六縣爲武昌郡”；而《元和郡縣圖志》卷二七“江南道鄂州武昌縣”條：“建安二十五年，吳大帝以下儁、尋陽、新城、柴桑、沙羨、武昌六縣爲武昌郡，黄武初，自建業徙都，廢。”吳增僅《三國郡縣表附考證》以爲，建安二十五年（220）置武昌郡，黄武初年郡省；“後世地志多以《晋志》江夏、武昌二郡並立，遂謂吳時武昌未省，未可據矣。今從《元和志》”。按：省武昌郡後，改置江夏郡。及西晋太康元年，又改江夏郡爲武昌郡。

武昌侯相，[1]魏文帝黄初二年，孫權改鄂爲武昌。[2]

陽新侯相，[3]吳立。

鄂令，[4]漢舊縣，屬江夏。吳改鄂爲武昌，晉武帝太康元年，復立鄂縣，而武昌如故。

[1]武昌：國名。治今湖北鄂州市。

[2]魏文帝黄初二年，孫權改鄂爲武昌："黄初二年"各本並作"黄初三年"。成孺《宋州郡志校勘記》："《三國志·孫權傳》，建安二十五年，魏稱尊號，改元爲黄初。二年，權自公安都鄂，改名武昌。據此，則'三年'當爲'二年'之誤。"又中華本校勘記亦云據《三國志·吳書·吳主傳》改。今據此改正。

[3]陽新：國名。治今湖北陽新縣西南陽新鎮。

[4]鄂：縣名。治今湖北鄂州市西南。

西陽太守，[1]本縣名，二漢屬江夏，魏立弋陽郡，又屬焉。晉惠帝又分弋陽爲西陽國，屬豫州，宋孝武孝建元年，度郢州，[2]明帝泰始五年，又度豫，後又還郢。《永初郡國》、何、徐並有弋陽縣。今領縣十。户二千九百八十三，口一萬六千一百二十。去州水二百八十。去京都水一千七百二十。

[1]西陽：郡名。治西陽縣，今湖北黄岡市東南。按錢大昕《考異》卷二四《宋書·武二王傳》云："考漢之西陽，在淮水之南，即今光山縣地。晉南渡後，荆州刺史庾翼表移西陽、新蔡二郡荒民，就陂田於尋陽，而江州界内，遂有僑立之西陽郡矣。自後西陽與新蔡、汝南、潁川謂之'豫州四郡'，江州刺史常兼督之。"

[2]宋孝武孝建元年，度郢州：孫彪《考論》卷二："《本紀》，大明二年五月戊申，復西陽郡。"按本書卷六《孝武帝紀》大明二年（458）"五月戊申，復西陽郡"。則西陽郡孝建元年（454）後可能被廢，大明二年（458）又復置。

西陽令，漢舊縣，屬江夏，後屬弋陽。[1]

西陵男相，[2]漢舊縣，屬江夏，後屬弋陽。

孝寧侯相，本軑縣，漢舊縣。[3]孝武自此伐逆，即位改名。[4]

蘄陽令，[5]二漢江夏郡有蘄春縣，吳立爲郡，晋武帝太康元年，省蘄春郡，而縣屬弋陽，[6]後屬新蔡，[7]孝武大明八年，還西陽。

義安令，明帝泰始二年以來流民立。[8]

蘄水左縣長，[9]文帝元嘉二十五年，以豫部蠻民立建昌、南川、長風、赤亭、魯亭、陽城、彭波、遷溪、東丘、東安、西安、南安、房田、希水、高坡、直水、蘄水、清石十八縣，屬西陽。孝武大明八年，赤亭、彭波併陽城，其餘不詳何時省。

東安左縣長，[10]前廢帝永光元年，復以西陽蘄水、直水、希水三屯爲縣。[11]

建寧左縣長，[12]孝武大明八年省建寧左郡爲縣，屬西陽。徐志有建寧縣，當是此後爲郡。[13]

希水左縣長。[14]

陽城左縣長，[15]本屬建寧左郡，孝武大明八年，省西陽之赤亭、陽城、彭波三縣併建寧之陽城縣，而以縣屬西陽。

[1]西陽令，漢舊縣，屬江夏，後屬弋陽：漢魏西陽縣治今河南光山縣西南，東晉僑置今湖北黃岡市東南。《水經注》卷三五《江水》云：江水"又東逕西陽郡南，郡治即西陽縣也……江之右岸有鄂縣故城"。西陽，縣名。治今湖北黃岡市東南。

[2]西陵：國名。治今湖北武漢市新洲區西。

[3]孝寧侯相，本軑縣，漢舊縣：漢魏軑縣治今河南息縣南，東晉僑置今湖北浠水縣西南長江邊。孝寧，國名。治今湖北浠水縣西南長江邊。

[4]孝武：即宋孝武帝劉駿。 即位改名：即孝建元年（454）改軑縣爲孝寧縣。

[5]蘄陽：縣名。治今湖北蘄春縣蘄州鎮西北沙洲上。

[6]省蘄春郡，而縣屬弋陽："省"字下各本並有"爲"字。成孺《宋州郡志校勘記》："《兩漢志》並有蘄春縣，吳立爲郡，縣即屬焉。晉太康省郡，而縣改屬弋陽，故《晉志》弋陽郡有蘄春縣。'爲'字當衍。"孫彤《考論》卷二："晉無蘄春郡，此'郡而'二字衍，或衍'爲'字。"又中華本校勘記據《宋州郡志校勘記》刪"爲"字，是。按：吳立蘄春郡及晉太康元年省蘄春郡，參見本書《州郡志二》"江州刺史尋陽太守"條及注釋。"縣屬弋陽"者，謂省蘄春郡爲蘄春縣，及東晉孝武帝時又改爲蘄陽縣，"以鄭太后諱故也"，參見《元和郡縣圖志》卷二七"江南道蘄州"條、"蘄春縣"條。

[7]後屬新蔡：此云"屬新蔡"者，東晉僑置之新蔡郡，宋改南新蔡郡，即本志江州刺史所領南新蔡郡。《太平寰宇記》卷一二七"蘄州蘄春縣"條：蘄春縣，"《晉太康地記》云：'改屬弋陽郡。'惠帝時屬西陽郡，（晉）孝武改爲蘄陽，屬新蔡郡"。

[8]義安令，明帝泰始二年以來流民立：義安縣以"明帝泰始二

年以來流民立”，但不知係何地流民；又《南齊書·州郡志下》郢州西陽郡領義安左縣，疑宋義安僑縣乃以蠻民所立，故齊改左縣。義安，縣名。確址無考，當在今湖北浠水、英山、蘄春等縣一帶。

[9]蘄水左縣：治今湖北浠水縣東。

[10]東安左縣：確址無考，當在今湖北浠水、英山、蘄春等縣一帶。

[11]“前廢帝永光元年”至“希水三屯爲縣”：東安左縣，先爲西陽郡東安縣（元嘉二十五年以豫部蠻民立），後省。永光元年（465）復以西陽郡蘄水、直水、希水三屯立東安左縣。

[12]建寧左縣：治今湖北麻城市西南。

[13]“孝武大明八年”至“當是此後爲郡”：胡阿祥《南朝寧蠻府、左郡左縣、俚郡僚郡述論》（《歷史地理》第十三輯，上海人民出版社1996年版）：“建寧左郡，先爲西陽郡建寧縣（元嘉二十年後立），後立爲建寧左郡，領有陽城左縣（按：非西陽郡之陽城縣）。大明八年（464）省郡爲建寧左縣，屬西陽郡，陽城左縣亦改屬西陽郡。”

[14]希水左縣：治今湖北浠水縣。《南朝寧蠻府、左郡左縣、俚郡僚郡述論》云：“置立不詳，當同蘄水左縣。”

[15]陽城左縣：確址無考，當在今湖北麻城市一帶。陽城左縣始末，參上“建寧左縣長”條注釋。

　　湘州刺史，[1]晉懷帝永嘉元年，分荆州之長沙、衡陽、湘東、邵陵、零陵、營陽、建昌，江州之桂陽八郡立，[2]治臨湘。成帝咸和三年省。安帝義熙八年復立，十二年又省。宋武帝永初三年又立，文帝元嘉八年省。十六年又立，二十九年又省。孝武孝建元年又立。[3]建昌郡，[4]晉惠帝元康九年，分長沙東北下雋諸縣立，成帝咸康元年省。元嘉十六年立巴陵郡屬湘州，後度郢。[5]領郡十，縣六十二。[6]戶四萬五千八十九，口三十五萬七千五百七十二。去京都水三千三百。

[1]湘州：治臨湘，今湖南長沙市。

[2]“晋懷帝永嘉元年”至“江州之桂陽八郡立”：錢大昕《考異》卷二三《宋書·州郡志三》：“案：《晋志》，湘州始置，凡九郡，有始安、始興、臨賀，而無營陽、建昌，與此不合。考營陽郡，《晋志》以爲穆帝立，此《志》亦云江左分零陵立，則懷帝時不應有營陽矣。”又《考異》卷一八《晋書·惠帝紀》：“按：《地理志》，懷帝分長沙、衡陽、湘東、零陵、邵陵、桂陽及廣州之始安、始興、臨賀九郡置湘州。是九郡，非八郡也。其長沙六郡舊俱屬荆州，惠帝元康元年分桂陽屬江州。《紀》稱分荆州、江州，不及廣州，誤矣。”王鳴盛《十七史商榷》卷四四《分荆州江州八郡爲湘州》：“《懷帝紀》永嘉元年八月分荆州江州八郡爲湘州；按《地理志》，懷帝分長沙、衡陽、湘東、零陵、邵陵、桂陽及廣州之始安、始興、臨賀九郡置湘州，乃九郡非八郡也。其長沙等六郡舊俱屬荆州，惠帝元康元年分桂陽屬江州。今《紀》云分荆州江州八郡爲湘州，不及廣州，偶遺之耳。”

[3]“成帝咸和三年省”至“孝武孝建元年又立”：“十六年”各本並作“十七年”。成孺《宋州郡志校勘記》云：“《文帝本紀》，元嘉十六年正月，復分荆州爲湘州。二月，以始興王浚爲刺史。七當作六。”中華本校勘記引《宋州郡志校勘記》並云據本書卷五《文帝紀》改。孝武孝建元年（454）又立，丁福林《校議》云：“《通鑑》卷一二七所載元嘉三十年閏月，‘甲午，更以義宣爲荆、湘二州刺史’之胡三省注：‘……今按：是年四月元凶劭以營道侯義綦爲湘州刺史，蓋以義宣以荆州舉義，欲分其軍府耳。帝既即位，遂以義宣爲荆、湘三州（按：“三州”應作“二州”）刺史。湘州之立，實在是年也。’今考之本書《孝武帝紀》亦有元嘉三十年六月，‘丙辰，以

侍中南譙王世子恢爲湘州刺史’之記載，萬斯同《宋方鎮年表》即云元嘉三十年‘四月，復立湘州’。皆足證此條之‘孝武帝孝建元年又立’者，必誤。”按：此段所述湘州之省置，對照正史本紀，或有出入。《晋書》卷七《成帝紀》：咸和四年（329）二月，“壬寅，以湘州并荆州”，而本志作咸和三年；又《晋書》卷一〇《安帝紀》：義熙八年（412）十二月，“分荆州十郡置湘州”；又義熙十二年省湘州，不見於《晋書》本紀記載；又本書卷三《武帝紀下》：永初三年（422）二月，“又分荆州十郡還立湘州”；又本書卷五《文帝紀》：元嘉八年（431）十二月，“罷湘州還并荆州”，十六年正月，“復分荆州置湘州”，二十九年五月，“罷湘州并荆州”；又本書卷六《孝武帝紀》：元嘉三十年六月（元嘉三十年四月，孝武帝即位，沿用元嘉年號，次年改元孝建），“以侍中南譙王世子恢爲湘州刺史”。

　　[4]建昌郡：治下雋，今湖北通城縣西北。

　　[5]後度郢：孝武孝建元年立郢州時，巴陵郡度屬郢州，參本志“郢州刺史”條。

　　[6]縣六十二：數之實六十六縣。所多四縣，當爲宋末元徽二年所立之湘陰，宋末立之撫寧、樂化左縣，宋末度之建陵。又據下所領十郡、六十六縣之沿革、割屬情況推之，本志湘州郡縣領屬實以宋末爲斷。關於東晋、宋時代湘州之地位，《晋書》卷三七《閔王承傳》：“湘州南楚險固，在上流之要，控三州（荆、交、廣三州）之會，是用武之國也。”又《南齊書·州郡志下》：“湘州，鎮長沙郡。湘川之奧，民豐土閑……南通嶺表，脣齒荆區。”又《通典》卷一八三《州郡典十三》“長沙郡潭州”條：湘州“南通嶺嶠，脣齒荆雍，亦爲重鎮”。

　　長沙内史，[1]秦立。宋初十縣，下雋、蒲圻、巴陵屬巴陵。[2]今領縣七。户五千六百八十四，口四萬六千二百一十三。

[1]長沙：國名。治今湖南長沙市。

[2]下雋、蒲圻、巴陵屬巴陵：此三縣改屬巴陵郡，在宋文帝元嘉十六年（439）。參本志"郢州刺史巴陵太守"條。

臨湘侯相，[1]漢舊縣。

醴陵侯相，後漢立。[2]

瀏陽侯相，[3]吳立。

吳昌侯相，[4]後漢立曰漢昌，吳更名。

羅縣侯相，[5]漢舊縣。

攸縣子相，[6]漢舊縣。

建寧子相，[7]吳立。

[1]臨湘：國名。治今湖南長沙市。

[2]醴陵侯相，後漢立：李曉傑《東漢政區地理》第十章第五節據《漢書·高惠高后文功臣表》有醴陵侯越，高后四年"四月丙申封，八年，孝文四年，有罪，免"，以爲早在西漢初期即設置過醴陵侯國，東漢當是復在故地置縣，唯設縣之年，於史無載。醴陵，國名。治今湖南醴陵市。

[3]瀏陽：國名。治今湖南瀏陽市東北官渡鎮。

[4]吳昌：國名。治今湖南平江縣東南。

[5]羅縣：國名。治今湖南汨羅市北。

[6]攸縣：國名。治今湖南攸縣東北。

[7]建寧：國名。治今湖南株洲縣南。

衡陽内史，[1]吳孫亮太平二年，分長沙西部都尉立。領縣七。户五千七百四十六，口二萬八千九百九十一。

去州水二百二十。去京都水三千七百。

[1]衡陽：國名。治今湖南株洲縣西南。

　　湘西令，[1]吳立。
　　湘南男相，[2]漢舊縣，屬長沙。
　　益陽侯相，[3]漢舊縣，屬長沙。
　　湘鄉男相，[4]前漢無，後漢屬零陵。
　　新康男相，[5]吳曰新陽，晉武帝太康元年更名。
　　重安侯相，[6]前漢曰鍾武，後漢順帝永建三年
更名，屬零陵。
　　衡山男相，[7]吳立曰衡陽，晉惠帝更名。

[1]湘西：縣名。治今湖南株洲縣西南。
[2]湘南：國名。治今湖南湘潭縣西。
[3]益陽：國名。治今湖南益陽市。
[4]湘鄉：國名。治今湖南湘鄉市。
[5]新康：國名。治今湖南寧鄉縣西南。
[6]重安侯相：錢大昕《考異》卷二三《宋書·州郡志三》：
"案：《南齊書·王敬則傳》，始封重安縣子，邑三百五十戶，後增
封爲千三百戶，又增至二千五百戶，又加五百戶。戶增則爵宜序
遷。據此《志》有重安侯相，知敬則在宋末已封重安侯，而《傳》
不書者，漏也。齊初封敬則尋陽郡公，止三千戶，又知二千餘戶之
必爲侯國矣。"重安，國名。治今湖南衡陽縣北。
[7]衡山：國名。治今湖南衡山縣南。

　　桂陽太守，[1]漢高立，屬荊州，晉惠帝元康元年度

江州。領縣六。戶二千二百一十九，口二萬二千一百九十二。去州水一千四百。去京都水四千九百四十。

[1]桂陽：郡名。治今湖南郴州市。

郴縣伯相，[1]漢舊縣。

耒陽子相，[2]漢舊縣。

南平令，[3]漢舊縣。

臨武令，[4]漢舊縣。

汝城令，[5]江左立。

晉寧令，[6]漢順帝永和元年立，曰漢寧，吳改曰陽安，晉武帝太康元年改曰晉寧。

[1]郴縣：國名。治今湖南郴州市。

[2]耒陽：國名。治今湖南耒陽市。

[3]南平：縣名。治今湖南藍山縣東北古城村。

[4]臨武：縣名。治今湖南臨武縣東。

[5]汝城：成孺《宋州郡志校勘記》："'城'，毛作'成'，從三本。《南齊志》正作'汝城'。"中華本校勘記云："'汝城'毛本及《晉書·地理志》作'汝成'。《南齊書·州郡志》《水經·耒水注》作'汝城'。"汝城，縣名。治今湖南汝城縣西南。

[6]晉寧：縣名。治今湖南資興市南。

零陵內史，[1]漢武帝元鼎六年立。領縣七。戶三千八百二十八，口六萬四千八百二十八。去州一千四百。[2]去京都水四千八百。

　　[1]零陵：國名。治今湖南永州市。
　　[2]去州一千四百：此指水路里程，依志例，當作“去州水一
千四百”。

　　　　泉陵子相，[1]漢舊縣。
　　　　洮陽侯相，[2]漢舊縣。
　　　　零陵子相，[3]漢舊縣。
　　　　祁陽子相，[4]吳立。明帝泰始初度湘東，五年
復舊。
　　　　應陽男相，[5]晉惠帝分觀陽立。
　　　　觀陽男相，吳立。[6]
　　　　永昌令，[7]吳立。

　　[1]泉陵：國名。治今湖南永州市。
　　[2]洮陽：國名。治今廣西全州縣西北。
　　[3]零陵：國名。治今廣西全州縣西南。
　　[4]祁陽：國名。治今湖南祁東縣東南。
　　[5]應陽：國名。治今湖南東安縣蘆洪市鎮。
　　[6]觀陽男相，吳立：金兆豐《校補三國疆域志·吳疆域志》
“荆州零陵郡觀陽”條：“吳立。按漢灌陽長熊君碑，是後漢亦稱
灌陽。蓋觀、灌音同，古通用。”又李曉傑《東漢政區地理》第十
章第四節：“降至東漢末年，零陵郡又增置觀陽縣。洪適《隸釋》
卷十一《綏民校尉熊君碑》云，荆州牧劉表拜熊君爲騎都尉，‘受
命立灌陽縣督長，六載，無爲而治’。是證灌陽縣乃劉表所立。灌
陽當即觀陽。《宋書·州郡志》零陵内史觀陽男相下云‘吳立’，
誤，楊守敬已正之（《三國郡縣表》卷八楊氏《補正》）。”觀陽，
國名。治今廣西灌陽縣東灌江東岸。

[7]永昌：縣名。治今湖南祁東縣西北。

營陽太守，江左分零陵立。[1]領縣四。户一千六百八，口二萬九百二十七。去州水一千七百一。去京都水五千五百五十。

[1]營陽太守，江左分零陵立：《水經注》卷三八《湘水》："營水又東北逕營浦縣南。營陽郡治也。魏咸熙二年，吳孫晧分零陵置，在營水之陽，故以名郡矣。"又《元和郡縣圖志》卷二九"江南道道州"條："吳分零陵置營陽郡。"又洪亮吉《補三國疆域志》"零陵郡"條據《水經注》引《宋書·州郡志》此條然後云："疑吳立，後旋省，至江左復立也。"又吳增僅《三國郡縣表附考證》吳荆州營陽郡云："甘露元年，吳分零陵置。《方輿紀要》治營道。尋省。"又金兆豐《校補三國疆域志·吳疆域志》"荆州營陽郡"條："《寰宇記》，吳寶鼎元年分零陵北部置。《水經注》，魏咸熙二年吳分置營陽郡。按是年爲孫晧甘露元年，明年改元寶鼎，酈注與樂史止差一年，是營陽郡爲孫晧所置也。《宋志》營陽太守下云江左分零陵立，疑吳立後旋省。"營陽，郡名。治今湖南道縣東北。

　　營浦侯相，[1]漢舊縣，屬零陵。
　　營道侯相，[2]漢舊縣，屬零陵。
　　春陵令，[3]前漢舊縣，春陵侯徙國南陽，省。[4]吳復立，屬零陵。
　　泠道令，[5]漢舊縣，屬零陵。

[1]營浦：國名。治今湖南道縣東北。
[2]營道：國名。治今湖南寧遠縣東南。

[3]春陵：縣名。治今湖南寧遠縣東北。

[4]前漢舊縣，春陵侯徙國南陽，省：《漢書·地理志上》"南陽郡春陵"條："侯國。故蔡陽白水鄉。"顏師古注云："《漢記》云元朔五年以零陵泠道之春陵鄉封長沙王子買爲春陵侯。至戴侯仁，以春陵地形下溼，上書徙南陽。元帝許之，以蔡陽白水鄉徙仁爲春陵侯。"按：事又見《後漢書》卷一四《城陽恭王祉傳》。是則春陵侯國遷南陽後，原地當還爲零陵郡泠道縣之春陵鄉。

[5]泠道：縣名。治今湖南寧遠縣東南。

湘東太守，[1]吳孫亮太平二年，分長沙東部都尉立。晉世七縣，孝武太元二十年，省酃、漢舊縣。利陽、新平張勃《吳錄》有此二縣，利作梨，晉作利音。三縣。今領縣五。户一千三百九十六，口一萬七千四百五十。去州水陸七百。去京都水三千六百。

[1]湘東：郡名。治今湖南衡陽市。

臨烝伯相，吳屬衡陽，[1]《晉太康地志》屬湘東。

新寧令，[2]吳立。

茶陵子相，[3]漢舊縣，屬長沙。

湘陰男相，[4]後廢帝元徽二年，分益陽、羅、湘西及巴、硤流民立。[5]

陰山令，[6]陰山乃是漢舊縣，而屬桂陽。吳湘東郡有此陰山縣，疑是吳所立。[7]

[1]臨烝伯相，吳屬衡陽：《三國志》卷三五《蜀書·諸葛亮

傳》："曹公敗於赤壁，引軍歸鄴。先主遂收江南，以亮爲軍師中郎
將，使督零陵、桂陽、長沙三郡，調其賦税，以充軍實。"裴松之
注引《零陵先賢傳》云："亮時住臨烝。"然則後漢建安年間已有
臨烝縣。臨烝，縣名。治今湖南衡陽市。

〔2〕新寧：縣名。治今湖南常寧市東南。

〔3〕茶陵：國名。治今湖南茶陵縣東北八團鄉附近。

〔4〕湘陰：國名。治今湖南湘陰縣北。

〔5〕"後廢帝元徽二年"至"硤流民立"：周一良《札記》之
《州郡志諸問題》："《南齊書》三三《王僧虔傳》，宋明帝時僧虔轉
輔國將軍湘州刺史。巴峽流民多在湘土，僧虔表割益陽、羅、湘西
三縣緣江民，立湘陰縣，從之。其下又言元徽中云云，似此縣之立
又在元徽以前。"譚其驤《晋永嘉喪亂後之民族遷徙》（《長水集》
上册，人民出版社1987年版）以爲湘陰爲僑縣。又從地理形勢言，
此湘陰縣與湘東郡之間隔衡陽國、長沙國，然則湘東國遙領湘陰縣
歟？抑或湘陰縣屬長沙國（《南齊書·州郡志下》湘州長沙郡即領
湘陰縣），而本志誤作湘東郡領縣歟？待考。

〔6〕陰山：縣名。治今湖南攸縣西南。

〔7〕"陰山乃是漢舊縣"至"疑是吳所立"：《漢書·地理志
上》桂陽郡、《續漢書·郡國志四》荆州桂陽郡並有陰山，而《晋
書·地理志》陰山屬湘東郡，桂陽郡領縣無陰山，當是吳立湘東郡
時度屬；又漢、晋陰山並治今湖南攸縣西南。是則兩漢、孫吳、
晋、宋陰山爲一地，本志此處誤，依志例，作"陰山令，漢舊縣，
屬桂陽，吳度湘東"可矣。

邵陵太守，[1]吳孫晧寶鼎元年，分零陵北部都尉
立。[2]領縣七。户一千九百一十六，口二萬五千五百六
十五。去州水七百，陸一千三百。去京都水四千五百。

[1]邵陵：郡名。治邵陽縣，今湖南邵陽市。

[2]吳孫皓寶鼎元年，分零陵北部都尉立：《三國志》卷四八《吳書・孫皓傳》：寶鼎元年，"以零陵北部爲邵陵郡"。按：本作昭陵，晉武帝時避其父司馬昭名諱改"邵陵"，陳壽由後言之，故作"邵陵"。依本書《州郡志二》"江州刺史建安太守邵武子相"條"吳立曰昭武，晉武帝更名"例，此當作"吳孫皓寶鼎元年，分零陵北部都尉立昭陵郡，晉武帝更名"。

邵陵子相，何志屬長沙。按二漢無，《吳録》
屬邵陵。[1]
武剛令，[2]晉武分都梁立。
建興男相，[3]晉武帝分邵陵立。
高平男相，[4]吳立。晉武帝太康元年，改曰南
高平，後更曰高平。[5]
都梁令，[6]漢舊縣，屬零陵。
邵陽男相，[7]吳立曰昭陽，晉武改。[8]
扶縣令，[9]漢舊縣，至晉曰夫夷。漢屬零陵，
晉屬邵陵。[10]案今云扶者，疑是避桓溫諱去"夷"，
"夫"不可爲縣名，故爲"扶"云。[11]

[1]"邵陵子相"至"《吳録》屬邵陵"：此兩處"邵陵"均本作"昭陵"，晉武帝時避其父司馬昭名諱始改"邵陵"。然則"昭陵"，《漢書・地理志下》長沙國、《續漢書・郡國志四》荆州長沙郡領縣，是本志"二漢無"誤。又依志例，本條當作"邵陵子相，漢舊縣曰昭陵，屬長沙。後度零陵。晉武帝更名"。按：昭陵縣由長沙改屬零陵的時間當在東漢末年（參見吳增僅《三國郡縣表附考證》卷八）；"何志屬長沙"疑誤，不然，則何志前曾廢邵陵郡入長沙郡，

故邵陵縣"何志屬長沙"。邵陵，國名。治今湖南邵陽市。

[2]武剛：縣名。治今湖南武岡市北。中華本校勘記云："《水經‧資水注》作'武岡'。"

[3]建興：國名。治今湖南武岡市東北。

[4]高平：國名。治今湖南隆回縣東北。

[5]晋武帝太康元年，改曰南高平，後更曰高平：《晋書‧地理志下》荆州邵陵郡亦作"高平"。

[6]都梁：縣名。治今湖南隆回縣。

[7]邵陽：國名。治今湖南邵東縣東北。

[8]吳立曰昭陽，晋武改：《續漢書‧郡國志四》荆州零陵郡領"昭陽，侯國"，此作"吳立曰昭陽"誤，當作"後漢曰昭陽"。"晋武改"者，晋武帝時避其父司馬昭名諱改"昭陽"爲"邵陽"。又據《漢書‧王子侯表》，元始五年（5）漢平帝封長沙剌王（周振鶴《西漢政區地理》第十章第二節以爲"剌王"爲"孝王"之誤）子賞爲昭陽侯，是則西漢末年已有昭陽侯國。吳增僅《三國郡縣表附考證》卷八楊守敬《補正》亦云："《郡國志》零陵郡已有昭陽，何得云'吳立'？沈《志》誤。據《漢表》，是元始五年分昭陵立，然則西漢已有此縣。"

[9]扶縣：治今湖南邵陽縣西南。

[10]漢舊縣，至晋曰夫夷。漢屬零陵，晋屬邵陵：《漢書‧地理志上》零陵郡、《續漢書‧郡國志四》荆州零陵郡、《晋書‧地理志下》荆州邵陵郡並領"夫夷"。

[11]"案今云扶者"至"故爲扶云"：華林甫《中國地名學源流》（湖南人民出版社1999年版）第三章第六節云："'夫'在古漢語中爲虛詞，虛詞不可單獨爲地名，也是沈約首先總結出來的。"按：東晋桓温父桓彝，蓋同音避諱而去"夷"。

廣興公相，[1]吳孫晧甘露元年，分桂陽南部都尉，[2]

立爲始興郡。晋武帝平吳，以屬廣州，[3] 成帝度荆州，宋文帝元嘉二十九年，又度廣州，三十年，復度湘州。明帝泰始六年，立岡澋縣，割始興之封陽、陽山、含洭三縣，立宋安郡，[4] 屬湘州。泰豫元年復□，[5] 省岡澋縣，改始興曰廣興。領縣七。户一萬一千七百五十六，口七萬六千三百二十八。去州水二千三百九十。去京都水五千。

[1] 廣興：國名。治今廣東韶關市西南。

[2] 桂陽南部都尉：各本並脱“部”字。成孺《宋州郡志校勘記》云：“《三國志·孫晧傳》，甘露元年十一月，以零陵南部爲始安郡，桂陽南部爲始興郡。據此，則‘南’下似脱‘部’字。本志始建內史下云，吳孫晧甘露元年，分零陵南部都尉立始安郡，正作南部，當據補‘部’字。”又中華本校勘記云據《三國志·吳書·孫晧傳》補，並引成孺《宋州郡志校勘記》之説。

[3] 晋武帝平吳，以屬廣州：孫吳時本屬荆州。

[4] 割始興之封陽、陽山、含洭三縣，立宋安郡：“三縣”各本並作“四縣”。《宋州郡志校勘記》：“四當作三。”中華本校勘記云“成校是，今改正”。又孫彰《考論》卷二：“按封陽屬臨賀，此恐有誤。”按：封陽，本志下臨慶內史（明帝改臨賀爲臨慶）封陽侯相“漢舊縣”，《考論》是。又宋安郡當領四縣，即新立之岡澋，原屬臨賀（或臨慶）之封陽，原屬始興之陽山、含洭，郡治當在岡澋，今廣東連州市境內。

[5] 泰豫元年復□：《宋州郡志校勘記》：“‘復’下原注缺字。案據下云改始興曰廣興，知是時宋安郡已省，所屬三縣復還始興。疑‘復’下所缺，當是‘故’字。”《考論》卷二：“缺處疑是故字。”中華本校勘記引《宋州郡志校勘記》出校。按：泰豫元年省宋安郡，封陽當還臨慶，陽山、含洭還始興。成孺“所屬三縣復還

始興”者微誤，按諸地理形勢，封陽縣不應屬始興郡。

曲江侯相，[1]漢舊縣，屬桂陽。

桂陽令，[2]漢舊縣，屬桂陽。

陽山侯相，[3]漢舊縣，後漢曰陰山，屬桂陽。[4]
吳始興郡無此縣，當是晋後立。[5]

貞陽侯相，[6]漢舊縣，名滇陽，屬桂陽。宋明
帝泰始三年，改“滇”爲“貞”。

含洭男相，[7]漢舊縣，屬桂陽。

始興令，[8]吳立。

中宿令，[9]漢舊縣，屬南海，吳度。

[1]曲江：國名。治今廣東韶關市西南。

[2]桂陽令：各本並脱“陽”字。成孺《宋州郡志校勘記》：
“《兩漢志》桂陽郡並有桂陽縣，無桂縣。此誤脱‘陽’字，當據
補。”中華本校勘記云：“據《漢志》《續漢志》《晋書·地理志》
《南齊書·州郡志》補。《水經·深水注》：‘桂陽縣，本隸桂陽郡，
後割隸始興。’《宋書州郡志校勘記》云：‘桂下誤脱“陽”字，當
補。’”今從。桂陽，縣名。治今廣東連州市。

[3]陽山：國名。治今廣東陽山縣西南連江南岸。

[4]漢舊縣，後漢曰陰山，屬桂陽：中華本校勘記云：“惠棟
云：‘《前志》亦有陰山縣，沈説非也。’按《前志》桂陽郡有陽山
縣，又有陰山縣。應劭陽山下云：‘今陰山也。’顔師古駁應云：
‘下自有陰山，應説非也。’沈志亦從應説而誤。”按：《漢書·地
理志上》桂陽郡領陽山、陰山，並注“侯國”，又《續漢書·郡國
志四》荆州桂陽郡領陰山縣，無陽山。考此陽山、陰山及其地望，
長期以來各家爭論不休。其與本志有關者，據周振鶴《西漢政區地

理》第十章第二節的觀點，本書《州郡志》的陽山乃前漢舊縣，然後漢已省，後漢的陰山與《漢書·地理志》陰山爲一地，與本書《州郡志》陽山了不相涉，故本書《州郡志》"陽山侯相，漢舊縣，後漢曰陰山，屬桂陽"誤。李曉傑《東漢政區地理》第十章第四節認爲：《漢書·地理志上》桂陽郡陽山縣不載《續漢書·郡國志》，宋本《太平寰宇記》連州陽山縣上云："後漢省入含洭。"含洭，兩漢《志》屬桂陽郡，故可知陽山已在東漢省併。本書《州郡志》"陽山侯相，漢舊縣，後漢曰陰山，屬桂陽"，所記誤矣。兩漢《志》皆有陰山，另爲一地，與本書《州郡志》陽山了不相涉。本書《州郡志》陽山實乃《漢書·地理志》陽山也，至東漢已省。然則綜上所考，本書《州郡志》"陽山侯相，漢舊縣，後漢曰陰山，屬桂陽"當作"陽山侯相，漢舊縣，屬桂陽，後漢省"。

[5]吴始興郡無此縣，當是晋後立：《水經注》卷三九《洭水》："洭水又逕陽山縣南，縣故含洭縣之桃鄉，孫晧分立爲縣也。"《水經注疏》楊守敬曰："《宋志》，陽山，吴始興郡無此縣，當是晋後立。後儒多從之。然酈氏謂孫晧分含洭之桃鄉立，言之鑿鑿，必有所據。"又《晋書·地理志下》廣州始興郡有陽山縣。

[6]貞陽：國名。治今廣東英德市東南瀧江北。

[7]含洭：國名。治今廣東英德市浛洸鎮。

[8]始興：縣名。治今廣東韶關市曲江區東北。

[9]中宿：縣名。治今廣東清遠市西北河洞堡。

臨慶内史，[1]吴分蒼梧立爲臨賀郡，屬廣州，[2]晋成帝度荆州，宋文帝元嘉二十九年，度廣州，三十年，復度湘州。明帝改名。領縣九。户三千七百一十五，口三萬一千五百八十七。去州水陸二千八百。去京都水陸五千五百七十。

[1]臨慶：國名。治今廣西賀州市東南賀街鎮。

[2]吳分蒼梧立爲臨賀郡，屬廣州：臨賀郡始置時當屬荊州（時無廣州），及晋平吳，乃屬廣州。《晋書·地理志下》"廣州"條："及太康中，吳平，遂以荊州始安、始興、臨賀三郡來屬。"本志前"廣興公相"條亦云："吳孫晧甘露元年，分桂陽南部都尉，立爲始興郡。晋武帝平吳，以屬廣州。"又洪亮吉《補三國疆域志》："今遍檢諸地志，臨賀郡之立當在置廣州之前，不得云立郡時已屬廣州。《通典》吳廣州領郡六，亦不數臨賀。《元和郡縣志》《方輿勝覽》臨賀、始興二郡皆屬荊州。"

臨賀侯相，[1]漢舊縣。《晋太康地志》、王隱云屬南海，而二漢屬蒼梧，當是吳所度。[2]

馮乘侯相，[3]漢舊縣，屬蒼梧。

富川令，[4]漢舊縣，屬蒼梧。

封陽侯相，漢舊縣。[5]

興安侯相，[6]吳立曰建興，晋武帝太康元年更名。

謝沐長，[7]漢舊縣，屬蒼梧。

寧新令，[8]二漢無，當是吳所立，屬蒼梧，晋武帝太康元年更名。[9]

開建令，[10]文帝分封陽立宋昌、宋興、開建、武化、徍徍、徍音生。永固、綏南七縣。[11]後又分開建、武化、宋昌三縣立宋建郡，[12]屬廣州。孝武大明元年悉省，唯餘開建縣。

撫寧令，[13]宋末立。

[1]臨賀：國名。治今廣西賀州市東南賀街鎮。

[2]當是吳所度：《晉書·地理志下》廣州臨賀郡領臨賀縣。“吳所度”者，立臨賀郡時度屬。

[3]馮乘：國名。治今湖南江華瑤族自治縣西南。

[4]富川：縣名。治今廣西鍾山縣。

[5]封陽侯相，漢舊縣：依本志前後例，“漢舊縣”後當有“屬蒼梧”三字。按封陽，《漢書·地理志下》蒼梧郡、《續漢書·郡國志五》交州蒼梧郡領縣。封陽，國名。治今廣西賀州市信都鎮。

[6]興安：國名。治今廣西賀州市桂嶺鎮。

[7]謝沐：縣名。治今湖南江永縣西南。

[8]寧新：縣名。確址無考，疑治今廣西賀州市一帶。

[9]“二漢無”至“晉武帝太康元年更名”：此“晉武帝太康元年更名”無著落。檢本書《州郡志四》“廣州刺史蒼梧太守”條：《永初郡國》又有寧新縣，寧新，吳立，晉武帝太康元年（280），改新寧曰寧新。按：吳始立當名新寧，及晉武帝太康元年更名寧新。“當是吳所立”後當補“新寧”二字，於意方通。又《南齊書·州郡志》廣州蒼梧郡、湘州臨賀郡均有寧新縣，頗疑此湘州臨賀郡寧新縣爲宋末與本郡撫寧縣同時新立，而與上引之“廣州刺史蒼梧太守”條所云寧新縣別；果如此，則此“寧新令”注“宋末立”可矣，“二漢無”云云，當移置本書《州郡志四》“廣州刺史蒼梧太守”條內。

[10]開建：縣名。治今廣東封開縣東北。

[11]狌狌：孫彪《考論》卷二：“‘狌狌’疑誤，據小注音，則實‘狌’字也。”

[12]宋建郡：治今廣東封開縣東北。

[13]撫寧：縣名。確址無考，疑治今廣西賀州市一帶。

　　始建內史，[1]吳孫晧甘露元年，分零陵南部都尉立始安郡，屬廣州，[2]晋成帝度荆州，宋文帝元嘉二十九年，度廣州，三十年，復度湘州。明帝改名。領縣七。戶三千八百三十，口二萬二千四百九十。去州水二千八十，陸二千六百三十。去京都水五千五百九十。

[1]始建：國名。治今廣西桂林市。

[2]"吳孫晧甘露元年"至"屬廣州"：《晋書·地理志下》"廣州"條："及太康中，吳平，遂以荆州始安、始興、臨賀三郡來屬。"是孫吳時始安郡屬荆州，此則云屬廣州，與《晋書·地理志》異。按洪亮吉《補三國疆域志》、吳增僅《三國郡縣表附考證》卷八、謝鍾英《三國疆域表》，始安郡皆列吳荆州內。考始安郡乃分荆州零陵郡立，吳時宜與零陵郡並屬荆州，《晋書·地理志》說是。如此，則依本志前"廣興公相"條例，此"屬廣州"三字前，當補"晋武帝平吳，以"六字。

　　始安子相，[1]漢舊縣，屬零陵。
　　熙平令，[2]吳立爲尚安，晋武改。[3]
　　永豐男相，吳立。[4]
　　荔浦令，[5]漢舊縣，屬蒼梧。
　　平樂侯相，[6]吳立。
　　建陵男相，[7]吳立，屬蒼梧，宋末度。
　　樂化左令，[8]宋末立。

[1]始安：國名。治今廣西桂林市。

[2]熙平：縣名。治今廣西陽朔縣興坪鎮。

[3]吳立爲尚安，晋武改：《〈宋州郡志校勘記〉校補》楊守敬曰："按《晋志》常安、熙平二縣並屬始安。《水經注》：漓水又南

得熙平水口，又南徑其縣西，縣本始安之扶鄉也，孫晧割以爲縣。不云權立爲尚安。按常安故城在今永寧州南，熙平故城在今陽朔縣東四十里，二縣相去頗遠，無併合之理。當是《宋志》熙平令吳立；別有常安令，吳立爲尚安，晋武更名，傳寫者誤合爲一條耳。”又楊守敬《補校宋書州郡志札記》：“按《晋志》，常安、熙平兩縣並屬始安。《水經·漓水注》直以孫晧始立，即爲熙平。此志當是熙平令，吳立，別有常安縣，云吳立爲尚安，晋武改名。傳抄者誤合爲一條。今永寧州南有常安故城，今桂林府陽朔縣東北有熙平故城，二縣相去甚遠。”按：《水經注》卷三八《漓水》：熙平“縣本始安之扶鄉也，孫晧割以爲縣”。《水經注疏》楊守敬曰：“《晋志》常安、熙平兩縣，並屬始安郡。《宋志》，熙平，吳立爲尚安，晋武改。酈氏直以孫晧始立即爲熙平，則《宋志》當是熙平令，吳立，別有常安縣，云吳立爲尚安，晋武改名。蓋《晋志》誤合誤分者頗多……今永寧縣南有常安故城，陽朔縣東北有熙平故城，二縣相去甚遠。”吳增僅《三國郡縣表附考證》楊守敬《補正》與上所引略同。據此，則本志此條誤，當作“熙平令，吳立”，而另行：“常安令（？），吳立爲尚安，晋武改名。”即始建内史另補“常安令”一條。常安，縣名。治今廣西鹿寨縣北。

[4]永豐男相，吳立：《水經注》卷三八《漓水》：永豐縣“本蒼梧之北鄉，孫晧割以爲縣”。又《元和郡縣圖志》卷三七“嶺南道桂州永豐縣”條：“吳甘露元年，析漢荔浦縣之永豐鄉置。”永豐，國名。治今廣西荔浦縣西北。

[5]荔浦：縣名。治今廣西荔浦縣西。

[6]平樂：國名。治今廣西平樂縣東北恭城河北岸。

[7]建陵：縣名。治今廣西荔浦縣修仁鎮西。

[8]樂化左令：依志例，“樂化左令”當作“樂化左縣令”。樂化左縣，確址無考，當治今廣西桂林市及平樂、荔浦等縣一帶。

雍州刺史，[1]晉江左立。胡亡氐亂，雍、秦流民多南出樊、沔，晉孝武始於襄陽僑立雍州，并立僑郡縣。[2]宋文帝元嘉二十六年，割荊州之襄陽、南陽、新野、順陽、隨五郡爲雍州，[3]而僑郡縣猶寄寓在諸郡界。孝武大明中，又分實土郡縣以爲僑郡縣境。[4]徐志雍州有北上洛、北京兆、義陽三郡。北上洛，晉孝武立，[5]領上洛、北商、酈陽、陽亭、北拒陽五縣。北京兆領北藍田、霸城、山北三縣。並云景平中立。[6]義陽，[7]云晉安帝立，領平氏、襄鄉二縣。酈陽、陽亭、北拒陽，並云安帝立，餘縣不注置立。今並無此三郡。[8]今領郡十七，縣六十。[9]戶三萬八千九百七十五，口十六萬七千四百六十七。去京都水四千四百，陸二千一百。

[1]雍州：治襄陽，今湖北襄陽市襄城區。

[2]“晉江左立”至“并立僑郡縣”：丁福林《校議》云：“《晉書·成帝紀》：咸和三年，‘六月……壬辰，平北將軍、雍州刺史魏該卒於師’。《魏浚傳附魏該傳》亦云：‘帝（按：指晉元帝）又以爲前鋒都督、平北將軍、雍州刺史。’《通鑑》卷九四亦有咸和三年五月，‘雍州刺史魏該亦以兵會’之記載。《南齊書·州郡志下》：‘元帝以魏該爲雍州，鎮酇城，襄陽別有重戍。’又考之《晉書·桓玄（按：“玄”應爲“宣”）傳》云：‘庾翼代亮，欲傾國北討，更以宣爲都督司、梁、雍三州，荊州之南陽、襄陽、新野、南鄉四郡軍事，梁州刺史，持節、將軍如故。’則東晉初或已有僑立之雍州矣。”按：據《晉書》卷九《孝武帝紀》太元九年四月：“使竟陵太守趙統伐襄陽，克之。”是此“晉孝武始於襄陽僑立雍州”者，不早於東晉孝武帝太元九年（384）四月。

[3]“宋文帝元嘉二十六年”至“隨五郡爲雍州”：錢大昕

《考異》卷二三《宋書·州郡志三》："案：隨郡本屬荆州，孝武孝建元年度屬郢，前廢帝永光元年度屬雍，明帝泰始五年還屬郢，改爲隨陽，後廢帝元徽四年度屬司州，見司州下。是元嘉廿六年隨未嘗屬雍也。"又孫虨《考論》卷二："錢大昕據司州及列傳除雍州刺史，説雍州未割隨，而不滿五郡數。今按荆州有北義陽，云省，此下引徐志雍州有義陽，領平氏、襄鄉二縣，並實土，是當日割五郡當數北義陽，蓋休文尋校未悉也。"又胡阿祥《六朝疆域與政區研究史料評説》（《歷史地理》第十二輯，上海人民出版社 1995 年版）謂：元嘉二十六年（449）割荆州五郡爲雍州，有隨郡，按是時隨郡不屬雍州，《宋志》誤。又丁福林《校議》以爲："此應删'隨'一字並易'五'爲'四'""宋文帝元嘉二十六年前雍州僑立於荆州之襄陽而無實土，至是年始分荆州之襄陽等五郡爲實土雍州。然《志》於荆州刺史條下載此五郡爲襄陽、南陽、順陽、新野、竟陵，而於雍州刺史條下則載此五郡爲襄陽、南陽、順陽、新野、隨。二處所載，四同而一異，必有一誤""錢説是，雍州刺史條所云元嘉二十六年隨郡由荆州度屬雍州，必誤""檢本卷所載，時雍之屬郡除襄陽、順陽、南陽、新野四郡外，其餘京兆、始平、扶風、南上洛、河南、廣平、義城、馮翊八郡爲僑郡無實土，而建昌、南天水、華山、北河南、弘農五郡乃元嘉二十六年後相繼更立。可見元嘉二十六年文帝分荆州數郡爲實土雍州時祇有襄陽等四郡而非五郡"云云。按：《考論》"當日割五郡當數北義陽"，誤，蓋北義陽爲僑郡，與襄陽、南陽、新野、順陽之荆州舊領四實郡不同，參本志"荆州刺史"條及其注釋。《考異》説是，即"割荆州之襄陽、南陽、新野、順陽、隨五郡爲雍州"者，當作"割荆州之襄陽、南陽、新野、順陽四郡爲雍州"。

[4] 孝武大明中，又分實土郡縣以爲僑郡縣境：胡阿祥《論土斷》（《南京大學學報》2001 年第 2 期）略云：本書卷六《孝武帝紀》：大明元年（457）七月，"土斷雍州諸僑郡縣"；又《通鑑》卷一二八大明元年："雍州所統多僑郡縣。刺史王玄謨上言：僑郡

縣無有境土，新舊錯亂，租課不時，請皆土斷。秋七月辛未，詔并雍州三郡十六縣爲一郡。”又本書卷七六《王玄謨傳》則稱：“雍土多僑置，玄謨請土斷流民。當時百姓不願屬籍，罷之。”考本志“雍州刺史”條，大明土斷雍州，京兆、始平、扶風、河南、廣平、馮翊、華山等僑郡增領當地實縣，分得實土；京兆之池陽改隸新野，始平之槐里、清水及京兆之鄭改隸順陽，馮翊之高陸則大明元年新立；又北上洛、北京兆、義陽及所領十僑縣，以及盧氏、藍田、霸城、魏昌、陽城、曲周、邯鄲、冀、下蔡等僑縣及當地縣朝陽，皆大明土斷中省並。又《南齊書》卷二五《張敬兒傳》：“初，王玄謨爲雍州，土斷敬兒家屬舞陰。敬兒至郡，復還冠軍。”舞陰、冠軍同屬雍州實土南陽郡，猶被土斷，則僑郡縣可知矣。據此，本書《王玄謨傳》“罷之”當係暫罷，終復行之。

[5]北上洛，晉孝武立：東晉孝武帝時僑置上洛郡，宋稱北上洛郡。北上洛郡僑地無考，疑在今湖北襄陽市一帶。

[6]“北京兆領北藍田”至“並云景平中立”：《晉書·地理志上》雍州京兆郡領長安、霸城、藍田等九縣。東晉義熙中劉裕收復關中，原京兆郡加“北”成北京兆郡；後失關中，宋景平中又僑立北京兆郡及北藍田、霸城、山北三縣於襄陽一帶。《考異》卷三〇《魏書·地形志下》云：“此縣姚興所置，見《太平寰宇記》。”按東晉南朝不僑置十六國北朝所新置的州郡縣，此山北僑縣，蓋屬特例。

[7]義陽：郡名。當僑置在襄陽境。

[8]今並無此三郡：三郡謂北上洛、北京兆、義陽，蓋宋大明土斷中省。

[9]今領郡十七，縣六十：雍州領郡縣數，數之，郡十七，縣六十八。其中晚於“大較以大明八年爲正”之斷限者，有泰始末所立之北河南郡（領縣八），宋明帝末立之弘農郡（領縣三）。然則本志雍州實以宋明帝泰始末年爲斷限。又關於雍州之僑置，胡阿祥《東晉南朝僑州郡縣與僑流人口研究》（江蘇教育出版社2008年版）第七章“雍州部”略謂：西晋永嘉五年（311），雍州入劉聰，

次年恢復，至建興四年（316）仍爲劉漢所有。雍州東晋始僑立時，無實土，寄治鄼城（今湖北老河口市西北），尋省；咸康中又省寄治郡縣。孝武帝以朱序爲刺史，又於襄陽（今湖北襄陽市襄城區）立僑郡縣，後没苻秦；及胡亡氐亂，秦雍流民多南出樊沔，孝武太元中乃又於襄陽僑立雍州，並立僑郡縣，寄在襄陽，襄陽新户多於舊民。宋元嘉中割荆州四郡爲雍州實土，而僑郡縣猶寄寓諸郡界；大明中，又分實土郡縣以爲僑郡縣境。又胡阿祥《東晋南朝地方州鎮略説》論南朝雍州之地位云：長江中游州鎮先荆後雍。雍州係割荆州北部地成立，位當南北衝要，其治所襄陽又是軍事重鎮，故宋末蕭道成“將受禪……以襄陽兵馬重鎮，不欲處他族”，出太子長懋爲雍州刺史（《南齊書》卷二一《文惠太子傳》）。及齊時，雍州地位已駕乎荆州之上，足以制禦荆州，齊末蕭衍起兵時即自詡：“荆州本畏襄陽人……我若總荆、雍之兵，掃定東夏，韓、白重出，不能爲計（《梁書》卷一《武帝紀上》）。”故蕭衍舉事，荆州不敢不從，而郢州更不敵雍、荆之衆，蕭衍因之取天下。由此可知，雍州軍力已冠於西部諸州。及梁末，雍州刺史蕭詧“以襄陽形勝之地，又是梁武創基之所，時平足以樹根本，世亂可以圖霸功，遂克己勵節，樹恩於百姓，務修刑政，志存綏養”（《周書》卷四八《蕭詧傳》），乘侯景之亂，引西魏兵攻陷江陵，殺原荆州刺史梁元帝蕭繹，而梁祚遂亡。詧既殺繹，遂爲西魏藩臣，立國於江陵，而西魏自取襄陽，於是長江之險，與北朝共之，陳劃江爲守，荆州治所遷至江南之公安。按本來行政區幅員的增减，是可以作爲一種政治手段來使用的，然而，分荆置雍，實弊大於利，蓋分置以後，對内未必能制止藩帥反抗中央的氣焰，對外却因雍州實力比不上東晋的荆州而難以獨立禦侮。如宋時，大凡有事，不得不將江、湘資力悉給雍州，本書卷七九《竟陵王誕傳》：“上欲大舉北討，以襄陽外接關、河，欲廣其資力，乃罷江州軍府，文武悉配雍州，湘州入臺租税雜物，悉給襄陽。”雍州既無力抵禦强敵，荆、雍又互爲防制，於是南朝自宋以後，對北方轉采較爲消極保守的態度，南北戰争中也多處於敗北的地位，疆域遂爲北朝逐漸蠶食，是以宋初最大，齊、梁稍蹙，陳則極小，終爲北方楊隋所滅。

襄陽公相，[1]魏武帝平荆州，分南郡編以北及南陽之山都立，屬荆州。魚豢云，魏文帝立。[2]《永初郡國》、何志並有宜城、漢舊縣，屬南郡。鄀、上黄縣，並別見。[3]徐志無。領縣三。户四千二十四，口一萬六千四百九十六。

[1]襄陽：國名。治今湖北襄陽市襄城區。

[2]"魏武帝平荆州"至"魏文帝立"：《水經注》卷二八《沔水》："一水東南出。應劭曰：城在襄水之陽，故曰襄陽。是水當即襄水也。城北枕沔水，即襄陽縣之故城也……秦滅楚，置南郡，號此爲北部焉。建安十三年，魏武平荆州分南郡，立爲襄陽郡。"《晋書·地理志下》"荆州"條云："後漢獻帝建安十三年，魏武盡得荆州之地，分南郡以北立襄陽郡。"《太平寰宇記》卷一四五"襄州"條云："《荆州圖副》云：建安十三年，曹操平荆州，始置襄陽郡，以地在襄山之陽爲名。"又吴增僅《三國郡縣表附考證》卷三云："《蜀志·關侯傳》：曹公引兵退，先主收江南諸郡，以關侯爲襄陽太守，駐江南。是時先主固未有襄陽也，三國諸臣遥領敵郡，皆實有其地，從無虚領其名者。知《魏略》之言爲不可信也。"綜上，襄陽郡當置於建安十三年，魚豢《魏略》所云魏文帝立者不確。

[3]"《永初郡國》"至"並別見"：孫彪《考論》卷二："檢《志》，鄀入馮翊，上黄入華山，亦入荆州之長寧，唯宜城竟廢其地，蓋即以爲華山郡，後云治大隄者是也。"

襄陽令，[1]漢舊縣，屬南郡。

中廬令，[2]漢舊縣，屬南郡。

邔縣令，[3]漢舊縣，屬南郡。

[1]襄陽：縣名。治今湖北襄陽市襄城區。

[2]中廬：縣名。治今湖北襄陽市襄城區西南。

[3]邔縣：成孺所見本作邧縣，成孺《宋州郡志校勘記》：
"邧，毛作巴，從殿本。《漢志》：南郡邔，孟康曰：'音忌。'師古
曰：'音其已反。'《説文》邑部：'邔，南陽縣。從邑己聲。'《晋
志》《南齊志》並同。"又張元濟《校勘記》：宋本、北本、汲本作
"邔縣令"，殿本作"邧縣令"，"邔字疑是，見《前漢·地理志》"。
又中華本校勘記云："三朝本、北監本、毛本作邔。殿本、局本作
邧。按《前漢志》南郡有邔縣。孟康曰：'音忌。'師古曰：'音其
已反。'舊本《續漢志》訛作'印'。《集解》引惠棟曰：'《前志》
及本傳皆作邔。章懷音其紀反。'錢大昕曰：'淄川王終子柱，封邔
侯。'《説文》邑部：'邔，南郡縣也。從邑已聲。'《水經》：'《禹
貢》三澨沱，在南郡邔縣北。'《南齊書·州郡志》《晋書·地理
志》並作'邧'。或謂'邧'字不誤，古漢上之巴國邑此，待考。"
按：以上中華本校勘記之"邧"並當作"邔"。據《史記》卷一八
《高祖功臣侯者年表》，漢高祖十二年（前195）黃極中封邔侯；又
《水經注》卷二八《沔水》"又南過邔縣東北"疏："朱邔訛作邧，
《箋》曰：邔，一作印。戴改，云：按印是今本《郡國志》誤文，
多以《史記·年表》《漢書·地理志》作邔字爲正。會貞按：明抄
本作邔。"邧，當作邔，縣名。治今湖北宜城市北。

南陽太守，[1]秦立，屬荊州。《永初郡國》有比陽、
魯陽、赭陽、西鄂、犨、葉、雉、博望八縣。並漢舊
縣。[2]何志無犨、雉。徐志無比陽、魯陽、赭陽、西鄂、
博望，而有葉，餘並同。孝武大明元年，省葉縣。領縣

七。户四千七百二十七，口三萬八千一百三十二。去州三百六十。去京都水四千四百。

[1]南陽：郡名。治宛縣，今河南南陽市。
[2]赭陽：檢《漢書·地理志》《續漢書·郡國志》《晉書·地理志》，均有堵陽而無赭陽，疑東晉抑或宋改堵陽爲赭陽。

　　　　宛縣令，[1]漢舊縣。
　　　　涅陽令，[2]漢舊縣。
　　　　雲陽男相，[3]漢舊縣。故名育陽，晉孝武改。[4]
　　　　冠軍令，[5]漢舊縣，武帝分穰立。[6]
　　　　酈縣令，[7]漢舊縣。
　　　　舞陰令，[8]漢舊縣。
　　　　許昌男相，[9]徐志無，此後所立。本屬潁川。[10]

[1]宛縣：治今河南南陽市。
[2]涅陽：縣名。治今河南鄧州市東北穰東鎮。
[3]雲陽：國名。治今河南南陽市南。
[4]漢舊縣。故名育陽，晉孝武改：《漢書·地理志上》南陽郡、《續漢書·郡國志四》荆州南陽郡並作育陽，《晉書·地理志下》荆州南陽國作淯陽。又《水經注》卷三一《淯水》：淯陽縣“故南陽典農治，後以爲淯陽郡，省郡復縣，避晉簡文諱，更名雲陽焉”；《水經注疏》楊守敬云：“《方輿紀要》，東晉嘗置淯陽郡……晉簡文諱昱，蓋避嫌名。《宋志》晉孝武改雲陽。”
[5]冠軍：縣名。治今河南鄧州市西北冠軍村。
[6]漢舊縣，武帝分穰立：《漢書·地理志上》南陽郡冠軍條：

"武帝置。故穰盧陽鄉、宛臨馳聚。"如此則武帝分穰、宛立冠軍。又《漢書·地理志上》"南陽郡冠軍"條應劭曰:"武帝以封霍去病。去病仍出匈奴,功冠諸軍,故曰冠軍。"

[7]酈縣:治今河南内鄉縣北酈城村。

[8]舞陰:縣名。治今河南泌陽縣西北羊册鎮西南古城寨。

[9]許昌:國名。僑今河南南陽市一帶。

[10]徐志無,此後所立。本屬潁川:《晉書·地理志上》豫州潁川郡領許昌縣,而此許昌則爲僑縣。

　　新野太守,[1]何志晉惠帝分南陽立。《永初郡國》、何志有棘陽、別見。蔡陽、鄧縣。並漢舊縣。徐無。孝武大明元年,省蔡陽。今領縣五。户四千二百三十五,口一萬四千七百九十三。去州一百八十。去京都水四千五百八十。

　　[1]新野:郡名。治新野,今河南新野縣。

　　新野侯相,[1]漢舊縣,屬南陽。文帝元嘉末省,孝武大明元年復立。

　　山都男相,[2]漢舊縣,屬南陽,《晉太康地志》屬襄陽,《永初郡國》及何、徐屬新野。[3]

　　池陽令,[4]漢舊名,[5]屬馮翊,《晉太康地志》屬京兆。僑立亦屬京兆。[6]孝武大明中土斷,又屬此。

　　穰縣令,[7]漢舊縣,屬南陽。

　　交木令,[8]孝武大明元年立。

　　[1]新野：國名。治今河南新野縣。

　　[2]山都：國名。治今湖北穀城縣東南。

　　[3]新野："新野"各本並作"新陽"。孫彪《考論》卷二："新陽當作新野。"中華本校勘記云"孫説是，今改正"。

　　[4]池陽：縣名。確址無考，當治今河南新野縣及其周邊一帶。

　　[5]漢舊名：張元濟《校勘記》曰：宋本、弘治本、北本、汲本作"漢舊名"，殿本作"漢舊縣"，下順陽太守鄭縣令亦有"漢舊名"。

　　[6]《晋太康地志》屬京兆。僑立亦屬京兆：《考論》卷二："池陽，《晋志》屬扶風郡。""僑立亦屬京兆"者，詳本志"雍州刺史京兆太守"條。

　　[7]穰縣：治今河南鄧州市。

　　[8]交木：縣名。確址無考，當治今河南新野縣及其周邊一帶。

　　順陽太守，[1]魏分南陽立曰南鄉，[2]晋武帝更名。[3]成帝咸康四年，復立南鄉，後復舊。[4]《永初郡國》及何志有朝陽、武當、酇、陰、汎陽、筑、並別見。析、前漢屬弘農，後漢屬南陽。脩陽唯見《永初郡國》。[5]凡八縣。徐志唯增朝陽。朝陽，孝武大明元年省。領縣七。[6]戶四千一百六十三，口二萬三千一百六十三。[7]

　　[1]順陽：郡名。治南鄉，今河南淅川縣西南老城鎮東南原丹江南岸（今已成水庫）。

　　[2]魏分南陽立曰南鄉：《水經注》卷二〇《丹水》："漢建安中，割南陽右壤爲南鄉郡。"又《晋書·地理志下》"荊州"條云："後漢獻帝建安十三年，魏武盡得荊州之地……又分南陽西界立南鄉郡。"

　　[3]晋武帝更名：本志"雍州刺史扶風太守汎陽令"條云：

"晉武帝太康五年立，屬南鄉。"據此知太康五年（284）以前名南鄉郡也。又《晉書》卷三《武帝紀》：太康十年十一月，"徙扶風王暢爲順陽王"，疑南鄉改順陽在是年。

[4]成帝咸康四年，復立南鄉，後復舊：孫彪《考論》卷二："然則咸康後順陽、南鄉並立。"按：據《晉書》卷一一七《姚興載記上》，義熙元年（405），劉裕遣使後秦，索取隆安時失地，姚興以南鄉、順陽、新野、舞陰等十二郡歸於晉。孫彪"咸康後順陽、南鄉並立"之説是。而今人多認爲咸康四年（338）順陽郡復名南鄉郡，宋又改順陽郡。此屬對本志志文理解偏誤所致。

[5]筑：當作"筑陽"，別見本志"雍州刺史扶風太守筑陽令"條。

[6]朝陽，孝武大明元年省。領縣七：《考論》卷二："據志文，則領縣不當有朝陽，祇領縣六，《齊地里志》亦無朝陽也。下文廣平縣云，'徐志，南度以朝陽縣境立'，然則土斷時，遂（按："遂"後疑脱"廢"或"省"字）朝陽歟？"孫説是。如前"南陽太守"條，徐志有葉縣，孝武大明元年（457），省葉縣，而南陽郡所領七縣中，即無葉縣。

[7]口二萬三千一百六十三：順陽郡爲實郡而非僑郡，此户口數字下無去州去京都水陸道里者，蓋因失書或者脱漏。

南鄉令，[1]前漢無，後漢有，屬南陽。

槐里男相，[2]漢舊名，屬扶風，《晉太康地志》屬始平。僑立亦屬始平。大明土斷屬此。[3]

順陽侯相，[4]前漢曰博山，後漢明帝更名，屬南陽。[5]

清水令，[6]前漢屬天水，後漢爲天水漢陽，[7]無此縣。《晉太康地志》屬略陽。僑立屬始平。[8]大明土斷屬此。

朝陽令,[9]漢舊縣。

丹水令,[10]前漢屬弘農,後漢屬南陽。何志魏立,非也。

鄭縣令,[11]漢舊名,屬京兆。僑立亦屬京兆,[12]後度此。

[1]南鄉:縣名。治今河南淅川縣西南老城鎮東南原丹江南岸（今已成水庫）。

[2]槐里:國名。確址無考,當治今河南淅川縣附近一帶。

[3]僑立亦屬始平。大明土斷屬此:此順陽郡爲實郡,而領僑縣三,即槐里、清水、鄭縣。又"僑立亦屬始平",詳本志"雍州刺史始平太守"條。

[4]順陽:國名。治今河南淅川縣東南。

[5]前漢曰博山,後漢明帝更名,屬南陽:《漢書·地理志上》"南陽郡博山"條:"侯國。哀帝置。故順陽。"應劭曰:"漢明帝改曰順陽,在順水之陽也。"顏師古曰:"順陽,舊名。應説非。"又李曉傑《東漢政區地理》第十章第一節指出:"《漢志》之博山縣,本名順陽,西漢哀帝時改稱博山,東漢明帝時復稱順陽,因此顏師古認爲應劭所説的漢明帝改博山爲順陽的説法不確,其實應是恢復故稱。"

[6]清水:縣名。確址無考,當治今河南淅川縣附近一帶。

[7]後漢爲天水漢陽:孫彪《考論》卷二:"當云後漢天水爲漢陽。"中華本校勘記引孫説出校。按《續漢書·郡國志五》"涼州漢陽郡"條:"武帝置,爲天水,永平十七年更名。"又本志本州下"南天水太守西縣令"條云:"後漢屬漢陽,即天水。"又本志"秦州刺史略陽太守略陽令"條:"前漢屬天水,後漢漢陽即天水。"

　　[8]僑立屬始平：詳本志“雍州刺史始平太守”條。

　　[9]朝陽：縣名。治今河南鄧州市東南。

　　[10]丹水：縣名。治今河南淅川縣西南。

　　[11]鄭縣：確址無考，當治今河南淅川縣附近一帶。

　　[12]僑立亦屬京兆：詳本志“雍州刺史京兆太守”條。

　　京兆太守，[1]故秦內史，漢高帝元年，屬塞國，[2]二年，更爲渭南郡，九年罷，復爲內史。武帝建元六年，分爲右內史，太初元年，更爲京兆尹，魏改爲京兆郡。初僑立，寄治襄陽。朱序沒氏。[3]孝武太元十一年復立。大明土斷，割襄陽西界爲實土。[4]雍州僑郡先屬府，武帝永初元年屬州。[5]《永初郡國》有藍田、漢舊縣。鄭、池陽、並別見。南霸城、本霸陵，漢舊縣。《太康地志》曰霸城，何志魏□。新康五縣。[6]何志無新康而有新豐。徐無。孝武大明元年，省京兆之盧氏、藍田、霸城縣。盧氏當是何志後所立，二漢屬弘農，《晉太康地志》屬上洛。新康疑是晉末所立。領縣三。戶二千三百七，口九千二百二十三。

　　[1]京兆：郡名。僑治今湖北襄陽市襄城區西北。

　　[2]塞國：秦亡後，項羽封秦降將司馬欣置，都櫟陽（今陝西西安市臨潼區），後爲劉邦所滅。

　　[3]朱序沒氏：《晉書》卷九《孝武帝紀》：太元四年（379）“二月戊午，苻堅使其子丕攻陷襄陽，執南中郎將朱序”。檢《晉書》卷八一《朱序傳》，朱序沒氏前爲使持節、監沔中諸軍事、南中郎將、梁州刺史，鎮襄陽。

　　[4]大明土斷，割襄陽西界爲實土：此京兆郡所領三縣中，鄧

縣爲南陽郡舊縣。按：京兆郡始僑立，寄治襄陽，本書卷七七《柳元景傳》"除寧朔將軍、京兆廣平二郡太守，於樊城立府舍，率所領居之"是也。及大明中割鄧縣屬京兆郡，郡成實土。

[5]雍州僑郡先屬府，武帝永初元年屬州：胡阿祥《東晋南朝僑州郡縣的設置及其地理分布（上）》（《歷史地理》第八輯，上海人民出版社1990年版）指出："屬府"即僑雍州及其郡縣的軍政以至部分民政事務，歸都督將軍府管理（永初元年宋政權建立後，改由刺史州職系統管理）。這種軍府管理形態的產生，當與雍州及其郡縣僑置的地域及所安置的僑流素質有關。"胡亡氏亂，雍、秦流民多南出樊沔，晋孝武始於襄陽僑立雍州，並立僑郡縣"（《宋志》）。秦、雍流民的南徙，多由原住地的豪族統領，這些豪族"俱是有戰鬥力之武人集團"。而以武人集團爲核心組成的流徙鄉族集團，使處兵馬强盛、邊蠻帶敵的重鎮襄陽，是很容易轉化爲軍事集團的；以這種鄉族集團爲主體僑立的州郡縣本身，也就極易招致與民政管理相反的軍府管理的形態。雖然由於種種原因（如滿足秦、雍大姓由州職起家入仕的要求等），宋永初元年（420）後雍州僑州郡縣向州職機構管理過渡，但軍府系統仍支配著僑州郡縣的軍民事務。又這種軍府管理的情形，在近邊地帶的僑州郡縣中應是普遍的。領這些僑州刺史、僑郡太守者，多帶都督軍事，加將軍號，開府置佐，如長史、司馬、參軍之屬。府佐又多帶本州守、相或領縣令，而且府佐系統職權一般重於州郡系統，在行政上占著主導地位，僑州郡縣從而呈現出較濃厚的軍事色彩。又夏日新《關於東晋僑州郡縣的幾個問題》（《魏晋南北朝隋唐史資料》第十一輯，武漢大學出版社1990年版）指出：東晋政權設置僑州郡縣安置流民集團，主要是利用其作爲軍事基礎，因而對僑州郡縣實際進行管理的，不是僑郡縣所屬州，而是僑置地區的軍府。如《晋書·地理志上》"雍州"條後序："秦雍流人多南出樊沔，孝武始於襄陽僑立雍州，仍立京兆、始平、扶風、河南、廣平、義成、北河南七郡，並屬襄陽"；此京兆、始平、扶風本屬雍州，河南、廣平、北河南本屬司州，義成

本屬揚州，直到晉末，各僑郡名義上仍隸屬本州，這裏的"並屬襄陽"，是指並屬襄陽地區的軍府。本志"雍州刺史京兆太守"條："雍州僑郡先屬府，武帝永初元年屬州。"府，指軍府，即都督府。也就是説，永初元年以前，雍州的僑郡屬都督府管理。很顯然，屬於都督府管理的不會僅是雍州僑郡，而是該地區各州的僑郡。又僑郡縣管理不僅在襄陽地區如此，其他地區也是這樣。又張琳《東晉南朝襄宛地方社會的變遷與雍州僑置始末》（《魏晉南北朝隋唐史資料》第十五輯，武漢大學出版社 1997 年版）云："僑立之初的雍州郡縣屬軍府統轄，這樣雖可利用雍州僑人武勇之力屯戍北疆，但隨著雍部軍事勢力的發展、壯大，雍州僑郡屬地方軍府，不利於加强中央集權，故而劉宋建祚之初，便改屬州。"

　　[6]《太康地志》曰霸城，何志魏□：中華本標點爲"《太康地志》曰，霸城何志魏□"，又張元濟《校勘記》曰：宋本作"何志魏"，殿本、三本、北本、汲本作"何志魏有地志"，"殿本疑是"。按："何志"謂宋何承天《宋書·州郡志》，"《太康地志》"則爲西晉《太康地志》，中華本"《太康地志》曰，霸城何志魏□"，句讀錯誤，當作"《太康地志》曰霸城，何志魏□"。檢《晉書·地理志上》雍州京兆郡領有霸城。又"魏"後所脱一字，疑爲"改"，謂曹魏改"霸陵"爲"霸城"。考漢時三輔諸縣，凡以陵名者，皆先帝陵寢所在、因以立縣者也；及魏受禪，惡"陵"字而多改之，如改"杜陵"爲"杜"，改"高陵"爲"高陸"，改"平陵"爲"始平"。然則"霸陵"改"霸城"者同例。又張元濟之"殿本疑是"，恐亦非是。

　　杜令，[1]二漢曰杜陵，魏改。
　　鄧縣令，[2]漢舊縣，屬南陽。
　　新豐令，[3]漢舊縣。

[1]杜：縣名。治今湖北襄陽市襄城區西。

[2]鄧縣：僑治今湖北襄陽市襄城區西北。

[3]新豐：縣名。確址無考，當治今湖北襄陽市襄城區一帶。

始平太守，[1]晉武帝泰始二年，分京兆、扶風立。後分京兆、扶風僑立，治襄陽。今治武當。[2]《永初郡國》唯有始平、平陽、清水別見。三縣。何志有槐里、別見。宋寧、宋嘉何志新立。三縣，而清水、始平與《永初郡國》同。領縣四。戶二千七百九十七，口五千五百十二。

[1]始平：郡名。治今湖北丹江口市西北。

[2]“後分京兆”至“今治武當”：孫虨《考論》卷二：“‘後分’之‘分’當爲‘與’，涉上文誤也。”按《晉書·地理志上》雍州，扶風僑郡爲晉孝武帝時所立，時無實土。本志始平郡領縣四，其中武當爲《晉書·地理志下》荆州順陽郡屬縣，則始平郡先寄在襄陽，後分武當爲實土。又《晉書·地理志上》“雍州”條：“然自元帝渡江，所置州亦皆遙領。初以魏該爲雍州刺史，鎮酇城，尋省，僑立始平郡，寄居武當城。”則似始平郡先寄武當城，後移寄襄陽，與本志異。當依本志。

武當侯相，[1]漢舊縣，屬南陽，後屬順陽。

始平令，魏立。[2]

武功令，[3]漢舊名，故屬扶風，《晉太康地志》屬始平。

平陽子相，[4]江左平陽郡民流寓，立此。

　　[1]武當：國名。治今湖北丹江口市西北。

　　[2]始平令，魏立：漢舊縣曰平陵。《漢書‧地理志上》右扶風、《續漢書‧郡國志一》司隸右扶風領縣。魏文帝改名始平。《元和郡縣圖志》卷二“關内道京兆府興平縣”條：“本漢平陵縣，屬右扶風。魏文帝改爲始平。”此“始平令，魏立”不確，當作“始平令，漢舊縣曰平陵，魏改名”。始平，縣名。確址無考，當在今湖北丹江口市一帶。

　　[3]武功：縣名。確址無考，當在今湖北丹江口市一帶。

　　[4]平陽：國名。治今湖北丹江口市西北。

　　扶風太守，[1]故秦内史。高帝元年，屬雍國，二年，更爲中地郡，九年罷。後爲内史。武帝建元六年，分爲右内史，太初元年更名爲右扶風。僑立，治襄陽，今治筑口。[2]《永初郡國》及何志唯有郿、魏昌縣，魏昌，魏立，屬中山。[3]孝武大明元年省魏昌。領縣三。户二千一百五十七，口七千二百九十。

　　[1]扶風：郡名。僑治筑陽縣，今湖北穀城縣東北。

　　[2]僑立，治襄陽，今治筑口：此扶風郡領縣三，即筑陽、郿、汎陽。其筑陽與汎陽爲順陽郡舊領縣。考《晉書‧地理志上》雍州條，扶風僑郡爲晉孝武帝時所立，時無實土。蓋大明土斷時割筑陽、汎陽二縣來屬，郡成實土。

　　[3]《永初郡國》及何志唯有郿、魏昌縣，魏昌，魏立，屬中山：“郿“各本並作“郡”。孫彪《考論》卷二：“按下‘郡’字疑‘郿’字之訛。”中華本據孫説改，是。按：《續漢書‧郡國志二》冀州中山國有漢昌縣。《元和郡縣圖志》卷一八“河北道定州陘邑縣”條：“漢苦陘縣也……漢屬中山國，章帝改爲漢昌，魏文帝改曰魏昌。”《晉書‧地理志上》冀州中山國領有魏昌縣。依此，本

志"魏昌，魏立，屬中山"當作"魏昌，漢舊縣曰漢昌，屬中山，魏改名"。

筑陽令，[1]漢舊縣，屬南陽，又屬順陽。[2]大明土斷屬此。

郿縣令，[3]漢舊名，屬扶風，《晉太康地志》屬秦國。[4]

汎陽令，[5]晉武帝太康五年立，屬南鄉，仍屬順陽。[6]大明土斷屬此。

[1]筑陽：縣名。治今湖北穀城縣東北。

[2]又屬順陽：孫彪《考論》卷二："'又'字於文義有誤。"按：孫說是，"又"字疑爲"後"字之誤。

[3]郿縣：治今湖北穀城縣一帶。

[4]秦國：參本書《州郡志一》"南兗州刺史秦郡太守"條注釋。

[5]汎陽：縣名。治今湖北穀城縣西南。

[6]仍屬順陽：錢大昕《考異》卷二三《宋書·州郡志三》："案：《晉志》，順陽郡無汎陽。"《考論》卷二："《晉志》但有筑陽，無汎陽。"按："仍"字疑"後"字之誤。參本志"雍州刺史順陽太守"條及其注釋。

南上洛太守，[1]《永初郡國》、何志雍州並有南上洛郡，寄治魏興，今梁州之上洛是也。[2]此上洛蓋是何志以後僑立耳。[3]今治曰。何、徐志雍州南上洛，晉武帝立，北上洛云晉孝武立，非也。[4]徐有南北陽亭、陽安縣，不注置立。今領縣二。户一百四十四，口四百七十七。

[1]南上洛：郡名。治今陝西商南縣南。

[2]《永初郡國》、何志雍州並有南上洛郡，寄治魏興，今梁州之上洛是也：孫彪《考論》卷二："《魏志》洛州領上洛，此商洛地也，析州領南上洛及脩陽、析陽，脩陽、析陽並在今内鄉縣境，南上洛當在其處不遠。"按：《魏書·地形志中》洛州上洛郡，"晋武帝置"，領上洛、拒陽兩縣；又析州領脩陽、南上洛、析陽等五郡。

[3]此上洛蓋是何志以後僑立耳：張元濟《校勘記》曰：宋本作"此"，殿本、汲本作"北"，"北字誤。按本卷梁州有南上洛，故云此以別之"。

[4]"今治曰"至"非也"："曰"，殿本、北本、三本作"曰"。"今治曰何"殿本《宋書》考證："'曰何'二字疑有誤。"又"今治曰何徐志"成孺《宋州郡志校勘記》："《考證》'曰何'二字疑有誤。今案'治曰'當是'復省'二字之訛，'何'字毛本闕，從三本補。"又張元濟《校勘記》曰：宋本、汲本作"曰"，殿本、北本、三本作"曰"，"曰字疑誤"；又"汲古何作□"。又孫彪所見本"此上洛"作"北上洛"，"曰"作"曰"，《考論》卷二："審文義，北上洛'北'字蓋'此'字誤。'今治曰'語亦誤，頗疑謂甲水。又按前雍州，則北上洛爲徐志獨有，此不當何、徐並舉，頗疑'何'字亦誤，蓋連上'曰'字爲地名也。《水經·漢水注》有甲水口，《寰宇記》，甲水在商州上津縣西二百步，南注漢水。上津縣本漢長利縣地，宋於此僑置北上洛縣，梁改爲南洛州。又案以前後志文合之，蓋《永初郡國》、何志但有一南上洛，在雍州，後以屬梁州，而雍州別立南上洛、北上洛，梁州亦立北上洛，故徐志上洛郡有四，沈志時雍州復無北上洛，則徐志於彼明其新立，寧待沈自以意定耶！詳尋文義，疑沈本云，此上洛蓋是何志以

後，即指雍州此南上洛而言，'此''北'字形相亂，且篇內多見北上洛之文，傳寫誤爲'北'也。'今治曰'之'曰'又顯誤，《元和郡縣志》《太平寰宇記》均州豐利縣，並言宋於此置南上洛郡，屬梁州，豐利故城在今陝西白河縣南。甲水自商州秦領（按：即秦嶺）南流二百餘里，至白河縣北界入漢，《水經注》謂之甲水口，今爲甲河關，其地當沈所舉治所，雖僑郡名稱猥繁，彼此錯出，重以（下闕。）又案《齊書·魏虜傳》，言寇甲口，爲上洛太守李靜所破，明甲口爲上洛治，此'曰'字疑'甲口'二字之誤，即《寰宇記》均州豐利縣地，又疑當作'曰口'，見《水經·丹水注》及《柳元景傳》。又按'曰口'是，甲口則梁州北上洛也。又按，'曰何'余初疑'甲口'，以《南齊書》爲據，然其地不當屬雍，蓋梁之上洛也；又疑'曰口'，見《水經注》及《柳元景傳》，而於上洛郡治無證。主光武發迹之白水，後呼白河，地望、字形尤合，但白河之稱不文，且亦不能實其爲上洛治耳。又按'曰口'爲上洛郡治，《魏·地形志》析州可證。"按：成孺《宋州郡志校勘記》"治曰"當是"復省"二字之訛者，不確，又從三本補"何"字，如《考論》所言，亦誤。《考論》之最後結論是，即當作"此上洛蓋是何志以後僑立耳。今治曰口。徐志雍州南上洛"。又志文"北上洛云晉孝武立，非也"之"北"字，審文義，亦疑爲"此"字之誤，以與"蓋是何志以後僑立耳"相應。徐志亦有北上洛郡，見本志"雍州刺史"條："徐志雍州有北上洛、北京兆、義陽三郡。北上洛，晉孝武立，領上洛、北商、酆陽、陽亭、北拒陽五縣……酆陽、陽亭、北拒陽，並云安帝立……今並無此三郡。"又志文"晉武帝立"，蓋指僑立前之本郡，《晉書·地理志上》"司州上洛郡"條："泰始二年，分京兆南部置。"又"曰口"，《水經注》卷二〇《丹水》："丹水又東南流入曰口，歷其戍下。"楊守敬《水經注疏》云："當在今商南縣南。"

上洛男相。別見[1]

商縣令。別見[2]

[1]上洛：國名。確址無考，當治今陝西商南縣一帶。

[2]商縣：確址無考，當治今陝西商南縣一帶。

河南太守，[1]故秦三川郡，漢高帝更名。光武都雒陽，建武十五年，改曰河南尹。[2]僑立，始治襄陽，孝武大明中，分沔北爲境。[3]《永初郡國》及何志並又有陽城、緱氏縣，漢舊名，並屬河南。[4]徐無此二縣，而有僑洛陽。漢舊名。陽城縣，孝武大明元年省。洛陽，當是何志後立。領縣五。戶三千五百四十一，口一萬三千四百七十。去州陸三十五。

[1]河南：郡名。僑治河南縣，今河南南陽市東南。

[2]建武十五年，改曰河南尹：各本並脱“十”字。成孺《宋州郡志校勘記》：“《續志》建武十五年，改曰河南尹。此脱‘十’字，當據補。”中華本校勘記云：“據《續漢書·郡國志》補。《續漢書·郡國志》：‘建武十五年，改曰河南尹。’”

[3]“僑立”至“分沔北爲境”：此河南郡，東晉時無實土，領僑縣五，即河南、新城、河陰、陽城、緱氏。宋改實土。蕭齊末年没於北魏。又《通鑑》卷一四六天監五年四月胡三省注：“蕭子顯《齊志》，雍州有河南郡，所領五縣，惟棘陽爲實土。則河南郡當在南陽棘陽縣界。”按：胡三省注“惟棘陽爲實土”不確。考襄鄉，爲實土舊縣；大明土斷，改屬河南郡，河南僑郡，大明中分沔北爲境，以棘陽、襄鄉爲實土，於是各縣皆有實土。

[4]陽城、緱氏縣，漢舊名，並屬河南：孫彪《考論》卷二：

"按陽城漢屬潁川，晋始屬河南，'並'字蓋指兩漢及晋言之，專爲緱氏注也，然陽城竟略，亦非志例。"

河南令，[1]漢舊名。

新城令，[2]漢舊名。

河陰子相，[3]魏立。[4]

棘陽令，[5]漢縣，故屬南陽，《晋太康地志》屬義陽，後屬新野。大明土斷屬此。

襄鄉令，[6]前漢無，後漢有，屬南陽。徐志屬義陽。當是大明土斷屬此。[7]

[1]河南：縣名。治今河南南陽市東南。

[2]新城：縣名。確址無考，當治今河南唐河、社旗二縣境。

[3]河陰：國名。確址無考，當治今河南南陽市及其周邊一帶。

[4]魏立：洪亮吉《補三國疆域志》："漢平陰縣，魏改今名。《宋書·州郡志》云魏立，微誤。"又謝鍾英《補三國疆域志補注》云："按《夏侯惇傳》，韓詩舅杜陽爲河陰令，在建安中，是河陰係桓、靈後所改。"金兆豐《校補三國疆域志·魏疆域志》"司州河南尹河陰"條則以爲："河陰，漢舊縣。按：《兩漢志》皆無河陰。《水經注》云故平陰，魏帝改。顧祖禹謂爲魏文帝改。然則《三國補注》謂浩舅杜陽爲河陰令，時不應有此名，蓋史家追改之耳。"按：《三國志》卷九《魏書·夏侯惇傳》裴松之注引《魏書》"太守王匡以爲從事，將兵拒董卓於盟津。時浩舅杜陽爲河陰令"，則謝説是，東漢末平陰縣改名河陰縣。

[5]棘陽：縣名。治今河南南陽市南。

[6]襄鄉：縣名。治今湖北棗陽市東北。

[7]大明土斷屬此：孫彪《考論》卷二："雍州土斷在大明元、

二年王玄謨爲刺史時，事見《玄謨傳》。徐志成在其後，據沈且云訖大明之末，何以大明土斷不見？而他處又似徐志本據土斷爲定。"據此，則徐志斷限亦不嚴格。

廣平太守，[1]別見。江左僑立，治襄陽，今爲實土。[2]《永初郡國》及何志並又有易陽、曲周、邯鄲，並見在。無鄮、比陽。[3]徐無復邯鄲縣。易陽、曲周，孝武大明元年省。邯鄲應是土斷省。領縣四。户二千六百二十七，口六千二百九十三。

[1]廣平：郡名。治廣平縣，今河南鄧州市東南。

[2]江左僑立，治襄陽，今爲實土：按《晉書·地理志上》"雍州"條："孝武始於襄陽僑立雍州。"立有廣平郡，"屬襄陽"。又本志廣平郡所領四縣中，鄮、比陽、陰三縣爲舊南陽郡、順陽郡屬縣，蓋宋大明土斷改隸廣平郡。

[3]無鄮、比陽：孫彪《考論》卷二："按《永初》及何志當並無'陰縣'，陰縣時屬南陽。"

廣平令，[1]漢舊名。徐志，南度以朝陽縣境立。
鄮縣令，[2]漢舊縣，屬南陽，後屬順陽。[3]
比陽令，[4]漢舊縣，屬南陽。
陰縣令，[5]漢舊縣，屬南陽。[6]

[1]廣平：縣名。治今河南鄧州市東南。

[2]鄮縣：治今湖北老河口市西北。

[3]後屬順陽：《晉書·地理志下》荆州順陽郡領有鄮、陰等縣，又本志"雍州刺史順陽太守"條云"《永初郡國》及何志有"

鄳、陰等八縣。

　　[4]比陽：縣名。治今河南泌陽縣。

　　[5]陰縣：治今湖北老河口市西北。

　　[6]漢舊縣，屬南陽：據本志"雍州刺史順陽太守"條"《永初郡國》及何志有"鄳、陰等八縣云云，則"屬南陽"後當補"後屬順陽"四字。《晋書·地理志下》荆州順陽郡即領有陰縣。

　　義成太守，[1]晋孝武立，治襄陽，[2]今治均。[3]《永初郡國》又有下蔡、平阿縣，二縣前漢屬沛，後漢屬九江，《晋太康地志》屬淮南。何同。孝武大明元年省下蔡，始亦流寓立也。平阿當是何志後省。領縣二。户一千五百二十一，口五千一百一。

　　[1]義成：郡名。治均口，今湖北丹江口市北。

　　[2]晋孝武立，治襄陽：按《晋書》卷八一《桓宣傳》"宣與（竟陵太守李）陽遂平襄陽，（陶）侃使宣鎮之，以其淮南部曲立義成郡"，即此。又洪亮吉《東晋疆域志》卷四"揚州義成郡"條云："其僑置之地在荆州，其人户則屬揚州也。"錢大昕《考異》卷二二《晋書·桓豁傳》亦云："宣與李陽平襄陽，陶侃使宣鎮之，以其淮南部曲立義成郡。此義成……得在荆州界内也。義成本以淮南人户立，故繫之揚州。"又夏日新《關於東晋僑州郡縣的幾個問題》指出：義成郡自僑立以來，出鎮襄陽的都督幾乎都兼任義成郡太守，這無疑是看重由桓宣淮南部曲構成的義成郡的軍事力量，其意義自然也是直接控制軍府重要的武裝力量。據本志"雍州義成太守"條，東晋義成郡轄義成、下蔡、平阿三縣，皆是西晋揚州淮南郡的舊縣。由此看來，僑郡縣實際上是以鄉里爲紐帶組織起來的武裝軍事集團。

　　[3]今治均：孫彪《考論》卷二："當作'今治均口'，脱

‘口’字。”

義成侯相，晋孝武立。[1]
萬年令，[2]漢舊名，屬馮翊。

[1]義成侯相，晋孝武立：孫彪《考論》卷二：“義成亦漢以來縣，所屬與下蔡、平阿同，沈失注也。”按：義成，《漢書·地理志上》沛郡、《續漢書·郡國志四》揚州九江郡屬縣，又《晋書·地理志下》淮南郡作“義城”，並治今安徽懷遠縣東北。此義成侯相，即以淮南部曲僑立者。義成，國名。治今湖北丹江口市北。

[2]萬年：縣名。確址無考，當治今湖北丹江口市境。

馮翊太守，[1]故秦内史，高帝元年，屬塞國，二年，更名爲河上郡，[2]九年罷，復爲内史。武帝建元六年，分爲左内史，太初元年，更名。[3]三輔流民出襄陽，文帝元嘉六年立，則何志應有而無。治襄陽。今治都。[4]領縣三。疑[5]户二千七十八，口五千三百二十一。

[1]馮翊：郡名。治都縣，今湖北宜城市東南。

[2]二年，更名爲河上郡：“二年”各本並作“三年”。成孺《宋州郡志校勘記》：“《漢志》左馮翊，高帝元年屬塞國，二年，更名河上郡。‘三’疑當作‘二’。”中華本校勘記云“據《漢書·地理志》改”。

[3]太初元年，更名：更名爲左馮翊。《晋書·地理志上》“雍州”條：“魏文帝即位……改京兆尹爲太守，馮翊、扶風各除左右，仍以三輔爲司隸。”

[4]今治都：“都”各本並作“郡”。《宋州郡志校勘記》：

"'郡'毛誤'郡',今據下文正。"又中華本校勘記云"成孺《宋書州郡志校勘記》據下文正,是,今改正"。

[5]領縣三。疑:《宋州郡志校勘記》云:"三下原注'疑'字。馮翊衹統郡、高陸二縣,而乃云領縣三,故校者注云疑也。今按《南齊志》馮翊郡屬縣三,曰郡,曰蓮勺,曰高陸,疑此志本亦屬縣三,而傳寫者誤脱蓮勺與?"又楊守敬《補校宋書州郡志札記》:"領縣三,注疑,而下衹有郡縣、高陸兩縣。按《晋志》《齊志》《地形志》,馮翊並有蓮勺縣,足知此脱蓮勺一縣也。"又孫彭《考論》卷二:"按南齊領郡、蓮勺、高陸三縣,此秦州馮翊有蓮勺,注云'別見',而別不見,其爲訛脱明矣。"中華本校勘記云"成、楊二家説是。郡縣下,高陸縣上似脱'蓮勺令,漢舊縣,屬馮翊'云云一條"。按:本志"秦州刺史馮翊太守蓮芍令"條:"別見"。然則此所脱一縣,應作"蓮芍"。蓮芍,縣名。治今湖北鍾祥市西北。

郡縣令,[1]漢舊縣,屬南郡,作"若"字。《晋太康地志》作"郡"。[2]《永初郡國》及何志屬襄陽,徐屬此。

高陸令,[3]《晋太康地志》屬京兆。《永初郡國》、何志並無,孝武大明元年復立。

[1]郡縣:治今湖北宜城市東南。

[2]"漢舊縣"至"《晋太康地志》作郡":《漢書·地理志上》南郡作"若",顏師古注云:"《春秋傳》作郡,其音同。"又《續漢書·郡國志四》荆州南郡已作"郡",並云"永平元年復",是若縣當在東漢初年一度省併,及永平元年復置郡縣,不待《晋太康地志》始作"郡"也。

[3]高陸:縣名。治今湖北鍾祥市北。

南天水太守，[1]天水郡別見。徐志本西戎流寓。今治巖州。《永初郡國》、何志並無，當是何志後所立。[2]又有冀縣，漢舊名。[3]孝武大明元年省。領縣四。戶六百八十七，口三千一百二十二。

[1]南天水：郡名。治巖州，今湖北宜城市東南。

[2]當是何志後所立：孫彪《考論》卷二：“《齊書·焦度傳》言宋元嘉中僑立天水郡。”按：《南齊書》卷三〇《焦度傳》：“焦度字文績，南安氏人也。祖文珪，避難至襄陽，宋元嘉中，僑立天水郡略陽縣，乃屬焉。”又《南史》卷四六《焦度傳》：“焦度字文績，南安氏也。祖文珪，避難居仇池。宋元嘉中，裴方明平楊難當，度父明與千餘家隨居襄陽，乃立天水郡略陽縣以居之。”

[3]又有冀縣，漢舊名：《漢書·地理志下》天水郡、《續漢書·郡國志五》涼州漢陽郡、《晉書·地理志上》秦州天水郡領冀縣。

華陰令，[1]前漢屬京兆，後漢、魏、晉屬弘農。

西縣令，[2]前漢屬隴西，後漢屬漢陽，即天水，魏、晉屬天水。

略陽侯相。[3]別見。

河陽令。別見。[4]

[1]華陰：縣名。確址無考，當治今湖北宜城市境。

[2]西縣：確址無考，當治今湖北宜城市境。

[3]略陽：國名。治今湖北宜城市東南。

[4]河陽令。別見：中華本校勘記云：“‘河陽’後天水太守作

'阿陽'，疑作阿陽者是。《漢志》《續漢志》《魏書·地形志》《水經·瀁水注》並作'阿陽'。顏師古《漢書·高帝紀》注云：'阿陽，天水之縣也。今流俗本或作河陽者非。'按阿陽之作河陽，最早見於此志及《南齊書·州郡志》。其後《周書·獨孤信傳》《隋志》《元和志》《寰宇記》並作'河陽'。《寰宇記》且云：'河陽，漢置縣，在河之西北，故曰河陽。'"按：本志此處當本作"阿陽"，後秦州刺史天水太守正作"阿陽"，即所謂"別見"者也。河〔阿〕陽，縣名。確址無考，當治今湖北宜城市境。

建昌太守，[1]孝建元年，刺史朱脩之免軍户爲永興、安寧二縣，[2]立建昌郡，又立永寧爲昌國郡，並寄治襄陽。昌國後省。徐志，建昌又有永寧縣，[3]今無。領縣二。户七百三十二，口四千二百六十四。

[1]建昌：郡名。僑治襄陽，今湖北襄陽市襄城區。

[2]軍户：參本書《州郡志一》"南徐州刺史南彭城太守蕃令"條注釋。

[3]"立建昌郡"至"建昌又有永寧縣"：據"徐志，建昌又有永寧縣"，是昌國郡省入建昌郡也。又《晋書·地理志上》"兗州"條："後石季龍改陳留郡爲建昌郡，屬洛州。"又揚州豫章郡有建昌縣，青州齊國有昌國縣，皆與此新立名稱之建昌僑郡、昌國僑郡無關。

永興令。[1]
安寧男相。[2]

[1]永興：縣名。僑治今湖北襄陽市境。

[2]安寧：國名。僑治今湖北襄陽市境。

　　華山太守，[1]胡人流寓，孝武大明元年立。[2]今治大隄。領縣三。户一千三百九十九，口五千三百四十二。

　　[1]華山：郡名。治大隄，今湖北宜城市北大堤村。

　　[2]胡人流寓，孝武大明元年立：錢大昕《考異》卷二三《宋書·州郡志三》："案：《梁書·康絢傳》，宋永初中，康穆舉鄉族三千餘家入襄陽之峴南，宋爲置華山郡藍田縣，寄居於襄陽。是華山立郡，不始於孝武也。孝武始分實土郡縣，以爲僑郡縣境，故史以爲孝武所立。"又孫彪《考論》卷二："《姚興載記》，皇初四年，晉華山太守董邁降興，其僑流襄陽，見《梁書·康絢傳》。"又張僅生《魏書地形志校釋》（臺灣德育書局1980年版）云："《方輿紀要》引《地志》謂東晉太元十二年，分宏農之華陰、京兆之鄭、馮翊之夏陽、郃陽等縣置華山郡。按此妄言，是年前秦主符登，後秦主姚萇方酣鬭於關中，東晉隔絶，安得有此。《宋書》卷四五《韋闐傳》：'子范試守華山郡，高宗時賜爵興平男。'是郡置當在世祖時也。"按：《梁書》卷一八《康絢傳》："華山藍田人也……宋永初中，（絢祖）穆舉鄉族三千餘家，入襄陽之峴南，宋爲置華山郡藍田縣，寄居于襄陽，以穆爲秦、梁二州刺史，未拜，卒。絢世父元隆、父元撫並爲流人所推，相繼爲華山太守。"又本志此郡領縣三，其中上黄縣"本屬襄陽，立郡割度"。如此，則華山立郡不始於孝武，蓋孝武始分上黄縣地以爲僑郡縣境，故史以爲孝武所立。又是郡乃以"胡人流寓"僑置，所謂"胡人"，據《梁書·康絢傳》"其先出自康居……晉時隴右亂，康氏遷於藍田也"是也。又按：華山郡，漢、西晉無。《晉書》卷一一七《姚興載記上》："興率衆寇湖城，晉弘農太守陶仲山、華山太守董邁皆降於興。"華山郡蓋東晉所立。據《魏書·地形志下》華州華山郡領縣五，即華

陰、鄭、夏陽、敷西、郃陽，頗疑東晉分弘農之華陰、京兆之鄭、馮翊之夏陽而置郡。《魏書地形志校釋》謂華山郡置於北魏世祖太武帝時，非。

　　　華山令，[1]與郡俱立
　　　藍田令，[2]漢舊名，本屬京兆。
　　　上黃令，[3]本屬襄陽，立郡割度。[4]

　　[1]華山：縣名。治今湖北宜城市。
　　[2]藍田：縣名。確址無考，當在今湖北宜城市一帶。
　　[3]上黃：縣名。治今湖北南漳縣東南。
　　[4]本屬襄陽，立郡割度：參本志"荊州刺史永寧太守上黃男相"條注釋。

　　北河南太守，[1]晉孝武太元十年立北河南郡，[2]後省。《永初郡國》、何、徐志並無。明帝泰始末復立。寄治宛中。[3]領縣八。[4]

　　[1]北河南：郡名。僑治宛中，今河南南陽市一帶。
　　[2]晉孝武太元十年立北河南郡：孫彪《考論》卷二："按太元九年，謝幼度伐秦，取洛陽，十一年，置雍州刺史，北河南之立也當其時，此實河南故土也。因有僑郡，故加北，北上洛亦然。"
　　[3]寄治宛中：《考論》卷二："宛中疑即古於中。"按："於中"又名"商於"，在今河南淅川縣西南。公元前313年秦國遣張儀誘使楚懷王與齊國絕交，詐以割讓商於之地六百里，即此。或以爲商於係指商（今陝西商洛市東南）、於（今河南內鄉縣東）兩邑及兩邑間的地區，即今丹江中、下游一帶。

[4]領縣八：此八縣並云“别見”，是爲八僑縣。

新蔡令。[1]别見。

汝陰令。[2]别見。

苞信令。[3]别見。

上蔡令。[4]别見。

固始令。[5]别見。

緱氏令。[6]别見。

新安令。[7]别見。

洛陽令。[8]别見。

[1]新蔡：縣名。確址無考，當僑治今河南南陽市一帶。

[2]汝陰：縣名。確址無考，當僑治今河南南陽市一帶。

[3]苞信：縣名。確址無考，當僑治今河南南陽市一帶。

[4]上蔡：縣名。確址無考，當僑治今河南南陽市一帶。

[5]固始：縣名。確址無考，當僑治今河南南陽市一帶。

[6]緱氏令：本志“雍州刺史河南太守”條：“《永初國志》及何志並又有陽城、緱氏縣，徐無此二縣，而有僑洛陽。陽城縣，孝武大明元年省。洛陽，當是何志後立。”頗疑此緱氏縣、洛陽縣初隸河南郡，泰始末立北河南郡時，以兩縣度屬。緱氏，縣名。確址無考，當僑治今河南南陽市一帶。

[7]新安：縣名。確址無考，當僑治今河南南陽市一帶。

[8]洛陽令：參上“緱氏令”條注釋。洛陽，縣名。確址無考，當僑治今河南南陽市一帶。

弘農太守，[1]漢武帝元鼎四年立。[2]宋明帝末立，寄治五壟。[3]領縣三。

[1]弘農：郡名。僑治五壟，今河南鄧州市西。

[2]漢武帝元鼎四年立：中華本校勘記云："'四年'各本並作'六年'，據《漢書·地理志》改。"成孺《宋州郡志校勘記》："《漢志》弘農郡，武帝元鼎四年置。'六'字疑有誤。"按：中華本校勘記、《宋州郡志校勘記》以爲弘農郡爲漢武帝元鼎四年（前113）置立者，疑仍有誤。周振鶴《西漢政區地理》下篇第一章第一節考證謂：《漢書·武帝紀》曰："元鼎三年冬，徙函谷關於新安，以故關爲弘農縣。"弘農郡當以弘農縣爲中心而設，故清人錢坫疑弘農郡之置亦當在元鼎三年，《漢志》曰四年置有誤。錢氏之説甚爲得當。弘農郡乃武帝元鼎三年割右內史東南兩縣及函谷關合河南、南陽兩郡部分地以置。

[3]五壟：孫彪《考論》卷二："今鄧州城西有五隴山，五堆連接，故名。"

邯鄲令，[1]漢舊名，屬趙國。《晉太康地志》無此縣。[2]

圉縣令，[3]前漢屬淮陽，後漢屬陳留。《晉太康地志》無此縣。

盧氏令。[4]別見。

[1]邯鄲：縣名。確址無考，當僑治今河南鄧州市一帶。

[2]《晉太康地志》無此縣：檢《晉書·地理志上》司州廣平郡領有邯鄲縣，則《晉太康地志》不應"無此縣"，疑沈約失檢耳。

[3]圉縣：確址無考，當僑治今河南鄧州市一帶。

[4]盧氏：縣名。確址無考，當僑治今河南鄧州市一帶。

梁州刺史，[1]《禹貢》舊州，周以梁併雍，漢以梁爲益，治廣漢雒縣。魏元帝景元四年平蜀，復立梁州，治漢中南鄭，而益州治成都。[2]李氏據梁、益，江左於襄陽僑立梁州。李氏滅，復舊。譙縱時，又没漢中。[3]刺史治魏興。縱滅，刺史還治漢中之苞中縣，所謂南城也。文帝元嘉十年，刺史甄法護於南城失守，刺史蕭思話還治南鄭。[4]《永初郡國》又有宕渠郡、北宕渠郡。[5]《宋起居注》，元嘉十六年，割梁州宕渠郡度益州。今益部宕渠郡曰南宕渠。何、徐並有北宕渠郡，唯領宕渠一縣。何云，本巴西流民。今無。[6]

[1]梁州：治南鄭縣，今陝西漢中市東。

[2]魏元帝景元四年平蜀，復立梁州：丁福林《校議》云：“《晉書·地理志上》：‘益州……魏景元中，蜀平，省東廣漢郡。及武帝泰始二年，分益州置梁州，以漢中屬焉。’又於‘梁州’條載曰：‘泰始三年，分益州，立梁州於漢中。’今考之《三國志·魏志·三少帝紀》則記景元四年十二月壬子，分益州爲梁州，《通鑑》卷七八亦云是年十二月，‘壬子，分益州爲梁州’。則《晉志》恐誤。”按：《南齊書·州郡志下》“梁州”條：“鎮南鄭。魏景元四年平蜀所置也。”又益州“鎮成都，起魏景元四年所治也”。《晉書·地理志上》“梁州”條：“案《禹貢》華陽黑水之地……《周禮》職方氏以梁并雍。漢不立州名，以其地爲益州。”又“益州”條：“案《禹貢》及舜十二牧俱爲梁州之域，周合梁於雍，則又爲雍州之地……（漢）武帝開西南夷……遂置益州統焉，益州蓋始此也。”

　　[3]譙縱時，又没漢中："没"各本並作"治"。孫彪《考論》卷二："此'治'字依文義應作'失'，或即殁、没字形訛也。"中華本校勘記引孫説並引《南齊書·州郡志下》"後爲譙縱所没"，稱作"没"是。今據改。

　　[4]"縱滅"至"還治南鄭"：此述梁州治所變遷。按據《晋書·地理志上》梁州、本志梁州刺史、《南齊書·州郡志下》梁州、《隋書·地理志上》西城郡、《通鑑》及胡三省注、《通鑑考異》等考之，梁州舊治漢中南鄭。東晋南朝，梁州時没時復。惠帝以後，梁州郡縣没於李特，永嘉中又分屬氐楊茂搜。東晋於襄陽僑立梁州。據《晋書》卷五八《周訪傳》"訪以功遷南中郎將、督梁州諸軍、梁州刺史，屯襄陽"；考《通鑑》卷九一"訪在襄陽"係太興二年事；再考《通鑑》卷九六咸康四年云："司州刺史鎮襄陽……梁州刺史鎮魏興。"胡三省注云："周訪爲梁州，治襄陽；今司州既治襄陽，故梁州治魏興。"是知僑梁州於襄陽在元帝大興初年，至咸康四年（338）又移寄魏興。穆帝永和中，桓温滅成漢，梁州還舊治。及孝武寧康二年（374），苻秦陷蜀，並失漢中，太元中梁州又寄治襄陽，《通鑑》卷一〇四太元二年"桓豁表兗州刺史朱序爲梁州刺史，鎮襄陽"是也。太元九年（384），苻秦敗，東晋進復漢中，梁州蓋又復歸舊治。安帝義熙初，譙縱又没漢中，刺史寄治魏興。縱滅，還治漢中苞中縣所謂南城。宋齊漢中之地大較爲南朝所有。漢中爲巴蜀捍蔽，是以蜀有難，漢中輒没。雖時還復，而户口殘耗。宋元嘉中，甄法護爲氐所攻，失守。蕭思話復還漢中。後氐虜數相攻擊，關隴流民，多避難歸化，於是民户稍實。州境與氐、胡相鄰，亦爲威禦之鎮。及梁天監四年（505），漢中太守夏侯道遷降魏，魏軍入漢中，所至皆捷，遂入劍閣，又破梓潼，於是梁州十四郡地，東西七百里，南北千里，皆入於魏。梁乃僑置梁州於魏興，亦謂之北梁州；大同初，收復漢中，梁州還舊治，而以魏興之梁州爲南梁州。後梁州又屢陷屢復，終地入西魏。要之，漢中爲東晋南朝所有，則梁州治漢中；其僑置也，若漢中失守，往往

寄治魏興；魏興再没，則寄治襄陽。此其大較也。

[5]北宕渠郡：爲僑郡置。既《永初郡國》有，疑是東晉所立，宋大明後廢。其僑地確址無考，疑在今陝西漢中市一帶。

[6]今無：據志例，此下當有領郡、縣數，户、口數等。而本志梁州領郡、縣數，户、口數，去京都水陸道里數，皆缺。又梁州所領郡縣之標準年代，據志文判斷，或爲宋末。

　　漢中太守，[1]秦立。漢獻帝建安二十年，魏武平張魯，復漢寧郡爲漢中，疑是此前改漢中曰漢寧也。[2]晋地記云，孝武太元十五年，梁州刺史周瓊表立。[3]又疑是李氏所省，李氏平後復立。《永初郡國》又有苞中、懷安漢、晋、何、徐並無二縣。二縣。[4]領縣四。户一千七百八十六。口一萬三百三十四。

[1]漢中：郡名。治南鄭縣，今陝西漢中市。

[2]“漢獻帝建安二十年”至“疑是此前改漢中曰漢寧也”：中華本校勘記云：“各本並脱‘曰漢寧也’之‘寧’字，據上文補。”按：《後漢書》卷七五《張魯傳》：“朝廷不能討，遂就拜魯鎮夷中郎將，領漢寧太守，通其貢獻。”唐李賢注引《袁山松書》云：“建安二十年置漢寧郡。”按此實誤。考《三國志》卷八《魏書·張魯傳》：“魯遂據漢中，以鬼道教民，自號‘師君’……雄據巴、漢垂三十年。漢末，力不能征，遂就寵魯爲鎮民中郎將，領漢寧太守，通貢獻而已。”是漢末張魯據漢中，改漢中郡爲漢寧郡。又《三國志》卷一《魏書·武帝紀》：建安二十年（215），曹操平張魯，“復漢寧郡爲漢中”；又《元和郡縣圖志》卷二二“山南道興元府”條：“後漢末，張魯據漢中，改漢中爲漢寧郡。曹公討平之，復爲漢中郡。”

[3]梁州刺史周瓊表立：各本並脱“瓊”字。孫彪《考論》卷

二：“按時梁州刺史周瓊，脱‘瓊’字。”中華本校勘記引孫説，並云：“《晉書·周訪傳》曾孫瓊附傳，瓊代楊亮爲梁州刺史，在孝武世。”按：據萬斯同《東晉方鎮年表》，周瓊代楊亮爲梁州刺史在太元十一年（386），至十五年時仍爲梁州刺史。

　　[4]《永初郡國》又有苞中、懷安：中華本校勘記云：“‘苞’字下各本並衍‘縣作’二字，今删去。上梁州刺史下云：‘刺史還治漢中之苞中縣，所謂南城也。’是有苞中無苞縣之證。又三朝本、北監本、毛本作二縣，是；殿本、局本作三縣，誤。”成孺《宋州郡志校勘記》云：“三，毛誤二，從殿本。”又張元濟《校勘記》曰：殿本作“又有苞縣作中懷安三縣”，宋本、三本、北本、汲本作“又有苞縣作中懷安二縣”，“三字疑是”。按：成、張之説誤，中華本校勘記是。又按《漢書·地理志上》漢中郡、《續漢書·郡國志五》益州漢中郡、《晉書·地理志上》梁州漢中郡並領褒中縣，據《太平寰宇記》卷一三三“山南西道興元府褒城縣”條：“本漢褒中縣……東晉義熙末梁州刺史理此，仍改爲苞中縣。”如此則漢、晉有褒中縣，唯東晉義熙末改苞中耳。

　　　　　南鄭令，[1]漢舊縣。
　　　　　城固令，[2]漢舊縣。
　　　　　沔陽令，[3]漢舊縣。
　　　　　西鄉令，[4]蜀立曰南鄉，晉武帝太康二年更名。

　　[1]南鄭：縣名。治今陝西漢中市。
　　[2]城固令：成孺《宋州郡志校勘記》：“城固，毛作固城，從三本。《兩漢》《晉志》漢中郡並作‘成固’，《南齊》《北魏志》漢中郡並作‘城固’。”按：成孺《宋州郡志校勘記》所謂“《北魏志》”，指魏收《魏書·地形志》。城固，縣名。治今陝西城固縣東北湑水河西岸。

[3]沔陽：縣名。治今陝西勉縣西武侯鎮。

[4]西鄉：縣名。治今陝西西鄉縣東南古城鎮。

魏興太守，[1]魏文帝以漢中遺民在東垂者立，[2]屬荊州。江左還本。領縣十三。疑[3]去州一千二百。去京都水六千七百。

[1]魏興：郡名。治西城縣，今陝西安康市西北漢江北岸。

[2]魏文帝以漢中遺民在東垂者立：魏興郡非始置，乃先有西城郡，魏文帝時改名耳。《三國志》卷一《魏書·武帝紀》：建安二十年（215），曹操平張魯，“復漢寧郡爲漢中；分漢中之安陽、西城爲西城郡，置太守”，又《水經注》卷二七《沔水》：“《地理志》：‘（西城）漢中郡之屬縣也。漢末爲西城郡。建安二十四年，劉備以申儀爲西城太守。儀據郡降魏。魏文帝改爲魏興郡，治故西城縣之故城也。’”魏文帝改西城郡爲魏興郡當在黃初初年。

[3]領縣十三。疑：成孺《宋州郡志校勘記》云：“‘三’下原注‘疑’字。魏興所隸祇有十二縣，故校者注云疑也。今案新興太守下云，宋末以晉昌之長樂、安晉、延壽、安樂屬魏興郡。疑沈志此郡本有安樂令，而傳寫者失之，故縣數不符。”楊守敬《校補宋書州郡志札記》：“領縣十三，注疑，因所領祇十二縣也。今考魏興、上庸等郡所領縣，上自晉下至齊，無遺漏者，則十三爲十二之誤。”又《〈宋州郡志校勘記〉校補》楊守敬以爲《宋州郡志校勘記》“核之未審”，曰：“魏興太守領縣十三，今數之祇十二縣，原注疑；成氏以安樂縣補之。余按《水經》，沔水又東過魏興安陽縣南，注引《華陽國志》，安陽故隸漢中，魏分漢中立魏興郡，安陽隸焉。晉世没於李特，故《晉志》不見。則所遺之一縣蓋安陽耳。”孫虨《考論》卷二：“新興下云，宋末，省晉昌郡，以長樂、安晉、延壽、安樂屬魏興，此不見安樂，蓋脱。鼎宜按：魏興列縣

祇十二，增安樂方合數。"按：疑成孺、孫彪兩家補安樂是，中華本校勘記亦引《宋州郡志校勘記》，而楊守敬《札記》《校補》誤。安陽，另詳本志"梁州刺史安康太守安康令"條。

西城令，[1]漢舊縣，屬漢中。

郇鄉令，本錫縣，[2]二漢舊縣，屬漢中，後屬魏興，魏、晉世爲郡，後省。[3]武帝太康五年，改爲郇鄉。何志晉惠帝立，非也。

錫縣令，前漢長利縣，屬漢中，後漢省。[4]晉武帝太康四年復立，屬魏興。五年，改長利爲錫。

廣城令，[5]《永初郡國》、何、徐並有，不注置立。

興晉令，[6]魏立曰平陽，晉武帝太康元年更名。

旬陽令，前漢有，後漢無，晉武帝太康四年復立。[7]

上廉令，[8]《晉太康地志》、《永初郡國》、徐並屬上庸，[9]何無。

長樂令，[10]《永初郡國》、何、徐並屬晉昌。[11]本蜀郡流民。

廣昌子相，[12]何志屬上庸，晉成帝立。晉地記，武帝太康元年，改上庸之廣昌爲庸昌，二年省。疑是魏所立。

安晉令，[13]《永初郡國》、何、徐屬晉昌。本蜀郡流民。

延壽令，[14]《永初郡國》、何、徐屬晉昌。本蜀郡流民。

宣漢令，^[15]《永初郡國》、何、徐屬晉昌。本建平流離民。^[16]

[1]西城：縣名。治今陝西安康市西北漢江北岸。

[2]鄖鄉令，本錫縣：中華本校勘記云：“‘錫’《續漢書·郡國志》《晉書·地理志》《南齊書·州郡志》同《宋志》。《漢書·地理志》作‘錫’。應劭曰：‘音陽。’師古曰：‘即《春秋》所謂錫穴。’如應劭音，字本作‘錫’。然《左傳》文公十一年至於錫穴。《經典釋文》：‘錫字本作錫。’則作錫作錫，魏、晉、南北朝、隋、唐之世，已無定論。”按：錫、錫形近，易致混淆。鄖鄉，縣名。治今湖北鄖縣。

[3]魏、晉世爲郡，後省：《三國志》卷三《魏書·明帝紀》太和二年（228）二月，“錫縣爲錫郡”；景初元年（237）六月，“省錫郡，以錫縣屬魏興郡”。又《晉書·地理志下》荊州魏興郡領錫縣。據此，錫縣魏世爲郡，後省，晉世仍爲縣。

[4]錫縣令，前漢長利縣，屬漢中，後漢省：楊守敬《校補宋書州郡志札記》：“錫縣令，前漢長利縣，漢長利即今鄖西，漢錫縣即今白河。《漢志》長利有鄖關，漢錫縣即春秋之錫穴，《水經注》錫縣故城在西，長利故城在東是也。據《宋志》則兩縣互移，而各地志不言有移徙，且鄖鄉自元始改爲鄖縣，不容鄖關在白河也，此志誤。”按：春秋錫穴，西漢置錫縣，治今陝西白河縣東南漢江南岸、白石河西，西魏廢。鄖鄉縣，晉太康五年（284）置，治今湖北鄖縣，元初廢。又長利縣，西漢置，治今湖北鄖西縣西南，東漢廢，晉太康四年復置，次年又廢。本志以上鄖鄉令、錫縣令兩條述沿革疑有誤。錫縣，治今陝西白河縣東南漢江南岸、白石河西。

[5]廣城：縣名。治今陝西紫陽縣東南。

[6]興晉：縣名。治今湖北鄖西縣西北。

[7]“旬陽令”至“晉武帝太康四年復立”：《漢書·地理志

上》漢中郡作"旬陽"，《晉書·地理志下》荆州魏興郡作"洵陽"。旬陽，縣名。治今陝西旬陽縣北旬河北岸。

[8]上廉令："上廉"各本並作"上庸"。《校補宋書州郡志札記》："上廉令誤作上庸。《晉志》《南齊志》並有上廉縣，在今陝西興安府平利縣東，別有上庸縣屬上庸郡，在今湖北鄖陽府竹山縣東南。"中華本校勘記云"楊説是，今改正"，今從。上廉，縣名。治今陝西平利縣西北老縣鎮東南。

[9]《晉太康地志》、《永初郡國》、徐並屬上庸：《太平寰宇記》卷一四一"金州平利縣"條："本漢西城地，兩漢及魏蓋爲西城縣。晉于今縣平利川置上廉縣，取上廉水爲名。"

[10]長樂：縣名。治今陝西石泉縣東南漢江北岸。

[11]晉昌：詳下"新興郡"條注釋。

[12]廣昌：國名。確址無考。

[13]安晉：縣名。確址無考。

[14]延壽：縣名。確址無考。

[15]宣漢：縣名。確址無考。

[16]本建平流離民：成孺《宋州郡志校勘記》："案新興太守東關令、上庸太守新安令，並云本建平流民，疑此宣漢令下亦當作'本建平流民'，'離'字當衍。"《〈宋州郡志校勘記〉校補》楊守敬曰："'離'字非衍，'雜'字之誤耳。""雜"爲"襍"俗字。

新興太守，[1]《永初郡國》、何、徐云新興、吉陽、東關三縣，屬晉昌郡。何云晉元帝立，本巴、漢流民。[2]宋末省晉昌郡，立新興郡，以晉昌之長樂、安晉、延壽、安樂屬魏興郡，宣漢屬巴渠郡，[3]寧都屬安康郡。《永初郡國》有永安縣，何、徐無。今亦無復新興縣，何云巴東夷人。[4]今領縣二。

[1]新興：郡名。治吉陽縣，今湖北竹溪縣西。

[2]何云晋元帝立，本巴、漢流民：《晋書·地理志上》"梁州"條："及桓温平蜀之後，以巴漢流人立晋昌郡，領長樂、安晋、延壽、安樂、宣漢、寧都、新興、吉陽、東關、永安十縣。"畢沅《晋書地理志新補正》據《水經注》以爲"晋昌郡太康中置，《晋志》謂建在桓温平蜀後蓋誤"；又《水經注》卷二七《沔水》"漢水又東逕晋昌郡之寧都縣南"條楊守敬疏曰："《晋志》：桓温平蜀以巴漢流人立晋昌郡，領十縣，中有寧都。宋屬安康郡，齊因。"又洪亮吉《東晋疆域志》卷三"梁州晋昌郡"條不取《水經注》《宋志》之説，而以爲"當以《晋書·地理志》爲是"。考《華陽國志》亦無此郡，則本志"何云晋元帝立"者誤，當依《晋書·地理志》。

[3]宣漢屬巴渠郡：孫彪《考論》卷二："按魏興下有宣漢，舊屬晋昌，巴渠下宣漢云，與郡新立。"按：《考論》是，本志"宣漢屬巴渠郡"疑誤，晋昌郡之宣漢當亦改屬魏興郡。本志梁州巴渠郡"何志新立"，即爲宋時所立，所領宣漢縣則"與郡新立"，與原晋昌郡宣漢縣無關。

[4]今亦無復新興縣，何云巴東夷人：意謂新興縣本以巴東夷人立。又晋昌郡乃以"巴漢流人立"，而其領縣，則長樂、安晋、延壽、寧都"本蜀郡流民"，新興"巴東夷人"，吉陽"本益州流民"，宣漢、東關"本建平流民"，據此可知漢中當時流民成份之複雜。

吉陽令，[1]本益州流民。
東關令，[2]本建平流民。

[1]吉陽：縣名。治今湖北竹溪縣西。
[2]東關：縣名。治今湖北竹溪縣西北。

新城太守，[1]故屬漢中，魏文帝分立，[2]屬荆州。江左還本。領縣六。户一千六百六十八，口七千五百九十四。去州陸一千五百。去京都水五千三百。

[1]新城：郡名。治房陵縣，今湖北房縣。

[2]故屬漢中，魏文帝分立：《水經注》卷二八《沔水》：堵水"東歷新城郡。郡，故漢中之房陵縣也……漢末以爲房陵郡。"又《三國志》卷四〇《蜀書·劉封傳》："建安二十四年，命（孟）達從秭歸北攻房陵，房陵太守蒯祺爲達兵所害。"又《元和郡縣圖志》卷二一"山南道房州"條："漢立房陵縣，屬漢中郡。後漢末，立爲房陵郡……魏文帝時，孟達降魏，魏改房陵郡爲新城郡。"據上，東漢末年（建安二十四年前）先置房陵郡，魏文帝時方改爲新城郡，本志"故屬漢中，魏文帝分立"所述沿革不全。

房陵令，[1]漢舊縣，屬漢中，《太康地志》、王隱無。[2]

綏陽令，[3]魏立，後改爲秭歸，晉武帝太康二年，復爲綏陽。

昌魏令，[4]魏立。

祁鄉令，[5]何志魏立。《晋太康地志》作"沶"。音祁。

閻陽令，[6]何志不注置立。

樂平令，[7]何志不注置立。

[1]房陵：縣名。治今湖北房縣。

[2]《太康地志》、王隱無：按《晋書·地理志下》荆州新城

郡治房陵縣。

[3]綏陽：縣名。治今湖北神農架林區東南。

[4]昌魏：縣名。治今湖北房縣西南。

[5]祁鄉：縣名。治今湖北南漳縣西南。

[6]閬陽：縣名。確址無考，當在今湖北房、南漳等縣一帶。

[7]樂平：縣名。確址無考，當在今湖北房、南漳等縣一帶。

上庸太守，[1]魏明帝太和二年，分新城之上庸、武陵、北巫爲上庸郡。[2]景初元年，又分魏興之魏陽，錫郡之安富、上庸爲郡。疑是太和後省，景初又立也。[3]魏屬荆州，江左還本。《永初郡國》有上庸、廣昌。[4]何有廣昌。領縣七。戶四千五百五十四，口二萬六百五十三。去州陸二千三百。去京都水六千七百。

[1]上庸：郡名。治上庸縣，今湖北竹山縣西南。

[2]分新城之上庸、武陵、北巫爲上庸郡：《三國志》卷三《魏書·明帝紀》：太和二年（228）"分新城之上庸、武陵、巫縣爲上庸郡"。此"北巫"之"北"字衍。參下"北巫令"條注釋。

[3]"景初元年"至"景初又立也"：據《三國志·魏書·明帝紀》、卷四《三少帝紀》，上庸郡太和二年正月立，太和四年六月省，景初元年（237）六月又"分魏興之魏陽，錫郡之安富、上庸爲上庸郡"，後又省，甘露四年（259）十月"分新城郡，復置上庸郡"。又李曉傑《東漢政區地理》第九章第一節據《三國志》卷一《魏書·武帝紀》以爲：建安二十年（215）改漢寧郡爲漢中郡，且分置西城、上庸二郡。又吳增僅《三國郡縣表附考證》荆州上庸郡以爲：太和二年前的黃初元年（220），上庸郡併於新城郡，而景初後又省者，在嘉平（249—254）中。是魏上庸郡置廢頗爲複雜，而本志所述不詳。

[4]上庸：此"上庸"當爲"上廉"之誤。據志例，既在郡沿革中云"《永初郡國》有上庸、廣昌"，則郡下領縣便不當有上庸、廣昌，今郡下領縣有上庸無廣昌，"上庸"必誤，據上"魏興太守上廉令""廣昌子相"條，"上庸"爲"上廉"之誤。

上庸令，[1]漢舊縣，屬漢中。

安富令，[2]《晋太康地志》、《永初郡國》、何、徐並有。

北巫令，[3]何志晋武帝立。按魏所分新城之巫，應即是此縣，[4]然則非晋武立明矣。[5]

微陽令，[6]魏立曰建始，晋武帝改。

武陵令，[7]前漢屬漢中，後漢、《晋太康地志》、王隱並無。[8]

新安令，[9]《永初郡國》、何、徐有。何云本建平流民。

吉陽令，[10]《永初郡國》云北吉陽，何、徐無。

[1]上庸：縣名。治今湖北竹山縣西南。
[2]安富：縣名。確址無考，當在今湖北竹山、竹溪等縣一帶。
[3]北巫：縣名。確址無考，當在今陝西鎮坪、湖北竹山竹溪等縣一帶。
[4]按魏所分新城之巫，應即是此縣：中華本校勘記云："各本並脱'北'字，據成校補。成孺《宋書州郡志校勘記》云：'據上庸太守序云，魏明帝太和二年，分新城之上庸、武陵、北巫爲上庸郡，知此"巫"上脱"北"字。'"按：吳增僅《三國郡縣表附考證》"荆州上庸郡巫"條："案太和二年魏所分新城之巫，上無

北字。吳宜都雖有巫縣，與魏分立，無取南北以爲識別。及晉武平吳，南北一家，始於巫縣之在北者加北字，以別於南。沈志引何志云晉武帝立北巫縣，亦以晉武改爲北巫，遂誤云武帝立也。”吳說是，《宋州郡志校勘記》及中華本誤。蓋依《宋州郡志校勘記》及中華本，“應即是此縣”一句無有著落。今改正。

[5]然則非晉武立明矣：依據上條注釋，此句當改作“晉武帝改名北巫”。

[6]微陽：縣名。治今湖北竹溪縣東。

[7]武陵：縣名。治今湖北竹山縣西北。

[8]後漢、《晉太康地志》、王隱並無：《晉書·地理志下》荆州上庸郡領有武陵縣。按：三國時有武陵縣，《三國志》卷三《魏書·明帝紀》：太和二年（228）“分新城之上庸、武陵、巫縣爲上庸郡”。

[9]新安：縣名。治今湖北竹山縣一帶。

[10]吉陽：縣名。確址無考，當在今湖北竹山、竹溪等縣一帶。

晋壽太守，[1]晉地記云，孝武太元十五年，梁州刺史周瓊表立。[2]何志故屬梓潼。而益州南晉壽郡悉有此諸縣。《永初郡國》、徐又有南晉壽、南興樂、南興安縣。[3]何無南興樂，云南晉壽，惠帝立，[4]餘並不注置立。今領縣四。去州陸一千二百。去京都水一萬。

[1]晉壽：郡名。治晉壽縣，今四川廣元市西南。

[2]孝武太元十五年，梁州刺史周瓊表立：中華本校勘記云：“‘周瓊’各本並作‘周馥’。按周馥見《晉書·周浚傳》從弟馥附傳，西晉末爲鎮東將軍、都督揚州諸軍事，未嘗爲梁州刺史。周瓊見《晉書·周訪傳》曾孫瓊附傳，孝武世，代楊亮爲梁州刺史。知

周馥爲周瓊之誤，今改正。”萬斯同《東晉方鎮年表》“梁州刺史太元十五年”條云：“按周馥，西晉人，未爲梁州，此仍爲周瓊之誤。”

[3]“而益州南晉壽郡悉有此諸縣”至“南興安縣”：“南晉壽、南興樂、南興安縣”，中華本標點作“南晉壽、南興、樂南、興安縣”。胡阿祥《六朝疆域與政區研究史料評說》謂：此處句讀誤，當作“南晉壽、南興樂、南興安縣”。又依志例，“興安”下當有“三”字。又所謂“益州南晉壽郡悉有此諸縣”者，檢本書《州郡志四》益州刺史南晉壽太守領有晉壽、興安、興樂、邵歡、白馬（水）五縣，是有興樂縣而無南興縣或樂南縣。又下句之“何無南興樂”，亦承此句而言，則此句應有南興樂。按東晉十六國南北朝時，州郡縣僑置或濫設現象嚴重，爲資區別，加“南”“北”等字者衆，晉壽、興樂、興安與南晉壽、南興樂、南興安者即是。

[4]何無南興樂，云南晉壽，惠帝立：“南晉壽，惠帝立”間以不點斷爲更妥，意謂何志無南興樂縣，而有南晉壽縣，並云南晉壽縣爲晉惠帝所立。

晉壽令，[1]屬梓潼。何志晉惠帝立。按《晉起居注》，武帝太康元年，改梓潼之漢壽曰晉壽。漢壽之名，疑是蜀立，[2]云惠帝立，非也。

白水令，[3]漢舊縣，屬廣漢，《晉太康地志》屬梓潼。

邵歡令，[4]《永初郡國》、何、徐並有，不注置立，疑是蜀立曰昭歡，晉改也。

興安令，[5]《永初郡國》、何、徐並有，不注置立。[6]

[1]晉壽：縣名。治今四川廣元市西南。

[2]漢壽之名，疑是蜀立：《晉書·地理志上》“梁州”條：“劉備據蜀……改葭萌曰漢壽。”又《元和郡縣圖志》卷二二“山南道利州”條：“蜀先主改葭萌曰漢壽縣，屬梓潼郡。晉改漢壽爲晉壽。”按：建安二十二年析廣漢郡置梓潼郡，詳《華陽國志·漢中志》《晉書·地理志上》“梁州”條。

[3]白水：縣名。治今四川青川縣東北。

[4]邵歡：縣名。治今四川廣元市北沙河鄉。

[5]興安：縣名。治今四川廣元市。

[6]不注置立：《元和郡縣圖志》卷二二“山南道利州縣谷縣”條：“東晉孝武帝分晉壽縣置興安縣。”

華陽太守，[1]徐志新立。《永初郡國》、何並無，[2]寄治州下。領縣四。[3]戶二千五百六十一，口萬五千四百九十四。

[1]華陽：郡名。僑治白馬城，今陝西勉縣西老城。

[2]《永初郡國》、何並無：“何”下各本並有“徐”字。孫彪《考論》卷二：“徐字疑衍。”中華本校勘記引孫説並云：“按上云徐志新立，此不當更出‘徐’字，孫説是，今刪去。”

[3]領縣四：此華陽郡係新立僑郡，所領四縣，並“不注置立”。又《太平寰宇記》卷一三三“山南西道興元府西縣”條：“按《郡國縣道記》云：西，本名白馬城，因山以名縣，又曰灢口城，即宋於此城僑立華陽郡。”

華陽令。[1]

興宋令。[2]

宕渠令。[3]

嘉昌令，^[4]徐不注置立。

[1]華陽：縣名。僑治今陝西勉縣西老城。
[2]興宋：縣名。僑治今陝西勉縣西老城。
[3]宕渠：縣名。僑治今陝西勉縣西老城。
[4]嘉昌：縣名。僑治今陝西勉縣西老城。

新巴太守，^[1]晋安帝分巴西立。何、徐又有新歸縣，何云新立，今無。領縣三。户三百九十三，口二千七百四十九。

[1]新巴：郡名。治新巴縣，今四川江油市東北雁門鎮。

新巴令，^[1]晋安帝立。
晋城令，^[2]晋安帝立。
晋安令，^[3]晋安帝立。

[1]新巴令："新巴"各本並作"新安"。成孺《宋州郡志校勘記》："《南齊志》新巴郡屬縣三，新巴、晋城、晋安。疑《宋志》本亦作新巴令，與郡俱立，爲郡治，寫者涉下晋安帝，遂訛爲新安耳。"又孫彪《考論》卷二："按益州南新巴郡悉有此三縣，新安作新巴，《齊書》亦是巴字。"又中華本校勘記引《宋州郡志校勘記》並云據《南齊書·州郡志》改。今從。新巴，縣名。治今四川江油市東北雁門鎮。
[2]晋城：縣名。治今四川江油市境。
[3]晋安：縣名。治今四川廣元市西南。

　　北巴西太守，[1]何志不注置立。《宋起居注》，文帝元嘉十二年，於劍南立北巴西郡，屬益州。今益州無此郡。又《永初郡國》、何、徐梁州並有北巴西而益州無，疑是益部僑立，尋省；梁州北巴西是晉末所立也。[2]《永初郡國》領閬中、漢昌二縣。何又有宋昌縣，云新立。徐無宋昌，有宋壽。何、徐並領縣四，今六。疑[3]去州一千四百。去京都水九千九百。

　　[1]北巴西：郡名。治閬中縣，今四川閬中市。
　　[2]“文帝元嘉十二年”至“梁州北巴西是晉末所立也”：據志文，東晉末所立、《永初郡國》及何、徐並有之梁州北巴西郡爲實郡，即晉舊巴西郡；此實郡之沿革，本書《州郡志》誤記在“益州刺史巴西太守”條，云“巴西太守，譙周《巴記》，建安六年，劉璋分巴郡墊江以上爲巴西郡”。另詳本書《州郡志四》“益州刺史巴西太守”條注釋。又宋元嘉十二年（435）於劍南所立並尋省之益州北巴西郡，則爲僑郡。
　　[3]今六。疑：孫彪《考論》卷二：“《南齊志》七縣，有漢昌、宋壽，此蓋闕漢昌。鼎宜按：下列縣祇五，合漢昌方爲六也。”又中華本校勘記引《考論》並云：“按‘今六’下注疑字，本志北巴西祇有五縣，故校者注云疑。”

　　　　閬中令。別見。[1]
　　　　安漢令。[2]別見。
　　　　南國令。[3]即南充國，別見。
　　　　西國令。[4]即西充國，別見。
　　　　平周令，[5]益州巴西有平州縣。

[1]閬中令。別見:"別見"者,詳本書《州郡志四》"益州刺史巴西太守"條。以下安漢令、南國令、西國令同。閬中,縣名。治今四川閬中市。

[2]安漢:縣名。治今四川南充市北。

[3]南國:縣名。治今四川南部縣。

[4]西國:縣名。治今四川南部縣西北。

[5]平周:縣名。治今四川平昌縣。

北陰平太守,[1]《晋太康地志》故廣漢屬國都尉。[2]何志蜀分立。[3]《永初郡國》曰北陰平,領陰平、綿竹、平武、資中、胄旨五縣。何、徐直曰陰平,領二縣與此同。户五百六,口二千一百二十四。寄治州下。[4]

[1]北陰平:郡名。僑治南鄭,今陝西漢中市。

[2]廣漢屬國都尉:《後漢書》卷五《安帝紀》:永初二年,"廣漢塞外參狼羌降,分廣漢北部爲屬國都尉"。又據《續漢書·郡國志五》益州廣漢屬國領陰平道、甸氐道、剛氐道三縣。按:秦漢時代在少數民族地區設置的特殊縣稱爲"道"。又胡阿祥《六朝疆域與政區研究》第五章第二節述屬國都尉略云:《續漢書·百官志四》曰:郡尉"典兵禁,備盜賊。景帝更名都尉……邊郡置農都尉,主屯田殖穀。又置屬國都尉,主蠻夷降者。中興建武六年,省諸郡都尉,並職太守……惟邊郡往往置都尉及屬國都尉,稍有分縣,治民比郡";又本書《百官志下》云:"秦滅諸侯,隨以其地爲郡,置守、丞、尉各一人。守治民,丞佐之……尉典兵,備盜賊……漢景帝中二年,更名守曰太守,尉爲都尉。光武省都尉,後又往往置東部、西部都尉。有蠻夷者,又有屬國都尉。漢末及三國,多以諸部都尉爲郡。"據此,邊郡往往置屬國都尉,而屬國都

尉值得注意者有二：第一，屬國都尉是屬國長官。《漢書·百官公卿表上》："典屬國，秦官，掌蠻夷降者。武帝元狩三年昆邪王降，復增屬國，置都尉。"按：典屬國爲中央官，成帝河平元年省併大鴻臚；屬國都尉爲屬國長官。所謂屬國，《漢書》卷六《武帝紀》顏師古注云："凡言屬國者，存其國號而屬漢朝，故曰屬國。"（師古所謂"存其國號"，若改爲"存其部族"，當更爲貼切）其長官屬國都尉秩比二千石，"主蠻夷降者"。依此，屬國是邊遠地區爲內附少數民族特置的一種政區，與郡平級，而地位稍低。第二，屬國是完全獨立的行政區，往往是因該地區設郡尚不夠條件，設縣又嫌級別太低，且因"主蠻夷降者"政策上必多特殊之處，故特建屬國都尉一官以統領轄區，治民如郡守。

[3]何志蜀分立：《晉書·地理志上》："魏武定霸，三方鼎立，生靈版蕩，關洛荒蕪，所置者十二。"其一即爲陰平，是東漢建安中，曹操改廣漢屬國爲陰平郡（治今甘肅文縣西白龍江北岸）。又據吳增僅《三國郡縣表附考證》及李曉傑《東漢政區地理》第九章第三節，則至遲在建安二十四年（219），陰平郡內徙，可能僑置於關中；而三國鼎立後，魏又置陰平郡，遙領之也。又《三國志》卷三三《蜀書·後主傳》：建興"七年春，（諸葛）亮遣陳式攻武都、陰平，遂克定二郡"，《華陽國志·漢中志》所載略同，是陰平郡至此始屬蜀漢。然則"何志蜀分立"者不確。

[4]寄治州下：《晉書·地理志上》"梁州"條："尋而梁州郡縣没于李特，永嘉中又分屬楊茂搜，其晉人流寓於梁益者，仍於二州立南北二陰平郡。"據此，梁、益二州各有南、北二陰平郡，是陰平僑郡有四。此爲梁州之北陰平郡。又所謂"寄治州下"，即寄治梁州治，時梁州治漢中南鄭。

陰平令，[1]前漢、後漢屬廣漢屬國，名甿底。[2]《晉太康地志》陰平郡陰平縣注云，甿底。當是故宙底爲陰平。《永初郡國》胄旨縣，即宙底也。當是後又立此縣，而字誤也。[3]

平武令，蜀立曰廣武，晉武帝太康元年更名。[4]

[1]陰平：縣名。僑治今陝西漢中市境。

[2]前漢、後漢屬廣漢屬國，名宙底：中華本校勘記云："'宙底'《漢書·地理志》廣漢郡、《續漢書·郡國志》廣漢屬國都尉、《華陽國志》陰平郡作'甸底'。'宙''甸'形似而訛。然《永初郡國》作'胄旨'，'胄'與'宙'音近，又似《宋志》作'宙底'者或有所本。"按：檢《漢書·地理志上》廣漢郡、《續漢書·郡國志五》益州廣漢屬國，本領陰平道、甸氐道，《華陽國志·漢中志》陰平郡亦作"甸氐"，"底""氐"之異，疑中華本未校出。考"氐"原是族名，字書"底""氐"雖可相通，但作爲地名、族名，除本志外，未見"氐"作"底"者。又陰平道在《漢書·地理志上》爲"北部都尉治"，在《續漢書·郡國志》爲廣漢屬國治。此"陰平令，前漢、後漢屬廣漢屬國，名宙底"者，既與《漢書·地理志》《續漢書·郡國志》不符，其認"陰平"與"宙底"爲一，亦頗可疑。

[3]《永初郡國》胄旨縣，即宙底也。當是後又立此縣，而字誤也：據此，胄旨或即宙底之僑縣。

[4]平武：縣名。僑治今陝西漢中市境。

南陰平太守，[1]《永初郡國》唯領陰平一縣。徐志無南字，云陰平舊民流寓立，[2]唯領懷舊一縣。何無。今領縣二。戶四百七。

[1]南陰平：郡名。僑治今四川平武縣東。

[2]徐志無南字，云陰平舊民流寓立：錢大昕《地名考異》"陰平"條："此劉宋僑置。《明史稿》，龍安府平武縣東有故陰平城，劉宋僑置陰平郡於此。"又《晉書·地理志上》"梁州"條："尋而梁州郡縣没于李特，永嘉中又分屬楊茂搜，其晉人流寓於梁益者，仍於二州立南北二陰平郡。"據此，梁、益二州各有南、北二陰平郡，是陰平僑郡有四。此爲梁州南陰平郡。

陰平令。[1]
懷舊令，[2]徐志不注置立。

[1]陰平：縣名。確址無考，當僑在今四川平武縣一帶。
[2]懷舊：縣名。確址無考，當僑在今四川平武縣一帶。

巴渠太守，[1]何志新立。領縣七。户五百，口二千一百八十三。

[1]巴渠：郡名。治宣漢縣，今四川達州市。

宣漢令，[1]別見。與郡新立。
始興令，[2]何志新立。
巴渠令，[3]何志新立。
東關令，[4]何志新立。
始安令，[5]何志新立。
下蒲令，[6]何志無，徐志不注置立。
晉興令，[7]何志晉安帝立。案《永初郡國》，梁部諸郡，唯巴西有此縣，不容是此晉興。若是晉安帝時立，便應在《永初郡國》，疑何謬也。

[1]宣漢：縣名。治今四川達州市。
[2]始興：縣名。治今四川達縣南。
[3]巴渠：縣名。治今四川宣漢縣東。
[4]東關：縣名。治今四川萬源市東南。
[5]始安：縣名。治今四川宣漢縣南。
[6]下蒲：縣名。治今四川宣漢縣西北。
[7]晋興：縣名。確址無考，當在今四川達縣、宣漢縣一帶。

懷安太守，[1]何志新立。領縣二。户四百七，口二千三百六十六。寄治州下。

[1]懷安：郡名。僑治南鄭，今陝西漢中市。

懷安令，[1]何志新立。
義存令，[2]何志新立。

[1]懷安：縣名。僑治今陝西漢中市。
[2]義存：縣名。僑治今陝西漢中市。

宋熙太守，[1]何、徐志新立。領縣五。户一千三百八十五，口三千一百二十八。去州七百。去京都九千八百。

[1]宋熙：郡名。治興樂縣，今四川旺蒼縣嘉川鎮。

興樂令。[1]

歸安令。[2]

宋安令。[3]

元壽令。[4]

嘉昌令,[5]何志五縣並新立。

[1]興樂令：中華本校勘記云：“‘興樂’《南齊書·州郡志》作‘興平’。”按：本志所謂“漢舊縣”“漢舊名”“《太康地志》”云云，如果與《漢書·地理志》《續漢書·郡國志》《晉書·地理志》對照，則名稱不一致者甚多；至於本志縣名與《南齊書·州郡志》不一致者亦多。諸如此類，非必要者不出注。興樂，縣名。治今四川旺蒼縣嘉川鎮。

[2]歸安：縣名。確址無考，當在今四川廣元市境。

[3]宋安：縣名。治今四川蒼溪縣歧坪鎮。

[4]元壽：縣名。確址無考，當在今四川廣元市境。

[5]嘉昌：縣名。治今四川廣元市東南。

白水太守,[1]《永初郡國》、何並無，徐志仇池氏流寓立,[2]有漢昌縣。今領縣六。户六百五。

[1]白水：郡名。僑治今四川廣元市境。

[2]徐志仇池氏流寓立：仇池氏，在《晉書·地理志上》秦州武都郡界。而白水，本《晉書·地理志上》梁州梓潼郡屬縣（今四川青川縣東北），蓋因仇池氏流寓，乃改縣爲郡。又白水郡所領六縣，按本志“梁州刺史”條，新巴又爲新巴郡治，晉壽、興安又屬晉壽郡，平周又屬北巴西郡，則白水郡所領諸縣或爲僑縣，或爲兩屬，或立白水郡後來屬，不明究竟。譚其驤《晉永嘉喪亂後之民

族遷徙》則云：白水郡，仇池氏流寓立，本地在甘肅，僑地在昭化，領新巴等六縣。是認白水郡及新巴等六縣爲僑郡縣。今姑從之。

新巴令。[1]

漢德令。[2]

晋壽令。[3]

益昌令。[4]

興安令。[5]

平周令，[6]徐志作"平州"。此五縣，徐並不注置立。

[1]新巴：縣名。僑治今四川廣元市境。

[2]漢德：縣名。僑治今四川廣元市境。

[3]晋壽：縣名。僑治今四川廣元市境。

[4]益昌：縣名。僑治今四川廣元市境。

[5]興安：縣名。僑治今四川廣元市境。

[6]平周：縣名。確址無考。當僑治今四川廣元市境。

南上洛太守，[1]《晋太康地志》分京兆立上洛郡，屬司隸。[2]《永初郡國》、何志並屬雍州，僑寄魏興，即此郡也。[3]徐志巴民新立。徐志時已屬梁州矣。《永初郡國》無豐陽而有陽亭，何、徐有，何不注陽亭置立。領縣六。

[1]南上洛：郡名。僑治魏興，今陝西白河縣南。

[2]《晋太康地志》分京兆立上洛郡，屬司隸：《晋書·地理

志上》司州上洛郡："泰始二年，分京兆南部置。"按：司隸，司隸校尉部之簡稱，三國魏通稱司隸校尉部爲司州，西晉始定司州爲正式名稱。此云"司隸"者，用舊稱。

[3]"《永初郡國》"至"即此郡也"：孫虨《考論》卷二："《通鑑》，元嘉十六年，魏寇上洛，太守鐔長生棄郡走，而魏收《地形志》，太延五年，置荆州，治上洛城。同一年事，可見永初上洛地在商洛，其僑魏興，則元嘉以後也。"

　　　　上洛令，[1]前漢屬弘農，後漢屬京兆。何云魏立，非也。
　　　　商縣令，[2]上洛同。[3]
　　　　流民令，[4]何不注置立。
　　　　豐陽長，[5]《永初郡國》無，何作酆陽，新立。徐作豐。[6]
　　　　渠陽令，[7]《永初郡國》、何、徐並作拒陽。
　　　　義縣令，[8]《永初郡國》、何、徐並無。

[1]上洛：縣名。確址無考。當僑治今陝西白河縣境。

[2]商縣：僑治今陝西白河縣境。

[3]上洛同：謂商縣與上洛沿革同，即"前漢屬弘農，後漢屬京兆"。

[4]流民：縣名。確址無考。當僑治今陝西白河縣境。

[5]豐陽長：中華本校勘記云："'豐陽'各本並作'農陽'。成孺《宋書州郡志校勘記》云：'疑農即豐字形近之訛。'按成校是，此縣《南齊書·州郡志》作北豐陽，可證'農陽'是'豐陽'之訛。今改正。"按：豐、農形近，易致混淆。豐陽，縣名。僑今陝西白河縣境。

　　[6]何作鄷陽，新立。徐作豐：《宋州郡志校勘記》："鄷，毛誤鄷，從北本、殿本。《南齊志》作北豐陽，正與徐合，何作鄷者，古豐、鄷通，如《詩》作邑於豐，《文選·西征賦》注作鄷之比。"按："鄷"實爲"鄷"俗字。

　　[7]渠陽：縣名。確址無考。當僑治今陝西白河縣境。

　　[8]義縣：確址無考。當僑治今陝西白河縣境。

　　北上洛太守，[1]徐志巴民新立。[2]領縣七。户二百五十四。

　　[1]北上洛：郡名。僑治北上洛縣，今湖北鄖西縣上津鎮。

　　[2]徐志巴民新立：各本並脱"民"字。成孺《宋州郡志校勘記》："南上洛引徐志云'巴民新立'，則此'新立'上亦當有'民'字。"孫彪《考論》卷二："'巴'下當脱'民'字。"又中華本校勘記云"據成校補"。

　　　　北上洛令。[1]
　　　　豐陽令。[2]
　　　　流民令。[3]
　　　　陽亭令。[4]
　　　　拒陽令，[5]"拒"字與南上洛不同。
　　　　商縣令，[6]徐志無。
　　　　西豐陽令，[7]徐志無。

　　[1]北上洛：縣名。僑治今湖北鄖西縣上津鎮。

　　[2]豐陽令：中華本校勘記云："'豐陽'各本並作'農陽'，據《南齊書·州郡志》改。《南齊志》北上洛郡有豐陽縣。"豐陽，

縣名。確址無考，當僑今湖北鄖西縣一帶。

[3]流民：縣名。確址無考，當僑治今湖北鄖西縣一帶。

[4]陽亭：縣名。確址無考，當僑治今湖北鄖西縣一帶。

[5]拒陽：縣名。確址無考，當僑治今湖北鄖西縣一帶。

[6]商縣：確址無考，當僑治今湖北鄖西縣一帶。

[7]西豐陽：縣名。確址無考，當僑治今湖北鄖西縣一帶。又各本並脫“陽”字。成孺《宋州郡志校勘記》：“《南齊志》西豐下有陽字。南上洛已有豐陽，故此冠以西。疑《宋志》本亦作西豐陽。”中華本校勘記引《宋州郡志校勘記》並據《南齊書·州郡志》補。

安康太守，[1]宋末分魏興之安康縣及晉昌之寧都縣立。

[1]安康：郡名。治安康縣，今陝西石泉縣池河鎮西北漢江東岸。

安康令，[1]二漢安陽縣，屬漢中，漢末省。魏復立，屬魏興。晉武帝太康元年更名。何云魏立，非也。[2]

寧都令，[3]蜀郡流民。[4]

[1]安康：縣名。治今陝西石泉縣池河鎮西北漢江東岸。

[2]“二漢安陽縣”至“何云魏立，非也”：《〈宋州郡志校勘記〉校補》楊守敬曰：“《水經·沔水注》引《華陽國志》：安陽故隸漢中，魏分漢中立魏興郡，安陽隸焉。則非漢末省，魏復立。而《水經注》下文洋水下云，安康縣治有戌統離，是安陽安康相去甚遠（譚其驤按：此文屬漢水，不在洋水下。統離，酈注原文作‘統領流

雜’，此傳寫者之脱誤）。今按安陽故城在城固縣東，安康故城在漢陰廳西二十里，安得合之爲一？自《宋志》行而作《晋志》者遂不收安陽縣，後人且據以删《華陽國志》之安陽縣，非《水經注》何從理之？然則當從何承王説以安康爲魏置（譚其驤按：“王”字是“天”字之誤）。”又吳增僅《三國郡縣表附考證》楊守敬《補正》云：“《水經·沔水注》引《華陽國志》曰：安陽縣，故隸漢中，魏分漢中立魏興郡，安陽隸焉。然則非漢末廢、魏復立也。”按：《水經注·沔水》“安陽隸焉”楊守敬云：“漢縣，屬漢中郡，後漢因，漢末廢，魏復置，屬魏興郡，在今城固縣東北，後徙。”又《水經注·沔水》“魏興安康縣境”楊守敬按：“魏移置安陽縣屬魏興郡，晋改爲安康，仍屬魏興郡。宋爲安康郡治，齊、後魏因。”又李曉傑《東漢政區地理》第九章第一節以爲：安陽之地望，史未明載，任乃强《華陽國志校補圖注》及劉琳《華陽國志校注》皆據《水經注·沔水》而認爲安陽在今陝西石泉縣境（或附近），當是，《中國歷史地圖集》將安陽不定點置於今城固縣北，蓋誤。然則依李説，安康即安陽改名，而上引《〈宋州郡志校勘記〉校補》楊守敬之説誤。

[3]寧都：縣名。治今陝西紫陽縣西北安家河入漢江處。

[4]蜀郡流民：《水經注》卷二七《沔水》：“魏興安康縣治，有戍，統領流雜。”按：安康、寧都壤地相接，“蜀郡流民”者正《水經·沔水注》所謂“流雜”。

南宕渠太守，[1]《永初郡國》有宕渠郡，領宕渠、漢興、宣漢三縣，屬梁州，元嘉十六年，度屬益州，非此南宕渠也。何、徐梁並無此郡，疑是徐志後所立。

[1]南宕渠：郡名。僑治今四川南充市北。

宕渠令。[1]

漢安令。[2]

宣漢令。[3]

宋康令。[4]三縣並新置。[5]

[1]宕渠：縣名。僑治今四川南充市北。

[2]漢安：縣名。僑治今四川南充市北。

[3]宣漢：縣名。僑治今四川南充市境。

[4]宋康：縣名。確址無考。當僑治今四川南充市境。

[5]三縣並新置：謂漢安、宣漢、宋康三縣。

懷漢太守，[1]孝武孝建二年立。[2]領縣三。户四百十九。

[1]懷漢：郡名。確址無考，當在今四川南充、廣元二市之間。

[2]孝武孝建二年立：中華本校勘記云：“《宋書·孝武帝紀》：‘大明元年三月，梁州獠求内屬，立懷漢郡。’此云孝建二年立，未知孰是。”

永豐長。[1]

綏來長。[2]

預德長。[3]

[1]永豐：縣名。確址無考，當在今四川南充、廣元二市之間。

[2]綏來長：中華本校勘記云：“‘綏來’《南齊書·州郡志》作‘綏成’。”綏來，縣名。確址無考，當在今四川南充、廣元二市之間。

[3]預德：縣名。確址無考，當在今四川南充、廣元二市之間。

秦州刺史，[1]晋武帝泰始五年，分隴右五郡及凉州金城、梁州陰平并七郡爲秦州，治天水冀縣。[2]太康三年併雍州，惠帝元康七年復立。[3]何志晋孝武復立，寄治襄陽。安帝世在漢中南鄭。[4]領郡十四，縣四十二。[5]户八千七百三十二，口四萬八百八十八。

[1]秦州：僑治南鄭，今陝西漢中市。

[2]"晋武帝泰始五年"至"治天水冀縣"：張元濟《校勘記》曰：殿本、北本、汲本作"晋武帝太始五年"，宋本、三本作"晋武帝大始五年"，"太字疑是。當作泰，見《晋書·紀三》"。又《晋書·地理志上》"秦州"條："案《禹貢》本雍州之域，魏始分隴右置焉，刺史領護羌校尉，中間暫廢。及泰始五年，又以雍州隴右五郡及凉州之金城、梁州之陰平，合七郡置秦州，鎮冀城。"又《元和郡縣圖志》卷三九"隴右道秦州"條："魏分隴右爲秦州，因秦邑以爲名，後省入雍州。"又《太平寰宇記》卷一五〇"隴右道秦州"條："魏黃初中分隴右爲秦州，因秦初封也。"據此，三國魏初曾置秦州，後廢；晋泰始五年復置。又所謂"隴右五郡"者，吳增僅《三國郡縣表附考證》云爲隴西、南安、天水、安定、廣魏。

[3]太康三年併雍州，惠帝元康七年復立：《晋書·地理志上》"秦州"條："太康三年，罷秦州，并雍州。七年，復立，鎮上邽。"此"七年"，謂武帝太康七年（286），與本志"惠帝元康七年"異。又《南齊書·州郡志下》"秦州"條云："太康省，惠帝元康七年復置。"

[4]"何志晋孝武復立"至"安帝世在漢中南鄭"：此謂僑置秦州。按東晋大興三年（320），秦州地入劉曜。秦州僑置甚晚，在東晋孝武世。《南齊書·州郡志下》"秦州"條云："中原亂，没胡……至太元十四年，雍州刺史朱序始督秦州，則孝武所置也。寄治襄陽，未

有刺史，是後雍州刺史常督之。隆安二年，郭銓始爲梁、南秦州刺史，州寄治漢中。四年，桓玄督七州，但云秦州。元興元年，以苻堅子宏爲北秦州刺史。自此荆州都督常督秦州，梁州常帶南秦州刺史。義熙三年，以氐王楊國爲北秦州刺史。十四年，置東秦州，劉義真爲刺史。郭恭爲梁州刺史，尹雅爲秦州刺史。宋文帝爲荆州都督，督秦州，又進督北秦州。州名雜出，省置不見。《永明郡國志》秦州寄治漢中南鄭，不曰南北。《元嘉計偕》亦云秦州，而荆州都督常督二秦，梁、南秦一刺史。是則《志》所載秦州爲南秦，氐爲北秦。"據此，梁州刺史常督秦州刺史，以南鄭爲治所；荆州刺史、雍州刺史又常督秦州。所以稱南秦者，以別仇池氏之北秦州；南秦者，史家之追稱耳。至若東秦州，乃劉裕收復關中所置，屬實州，宋初復失。又秦州僑置襄陽，蓋未久即移往梁州治所漢中南鄭，本志秦州刺史所領十四郡（即武都、略陽、安固、西京兆、南太原、南安、馮翊、隴西、始平、金城、安定、天水、西扶風、北扶風）、《南齊書・州郡志下》秦州所領十五郡（無北扶風，而有仇池、東寧二郡。又西京兆改京兆）均寄在漢中，無實土。又《魏書》卷八《世宗紀》：正始元年閏十二月癸卯朔（當梁天監四年正月朔），"蕭衍行梁州事夏侯道遷據漢中來降"，魏軍入漢中，梁州之地太半入魏，諸僑郡遂没。乃移梁州於魏興，仍帶秦州；及大同元年克復漢中，移梁州仍治漢中。漢中之地，雖多次易手於梁、魏，然多不爲梁有也。又關於南、北秦州之名稱，錢大昕《考異》卷二三《宋書・文帝紀》云："《州郡志》止有秦州，無南北之分。今考秦州本治隴西，晋南渡後，寄治漢中，常以梁州刺史兼之，是爲南秦，即志所載秦州也。仇池氏楊氏世授北秦州刺史，其地不入版圖，故不載於志。然南北秦之名，昉於何代，史家宜詳述之，不應竟缺。《晋志》云：'江左分梁爲秦，寄居梁州，又立氐池爲北秦州。'則北秦之名，東晋已有之，蓋自義熙三年授楊盛始矣。"又洪頤煊《諸史考異》卷四《南秦州》云："案《文帝紀》，元嘉十四年，劉道真爲梁南秦二州刺史，十九年，裴方明爲梁南秦二州刺史，二十六年，劉秀之爲梁南秦二州刺史，大明四年，柳叔仁爲梁南秦二州刺史，永光元年，劉道隆爲梁南秦二州刺史，元徽四年，范柏年爲梁南秦二州刺史。凡秦州上皆加‘南’字，以別於北秦州也。”又吳應壽《東晉南朝的雙頭州郡》指出：“東晉南朝不僅有雙頭郡，而且有雙頭州。如東晉南朝的梁南秦二州。《宋書·州郡志》秦州（亦稱南秦州，見《南齊書·州郡志下》）刺史下云：‘晉安帝世，在漢中南鄭。’按漢中南鄭爲實土州梁州治，安帝以後南秦州寄治於此，爲雙頭州。”又“東晉南朝之雙頭州郡常單稱，最宜注意。如梁南秦二州單稱梁州（如《通鑑》宋泰始二年單稱梁南秦二州刺史柳元怙爲梁州刺史）”。胡阿祥《東晉南朝雙頭州郡考論》云：《南齊書·州郡志下》“秦州”條：晉安帝“隆安二年，郭銓始爲梁、南秦州刺史，州寄治漢中”。漢中又爲梁州治，而“梁州（刺史）常帶南秦州刺史”，宋、齊之世，吉翰、劉道産、蕭思話、劉秀之、王玄載、崔慧景、曹虎諸人，皆爲梁、南秦二州刺史，梁、南秦二州即雙頭州。又云：梁州爲實土州，南秦爲僑州，合治梁州南鄭。在稱呼上，梁南秦二州或稱南秦梁二州，或稱梁秦二州，又或單稱梁州。此雙頭州之年代，略從東晉隆安至梁。

〔5〕領郡十四，縣四十二：數之，實領十四郡，三十九縣。

武都太守，[1]漢武帝元鼎六年立。《永初郡國》又有河池、故道縣。並漢舊縣。今領縣三。戶一千二百七十四，口六千一百四十。

[1]武都：郡名。確址無考。當僑治今陝西漢中市境。此郡疑東晉安帝世所立。

下辨令，[1]漢舊縣。
上禄令，[2]漢舊縣，後省，晉武帝太康三年又立。

陳倉令，[3]漢舊縣，屬扶風，《晉太康地志》屬秦國。[4]

[1]下辨：縣名。僑治今陝西漢中市境。

[2]上祿：縣名。僑治今陝西漢中市境。

[3]陳倉：縣名。確址無考。當僑治今陝西漢中市境。

[4]《晉太康地志》屬秦國：唐初史臣所修《晉書·地理志》，大要以太康元年（280）平吳之後、太康三年廢寧州之前爲定，而檢《晉書·地理志上》雍州扶風郡領有陳倉縣。又晉太康十年前（可能即太康八年），改扶風郡爲秦國（參本志“南兗州刺史秦郡太守”條注釋）。如此，則“《晉太康地志》屬秦國”疑誤。

略陽太守，[1]《晉太康地志》屬天水。[2]何志故曰漢陽，魏分立曰廣魏，武帝更名。[3]《永初郡國》有清水縣，別見。[4]何、徐無。領縣三。户一千三百五十九，口五千六百五十七。

[1]略陽：郡名。確址無考。當僑治今陝西漢中市境。此郡疑東晉安帝世僑立。

[2]《晉太康地志》屬天水：成孺《宋州郡志校勘記》：“案晉泰始中已改魏廣魏郡爲略陽郡，略陽縣即郡志（按：“志”字當是“治”字之誤），太康時已不得屬天水；何（按：“何”字疑衍）況略陽、天水各自爲郡，略陽太守何得屬天水耶？疑《太康地志》下脱‘故’字。”中華本校勘記引《宋州郡志校勘記》出校。按：《宋州郡志校勘記》是。“《晉太康地志》故屬天水”者，或指略陽縣（略陽縣於《漢書·地理志下》天水郡爲略陽道，於《續漢書·郡國志五》涼州漢陽郡爲略陽縣。漢陽郡魏時復改名天水郡，略陽縣屬焉，即所謂“故屬天水”也），或指略陽郡地（略陽郡於魏時爲廣魏郡，廣魏

郡乃分天水郡置，亦可謂"故屬天水"也）。參下條注釋。

[3]"何志故曰漢陽"至"武帝更名"：此天水、漢陽、廣魏、略陽四郡，置廢如下：《漢書·地理志下》"天水郡"條："武帝元鼎三年置……明帝改曰漢陽。"《續漢書·郡國志五》"涼州漢陽郡"條："武帝置，爲天水，永平十七年更名。"《晋書·地理志上》"秦州天水郡"條："漢武置，孝明改爲漢陽，晋復爲天水。"此條中華本《晋書》校勘記指出："'晋'當作'魏'。魏時有天水郡，見《三國志·姜維傳》及《注》、《楊阜傳》《曹真傳》《張既傳》《閻温傳》。"吳增僅《三國郡縣表附考證》："凡史文於魏未代漢之先，皆書漢陽而不書天水，文帝即位之後，則書天水而不書漢陽，犁然有別，蓋魏初已復舊名，志失載耳。"本志"雍州刺史南天水太守西縣令"條亦云："後漢屬漢陽，即天水，魏、晋屬天水。"是魏時漢陽已復名天水。又《晋書·地理志上》"秦州略陽郡"條："本名廣魏，泰始中更名焉。"然則本志"何志故曰漢陽，魏分立曰廣魏"，所述沿革不確，廣魏郡實魏時分自天水郡，而魏之天水郡，後漢永平十七年（74）前名天水郡，永平十七年以降名漢陽郡。

[4]清水縣，別見：別見本志"雍州刺史順陽太守清水令"條。

略陽令，[1]前漢屬天水，後漢漢陽即天水，《晋太康地志》屬略陽。雍州南天水、益州安固郡又有此縣。

臨漢令，[2]何志新立。

上邽令，[3]前漢屬隴西，後漢屬漢陽，《晋太康地志》屬天水。何志流寓割配。

[1]略陽：縣名。確址無考。當僑治今陝西漢中市境。
[2]臨漢：縣名。僑治今陝西漢中市境。
[3]上邽：縣名。確址無考。當僑治今陝西漢中市境。

安固太守，[1]《永初郡國志》有安固郡，又有南安固郡，元嘉十六年度益州。[2]今領縣二。户一千五百五，口二千四十四。

[1]安固：郡名。僑治今陝西漢中市境。

[2]"《永初郡國志》"至"元嘉十六年度益州"：本書《州郡志四》"益州刺史安固太守"條："張氏於涼州立。晉哀帝時，民流入蜀，僑立此郡。本屬南秦，文帝元嘉十六年度益州。"據此，安固郡先僑立漢中，後部分流民入蜀，晉哀帝時又分立南安固郡。另詳本書《州郡志四》"益州刺史安固太守"條注釋。

桓陵令。[1]別見。

南桓陵令，[2]《永初郡國》及何志安固郡唯領桓陵一縣，徐志又有此縣。

[1]桓陵：縣名。僑治今陝西漢中市境。

[2]南桓陵：縣名。確址無考。當僑治今陝西漢中市境。

西京兆太守，[1]晉末三輔流民出漢中僑立。[2]領縣三。户六百九十三，口四千五百五十二。

[1]西京兆：郡名。確址無考。當僑治今陝西漢中市境。

[2]晉末三輔流民出漢中僑立：是郡乃宋元嘉二年（425）僑立，本書卷五《文帝紀》元嘉二年"八月甲申，以關中流民出漢川，置京兆、扶風、馮翊等郡"是也。

藍田令，[1]別見。《永初郡國志》無。

杜令。[2]別見。

鄠令，[3]二漢屬扶風，《晋太康地志》屬始平。

[1]藍田：縣名。確址無考。當僑治今陝西漢中市境。

[2]杜：縣名。僑治今陝西漢中市境。

[3]鄠：縣名。確址無考。當僑治今陝西漢中市境。

南太原太守，[1]太原別見。何志云，故屬并州，流寓割配。《永初郡國》又有清河、別見。高堂縣。別見冀州平原郡，作高唐。[2]領縣一。戶二百三十三，口一千一百五十六。

[1]南太原：郡名。僑治平陶縣，今陝西漢中市境。此郡疑東晋末年安帝世所立。

[2]別見冀州平原郡，作高唐："冀州"各本並作"青州"。成孺《宋州郡志校勘記》云："平原郡高唐，漢屬青州，晋、宋屬冀州。此云平原郡作高唐，當是指本志言之，青當作冀。青州無高唐也。"中華本校勘記引成孺《宋州郡志校勘記》並據改。按：本書《州郡志二》"冀州刺史平原太守高唐令"條："漢舊縣。"

平陶令，[1]漢舊名。

[1]平陶：縣名。確址無考。當僑治今陝西漢中市境。

南安太守，[1]何志云故屬天水，魏分立。[2]《永初郡國》無。領縣二。戶六百二十，口三千八十九。

　　[1]南安：郡名。確址無考。當僑治今陝西漢中市境。
　　[2]何志云故屬天水，魏分立：《續漢書·郡國志五》涼州漢陽郡下劉昭注引《秦州記》曰：“中平五年，分置南安郡。”又《水經注》卷一七《渭水》：“渭水又東南，逕獂道縣故城西……應劭曰：獂，戎邑也。漢靈帝中平五年別爲南安郡。”據此，南安郡故屬漢陽，後漢末分立，“故屬天水，魏分立”者不確。又天水、漢陽二郡之沿革，參上“略陽太守”條注釋。

　　　　桓道令，[1]漢舊名，屬天水，後漢屬漢陽，作
　　“獂”。[2]
　　　　中陶令，[3]何志魏立。[4]《晋太康地志》有。

　　[1]桓道：縣名。確址無考。當僑治今陝西漢中市境。
　　[2]“漢舊名”至“作獂”：《漢書·地理志下》天水郡、《續漢書·郡國志五》涼州漢陽郡作“獂道”，《水經注》卷一七《渭水》作“獂道”，並云“昔秦孝公西斬戎之獂王於此”，楊守敬曰：“宋、齊縣有遷徙，志並作桓道，《史記·秦本紀》則作獂。”又《史記》卷五《秦本紀》：秦孝公“西斬戎之獂王”，《集解》：“《地理志》天水有獂道縣。應劭曰：獂，戎邑，音桓。”按：秦漢時，在少數民族地區設置的特殊縣稱爲道，故“獂道”即獂縣。
　　[3]中陶：縣名。僑治今陝西漢中市境。
　　[4]何志魏立：吳增僅《三國郡縣表附考證》疑中陶縣乃漢末與郡同置。

　　　　馮翊太守，[1]三輔流民出漢中，文帝元嘉二年僑
　　立。[2]領縣五。戶一千四百九十，口六千八百五十四。

[1]馮翊：郡名。確址無考。當僑治今陝西漢中市境。

[2]文帝元嘉二年僑立：本書卷五《文帝紀》：元嘉二年(425)"八月甲申，以關中流民出漢川，置京兆、扶風、馮翊等郡"。

蓮芍令。[1]別見。

頻陽令，[2]漢舊名。

下辨令，[3]徐志故屬略陽，流寓割配。何無此縣。

高陸令，二漢魏無，《晋太康地志》有，屬京兆。[4]何志流寓割配。

萬年令。[5]別見。

[1]蓮芍：縣名。確址無考。當僑治今陝西漢中市境。

[2]頻陽：縣名。確址無考。當僑治今陝西漢中市境。

[3]下辨令：《漢書·地理志下》武都郡作"下辨道"，《續漢書·郡國志五》凉州武都郡作"下辨"，《晋書·地理志上》秦州武都郡作"下辯"。下辨，縣名。僑治今陝西漢中市境。

[4]"高陸令"至"屬京兆"：吳增僅《三國郡縣表附考證》卷四云："按漢時三輔諸縣，凡以陵名者，皆先帝陵寢所在，因以立縣者也。魏氏受禪於京兆之杜陵縣，則去陵爲杜，於高陵縣則改陵爲陸，於扶風之平陵縣則改爲始平，意謂夷漢陵爲平陸耳。"考《元和郡縣圖志》卷二"關內道京兆府高陵縣"條："本秦舊縣，孝公置。漢屬左馮翊。魏文帝改爲高陸，屬京兆郡。隋大業二年，復爲高陵。"又《魏書·地形志下》"雍州馮翊郡高陸"條："郡治。二漢曰高陵，屬。晋屬京兆。"又《隋書·地理志上》"京兆郡高陵"條："後魏曰高陸，大業初改焉。"分析上引，則自曹魏

文帝至隋大業初，縣名高陸。又《漢書·地理志上》左馮翊、《續漢書·郡國志一》司隸左馮翊領高陵，《三國郡縣表附考證》云魏文帝時高陵移屬京兆。如此，"高陸令，二漢魏無，《晋太康地志》有，屬京兆"者不確，當作"高陸令，漢舊縣曰高陵，屬馮翊。魏改名，屬京兆。《晋太康地志》屬京兆"。高陸，縣名。僑治今陝西漢中市境。

[5]萬年：縣名。僑治今陝西漢中市境。

隴西太守，[1]秦立。文帝元嘉初，關中民三千二百三十六户歸化，六年立。[2]今領縣六。户一千五百六十一，口七千五百三十。

[1]隴西：郡名。僑治今陝西漢中市境。

[2]"文帝元嘉初"至"六年立"：據本書卷六五《劉道産傳》："元嘉三年，督梁南秦二州諸軍事、寧遠將軍、西戎校尉、梁南秦二州刺史。在州有惠化，關中流民，前後出漢川歸之者甚多。六年，道産表置隴西、宋康二郡以領之。"又本書卷五《文帝紀》元嘉六年"九月戊午，於秦州置隴西、宋康二郡"。是隴西以外，此年因流民所設之僑郡尚有宋康，本書《州郡志》、《南齊書·州郡志》不載宋康，或不久即廢。

襄武令，[1]漢舊名。

臨洮令，[2]漢舊名。

河關令，[3]前漢屬金城，後漢、《晋太康地志》屬隴西。

狄道令，[4]漢舊名。

大夏令，[5]漢舊名，《晋太康地志》無。

　　首陽令。[6]

　[1]襄武：縣名。僑治今陝西漢中市境。
　[2]臨洮：縣名。僑治今陝西漢中市境。
　[3]河關：縣名。僑治今陝西漢中市境。
　[4]狄道：縣名。僑治今陝西漢中市境。
　[5]大夏：縣名。確址無考。當僑治今陝西漢中市境。
　[6]首陽令：中華本校勘記云："各本並脱'令'字，據志例補。"首陽，縣名。確址無考。當僑治今陝西漢中市境。

　　始平太守，[1]別見。《永初郡國》無。領縣三。户八百五十九，口五千四百四十一。

　[1]始平：郡名。確址無考。當僑治今陝西漢中市境。

　　始平令，[1]《太康地志》有，何志晋武帝立，而雍州始平郡之始平縣何云魏立。[2]按此縣末雖各立，本是一縣，何爲不同？
　　槐里令。[3]別見。
　　宋熙令，[4]何無，徐新立。

　[1]始平：縣名。僑治今陝西漢中市境。
　[2]何云魏立：詳本志"雍州刺史始平太守始平令"條注釋。
　[3]槐里：縣名。僑治今陝西漢中市境。
　[4]宋熙：縣名。僑治今陝西漢中市境。

　　金城太守，[1]漢昭帝始元六年立。《永初郡國》無，何、徐領縣二。户三百七十五，口一千。

[1] 金城：郡名。僑治今陝西漢中市境。《晋書·地理志上》涼州所領八郡之一。按《晋書·地理志上》涼州凡八郡、四十六縣，即金城郡統縣五，西平郡統縣四，武威郡統縣七，張掖郡統縣三，西郡統縣五，酒泉郡統縣九，敦煌郡統縣十二，西海郡統縣一。惠帝又立晋昌郡，張軌又立武興郡、晋興郡。"是時中原淪没，元帝徙居江左，軌乃控據河西，稱晋正朔，是爲前涼"。東晋南朝時，涼州未見僑置，然有僑郡縣，此金城郡及所領二縣即是。又本書《州郡志》序云："自夷狄亂華，司、冀、雍、涼、青、并、兖、豫、幽、平諸州一時淪没，遺民南渡，並僑置牧司，非舊土也。"而遍檢史傳之文，無僑置涼州。

金城令，[1] 漢舊名。
榆中令，[2] 漢舊名。

[1] 金城：縣名。僑治今陝西漢中市境。
[2] 榆中：縣名。確址無考。當僑治今陝西漢中市境。

安定太守，[1] 漢武帝元鼎三年立。《永初郡國志》無。領縣二。户六百四十，口二千五百一十八。

[1] 安定：郡名。確址無考。當僑治今陝西漢中市境。

朝那令，[1] 漢舊名。
宋興令，[2] 何志新立。

［1］朝那：縣名。僑治今陝西漢中市境。

［2］宋興：縣名。確址無考。當僑治今陝西漢中市境。

天水太守，[1]漢武元鼎三年立，明帝改曰漢陽。雍州已有此郡。[2]《永初郡國》無。領縣二。户八百九十三，口五千二百二十八。

［1］天水：郡名。確址無考。當僑治今陝西漢中市境。

［2］雍州已有此郡：“郡”各本並作“縣”。孫彪《考論》卷二：“當云‘雍州已有此郡’。”中華本校勘記云“孫説是，今改正”。又檢本志雍州刺史領有南天水太守。

阿陽令，[1]漢舊名，《晋太康地志》無。

新陽令，[2]《晋太康地志》有，何志魏立。

［1］阿陽：縣名。確址無考。當僑治今陝西漢中市境。

［2］新陽令：各本並脱“陽”字。成孺《宋州郡志校勘記》：“《晋志》《南齊志》天水郡並有新陽，無新縣。疑‘新’下脱‘陽’字。”孫彪《考論》卷二：“新陽令脱陽字，晋、齊天水俱云新陽。”中華本校勘記引《宋州郡志校勘記》並云據《晋書·地理志》《南齊書·州郡志》補“陽”字。新陽，縣名。僑今陝西漢中市境。

西扶風太守，[1]扶風郡別見。[2]晋末三輔流民出漢中僑立。[3]領縣二。户百四十四。

［1］西扶風：郡名。確址無考。當僑治今陝西漢中市境。

［2］扶風郡別見：別見本志“雍州刺史扶風太守”條。

[3]晋末三輔流民出漢中僑立：是郡乃宋元嘉二年僑立，本書卷五《文帝紀》元嘉二年（425）"八月甲申，以關中流民出漢川，置京兆、扶風、馮翊等郡"是也。

　　郿令。別見。[1]
　　武功令。別見。[2]

[1]郿：縣名。確址無考。當僑治今陝西漢中市境。
[2]武功：縣名。僑治今陝西漢中市境。

　北扶風太守，[1]孝武孝建二年，以秦、雍流民立。領縣三。時又有廣長郡，又立成階縣，[2]領氐民，尋省。

[1]北扶風：郡名。確址無考。當僑治今陝西漢中市境。
[2]時又有廣長郡，又立成階縣：此廣長郡、成階縣，爲新立僑郡、僑縣，僑治今陝西漢中市境。

　　武功令。[1]別見。
　　華陰令。[2]別見。
　　始平縣。[3]別見。

[1]武功：縣名。僑治今陝西漢中市境。
[2]華陰：縣名。確址無考。當僑治今陝西漢中市境。
[3]始平縣：中華本校勘記云："'縣'字據志例當作'令'字。"丁福林《校議》云："此'縣'字又或恐是'長'字。"按：秦州領縣皆爲令，故此始平"縣"爲"令"的可能性爲大。始平，縣名。確址無考。當僑治今陝西漢中市境。